# 古典文獻研究輯刊

## 二七編

潘美月・杜潔祥 主編

# 第22冊

## 《全元文》補正（第三冊）

陳 開 林 著

國家圖書館出版品預行編目資料

《全元文》補正（第三冊）／陳開林 著 — 初版 — 新北市：花
木蘭文化事業有限公司，2018〔民107〕
目 4+234 面；19×26 公分
（古典文獻研究輯刊 二七編：第 22 冊）
ISBN 978-986-485-580-3（精裝）
1. 全元文  2. 研究考訂
011.08                                    107012297

ISBN-978-986-485-580-3

9 789864 855803

古典文獻研究輯刊
二七編　第二二冊                    ISBN：978-986-485-580-3

## 《全元文》補正（第三冊）

作　　者　陳開林
主　　編　潘美月　杜潔祥
總 編 輯　杜潔祥
副總編輯　楊嘉樂
編　　輯　許郁翎、王筑　美術編輯　陳逸婷
出　　版　花木蘭文化事業有限公司
發 行 人　高小娟
聯絡地址　235 新北市中和區中安街七二號十三樓
　　　　　電話：02-2923-1455／傳眞：02-2923-1452
網　　址　http://www.huamulan.tw 信箱 hml810518@gmail.com
印　　刷　普羅文化出版廣告事業
初　　版　2018 年 9 月
全書字數　844182 字
定　　價　二七編 24 冊（精裝）新台幣 46,000 元

# 《全元文》補正（第三冊）

陳開林 著

# 目

# 次

## 第二冊

# 第四章 《全元文》作品繫年

　　《全元文》的部分作品，文末明確署名寫作時間。還有部分作品，根據其內容，可以推斷其寫作年代。此外，根據作家的相關記載，亦可考訂一些文章的寫作時間。對此，《全元文》做了大量的繫年工作。不過，由於編纂工作成於眾手，整理者的水平參差不齊，繫年的體例並未完全貫徹。《全元文》有部分作品，文末或文中有明確交代寫作時間的，整理者卻沒有藉以繫年。

　　此外，經過不同版本的比勘，有部分作品原本在文末附有寫作時間的，《全元文》所採用的底本卻遺失了這些信息。因此，通過文本本來的信息、以及相關其他版本提供的內容，對《全元文》部分作品進行繫年。

## 1. 曾子良《真風殿記》（5／160）

按：《全元文》據清康熙五十二年《廣信府志》錄文。元代元明善撰、明代張國祥、張顯庸續撰《續修龍虎山志》卷中（北京圖書館藏明刻本）錄此文，文末有「歲十有一月辛亥日南至前從政郎建德府淳安縣令主管勸農事曾子良書」〔註1〕。文中言修建真風殿「經始於己丑之秋，告成於庚寅之冬」。庚寅為前至元二十七年（1290），此文作於此年十一月。

## 2. 《跋吳蘭皋詩》（7／191）

按：陸心源《皕宋樓藏書志》卷九十二錄此文，文末較《全元文》多云「泰定二年歲乙丑八月日金華吳師道序」〔註2〕。故此文作於泰定二年（1325）。

---

〔註1〕（元）元明善撰、（明）張國祥、張顯庸續撰《續修龍虎山志》，《四庫全書存目叢書》史部第228冊，齊魯書社1996年版，第175頁。

〔註2〕（清）陸心源《皕宋樓藏書志》，《續修四庫全書》第929冊，上海古籍出版社1996年版，第355頁。

## 3. 姚雲《韻府群玉序》（10／177）

按：此文見載明萬曆大文堂刊本《韻府群玉》，文末有「咸淳九年中秋前一日里人虛谷方回敬書」。故此文作於咸淳九年（1273）。

## 4. 牟應龍《困學紀聞序》（13／224）

按：《全元文》據清雍正十三年《井研縣志》錄文。今檢清翁元圻《困學紀聞注》（清道光五年餘姚翁氏守富堂刻本）卷首在此文，文末有「至治二年秋八月壬辰隆山牟應龍謹識」〔註3〕。故此文作於至治二年（1322）。

## 5. 程鉅夫《楊漢卿墓誌銘》（16／420）

按：文中云楊漢卿卒期「時閏正月十四日也」，又云「後二十七日辛酉」。程鉅夫生卒年爲 1249～1318 年，檢陳垣《二十史朔閏表》，此時期內閏正月的年份只有咸淳四年（1268）、大德十年（1306）、延祐四年（1317）。〔註4〕然咸淳四年閏正月癸丑朔、大德十年閏正月壬申朔、延祐四年閏正月己巳朔，經推算，均與文中所載干支不合。恐程鉅夫文記載有誤。

## 6. 陸文圭《任叔寔遺稿序》（17／547）

按：此文載陸心源《皕宋樓藏書志》卷九十六，文末有「丁卯孟夏朔牆東老叟陸文圭敘」〔註5〕。故此文作於泰定四年（1327）。

## 7. 鄧文原《送郭文卿赴浮梁知州序》（21／26）

按：《運使復齋郭公敏行錄》錄此文，文末有「皇慶初元正月三日古涪鄧文原序」〔註6〕。故此文作於皇慶元年（1312）。

## 8. 鄧文原《浮梁州重建廟學記》（21／57）

按：《編類運使復齋郭公敏行錄》錄此文，文末有「延祐改元龍集甲寅三月朔記」〔註7〕。故此文作於延祐元年（1314）。

〔註3〕　（南宋）王應麟著、（清）翁元圻注《困學紀聞注》，《續修四庫全書》第1142冊，上海古籍出版社1996年版，第405頁。

〔註4〕　陳垣《二十史朔閏表》，中華書局1962年版，第148、152、153頁。

〔註5〕　（清）陸心源《皕宋樓藏書志》，《續修四庫全書》第929冊，上海古籍出版社1996年版，第403頁。

〔註6〕　（元）鄧文原《運使復齋郭公敏行錄》，宛委別藏本。

〔註7〕　（元）鄧文原《編類運使復齋郭公敏行錄》，《續修四庫全書》第550冊，上海古籍出版社1996年版，第702頁。

### 9. 段紹先《義州節度使行北京路兵馬都元帥史進道碑》（21／268）

按：文載「頃於甲辰冬十月，侯之從弟，前北京路都元帥史公之長子天英見訪」，以求碑文。故此文當作於此年，即乃馬眞氏稱制之三年（1244）。

清代沈垚《落帆樓文集》卷七《外集一》有《元史進道碑跋》載：「右《史進道碑》，段紹先撰，乙巳年五月立石。六皇后乃馬眞氏稱制之四年也。〔註8〕」張之洞《光緒順天府志》卷一百二十九《金石志三》載：「《義州節度使北京路兵馬都元帥史進道碑》，存。段紹先撰、平元正書、趙安世篆額。乙巳年五月，在焦垡村。按，乙巳歲，太宗皇后稱制四年。〔註9〕」二書所記爲立石時間。

### 10. 薛邦榮《創修長春觀記》（21／270）

按：清代文廷式《純常子枝語》卷三十六《元制長官》，據元初薛邦榮《長春觀記》立論，云「碑云歲次丙午年當是定宗元年」〔註10〕。故此文當作於定宗元年（1246）。

### 11. 唐天麟《嘉禾志序》（21／311）

按：陸心源《皕宋樓藏書志》卷三十一錄此文，文末有「至元著雍困敦孟夏朔日里人前進士納軒叟唐天麟書」〔註11〕。著雍困敦，爲戊子年，即前至元二十五年（1288）。

### 12. 呂師仲《李刺史詩序》（21／488）

按：文末云「時大德元年丁酉長至前二日」，則此文作於大德元年（1297）。

### 13. 孫炳文《文昌宮記》（22／369）

按：《全元文》據清乾隆十五年本《當塗縣志》錄文。清代趙紹祖《安徽金石略》卷五載：「《文昌宮記》，大德三年孫炳文撰。在當塗，佚文載《當塗縣志》。〔註12〕」並引《當塗縣志》所載「元大德三年重修，孫炳文記」。故此文作於大德三年（1299）。

---

〔註8〕　（清）沈垚《落帆樓文集》，民國吳興叢書本。
〔註9〕　（清）張之洞《光緒順天府志》，清光緒十二年刻本。
〔註10〕　（清）文廷式《純常子枝語》，廣陵書社1990年版，第547頁。
〔註11〕　（清）陸心源《皕宋樓藏書志》，《續修四庫全書》第928冊，上海古籍出版社1996年版，第350頁。
〔註12〕　（清）趙紹祖《安徽金石略》，《續修四庫全書》第912冊，上海古籍出版社1996年版，第254頁。

### 14. 揭傒斯《書王鼎翁文集後序》（28／364）

按：陸心源《皕宋樓藏書志》卷九十三錄此文，文末有「元統二年春中奉大夫翰林侍講直學士同經筵事揭傒斯撰」〔註13〕。故此文作於元統二年（1334）。

### 15. 黃溍《徐氏詠史詩後序》（29／79）

按：陸心源《皕宋樓藏書志》卷九十三錄此文，文末有「至正六年秋八月十日後學黃溍拜序」〔註14〕。故此文作於至正六年（1346）。

### 16. 彭應龍《潯南遺老集序》（31／60）

按：文末云「閼逢涒灘冬至日」，閼逢涒灘即甲申，爲至元二十一年（1284）。

### 17. 潘仁《劉仙岩記》（31／416）

按：《全元文》據《古今圖書集成》錄文，文本不全。《桂林石刻總集輯校》載有此文，題爲《遊仙岩記》，文末有「時至正四年，歲在甲申五月十又三日也」〔註15〕。故此文作於至正四年（1344）。

### 18. 干文傳《雁門集序》（32／71）

按：《全元文》據清光緒八年《代州志》錄文。陸心源《皕宋樓藏書志》卷一百〇二亦載此文，文末有「至正丁丑秋八月望嘉議大夫禮部尚書兼集賢待制史居總裁官吳都干文傳書」〔註16〕。然至正年間無丁丑年。至正或爲至元之誤。至元丁丑乃至元三年（1337）。

### 19. 吳師道《戰國策校經序》（34／81）

按：陸心源《皕宋樓藏書志》卷二十四錄此文，文末較《全元文》多云「泰定二年歲乙丑八月日金華吳師道序」〔註17〕。故此文作於泰定二年（1325）。

---

〔註13〕　（清）陸心源《皕宋樓藏書志》，《續修四庫全書》第 929 冊，上海古籍出版社 1996 年版，第 374 頁。

〔註14〕　（清）陸心源《皕宋樓藏書志》，《續修四庫全書》第 929 冊，上海古籍出版社 1996 年版，第 365～366 頁。

〔註15〕　杜海軍輯校《桂林石刻總集輯校》（上），中華書局 2013 年版，第 405 頁。

〔註16〕　（清）陸心源《皕宋樓藏書志》，《續修四庫全書》第 928 冊，上海古籍出版社 1996 年版，第 471～472 頁。

〔註17〕　（清）陸心源《皕宋樓藏書志》，《續修四庫全書》第 929 冊，上海古籍出版社 1996 年版，第 257 頁。

### 20. 吳師道《香溪先生文集後序》（34／87）

按：《四部叢刊續編》曾據常熟鐵琴銅劍樓藏明刊本影印范浚《范香溪先生文集》，文末有「至順壬申春三月後學里生吳師道序」〔註18〕。故此文作於至順壬申，即至順三年（1332）。

### 21. 《題樊紹述絳守居園池記後》（34／111）

按：四庫本《絳守居園池記》錄此文，文末有「皇慶二年歲在癸丑九月二十九夜吳師道書」。故此文作於皇慶二年（1313）。

### 22. 《姚氏校注戰國策後題》（34／137）

按：陸心源《皕宋樓藏書志》卷二十四錄有此文，文末有「至順四年癸酉七月吳師道識」〔註19〕。故此文作於至順四年，即元統元年（1333）。

### 23. 歐陽玄《送翰林應奉李一初南歸序》（34／413）

按：楊訥、李曉明編《文淵閣四庫全書補遺（集部）》第四冊《雲陽集·附錄》〔註20〕載此文，文末有「元統二年甲戌春正月望奉常歐陽玄序」。故此文作於元統二年（1334）。

### 24. 《國朝名臣事略序》（34／424）

按：據陸心源《皕宋樓藏書志》卷二十七〔註21〕載此文。文末有「天曆己巳四月乙卯翰林待制冀郡歐陽元謹序」。故此文作於天曆己巳年（1329）。

### 25. 《梅邊先生吾汶稿序》（34／452）

按：陸心源《皕宋樓藏書志》卷九十三〔註22〕載此文。文末有「元統二年春中順大夫僉太常禮儀事歐陽玄撰。」故此文作於元統二年（1334）。

### 26. 《上清萬壽宮櫺星門銘》（34／625）

按：元代元明善撰、明代張國祥、張顯庸續撰《續修龍虎山志》卷中（北京

---

〔註18〕 （宋）范浚《范香溪先生文集》，《四部叢刊續編》本。

〔註19〕 （清）陸心源《皕宋樓藏書志》，《續修四庫全書》第 928 冊，上海古籍出版社 1996 年版，第 260 頁。

〔註20〕 楊訥、李曉明編《文淵閣四庫全書補遺（集部）》（第 4 冊），北京圖書館出版社 1997 年版，第 827 頁。

〔註21〕 （清）陸心源《皕宋樓藏書志》，《續修四庫全書》第 928 冊，上海古籍出版社 1996 年版，第 303 頁。

〔註22〕 （清）陸心源《皕宋樓藏書志》，《續修四庫全書》第 929 冊，上海古籍出版社 1996 年版，第 375 頁。

圖書館藏明刻本）〔註23〕載此文，文末有「至元四年十一月之吉歐陽玄記」。故此文作於至元四年（1338）。

### 27. 《元中書左丞集賢大學士國子祭酒贈正學垂憲佐理功臣太傅開府儀同三司上柱國追封魏國公謚文正許先生神道碑》（34／635）

按：《光緒河內縣志》卷二十一《金石志》載此文，文末有「至元元年歲次乙亥冬十一月己卯朔二十六日甲辰第國子光祿大夫御史中丞師敬立石」。則此文作於至元元年（1335）。

### 28. 洪希文《續渠軒集序》（35／10）

按：陸心源《皕宋樓藏書志》卷九十九錄此文，文末云「戊辰長至日去華山人洪希文敬書」〔註24〕。洪希文存世時間為1282～1366年，戊辰為致和元年（1328）。故此文作於此年。

### 29. 釋虛谷《荊門州當陽縣玉泉景德禪寺鐘銘》（35／288）

按：文末有「延祐七年歲次庚申十月日」，故此文作於延祐七年（1320）。

### 30. 孫慶瑜《豐潤縣記》（36／161）

按：清代于敏中《日下舊聞考》卷一百四十四載「元至元七年，縣令孫慶瑜修之，有碑記」。錢大昕《廿二史考異·金史》卷一載「案元至元七年，孫慶瑜撰《豐閏縣記》」〔註25〕。周廣業《經史避名匯考》（適園鈔本）卷二十二載「今觀至元七年，縣令孫慶瑜碑記」〔註26〕。故此文作於至元七年（1270）。

### 31. 石登《重修文廟記》（36／353）

按：此文重收於第59冊315頁，題為《重修江津縣學宮記》。文載「壬子冬，安公文憲出宰是邑」，並重修學校，且「曾不踰時而氣象一新」。則此文當作於壬子年，即皇慶元年（1312）。

〔註23〕（元）元明善撰、（明）張國祥、張顯庸續撰《續修龍虎山志》，《四庫全書存目叢書》史部第228冊，齊魯書社1996年版，第186頁。

〔註24〕（清）陸心源《皕宋樓藏書志》，《續修四庫全書》第929冊，上海古籍出版社1996年版，第437～438頁。

〔註25〕（清）錢大昕《廿二史考異》，上海古籍出版社2004年版，第1171頁。

〔註26〕（清）周廣業《經史避名匯考》，臺灣明文書局1986年版，第356頁。

## 32. 黃鎮成《鶴田集序》（36／510）

按：陸心源《皕宋樓藏書志》卷一百〇九錄此文，文末較《全元文》本多「至正十七年春文林郎江西等處儒學副提舉邵武黃鎮（按：脫「成」）序」〔註27〕。故此文作於至正十七年（1347）。

## 33. 陳旅《國朝文類序》（37／247）

按：陸心源《皕宋樓藏書志》卷一百一十六〔註28〕載此文，文末有「元統二年五月五日將仕佐郎國子助教陳旅序」。故此文作於元統二年（1334）。

## 34. 李鳴鳳《壽詩後序》（37／128）

按：文載《運使復齋郭公敏行錄》。此文前有舒叔獻《壽老致政嘉議大夫郭公序》（《全元文》36／344）、趙鎮遠《壽詩序》（《全元文》39／561）。文載「致政翁適年七袠」，舒叔獻文「皇慶元年龍集壬子，大梁郭翁年七十」、趙鎮遠文「翁年七十，以良月初六日慶初度」相符。三文作於同時，據此可知。故此文作於皇慶元年（1312）。

## 35. 陳旅《佩玉齋類稿序》（37／263）

按：元代楊翮《佩玉齋類稿》卷首〔註29〕、陸心源《皕宋樓藏書志》卷一百〇八〔註30〕錄此文，文末有「至元後丙子歲九月二十一日陳旅序」，故此文作於後至元二年（1336）。

## 36. 張樞《徐見心詠史詩序》（38／576）

按：《全元文》據明萬曆三十四年刻本《蘭溪縣志》錄文，文多脫文。全文見錄陸心源《皕宋樓藏書志》卷九十三，文末有「至正五年乙酉夏四月癸卯，從甥東陽張樞敬序」〔註31〕。故此文作於至正五年（1345）。

〔註27〕　（清）陸心源《皕宋樓藏書志》，《續修四庫全書》第 928 冊，上海古籍出版社 1996 年版，第 549 頁。

〔註28〕　（清）陸心源《皕宋樓藏書志》，《續修四庫全書》第 929 冊，上海古籍出版社 1996 年版，第 622 頁。

〔註29〕　（元）楊翮《佩玉齋類稿》，景印文淵閣四庫全書第 1220 冊，臺灣商務印書館 1986 年版，第 51 頁。

〔註30〕　（清）陸心源《皕宋樓藏書志》，《續修四庫全書》第 929 冊，上海古籍出版社 1996 年版，第 535～536 頁。

〔註31〕　（清）陸心源《皕宋樓藏書志》，《續修四庫全書》第 929 冊，上海古籍出版社 1996 年版，第 364～365 頁。

## 37. 趙鎮遠《壽詩序》（39／561）

按：此文與舒叔獻《壽老致政嘉議大夫郭公序》（《全元文》36／344）、李鳴鳳《壽詩後序》李鳴鳳《壽詩後序》（《全元文》37／129）並載《運使復齋郭公敏行錄》，作於同時，考辨見李鳴鳳《壽詩後序》繫年。故此文作於皇慶元年（1312）。

## 38. 《題朱文公與姪手帖》（42／476）

按：文末云「至正二十年冬十月八日會稽楊維楨謹識」，故此文作於至正二十年（1360）。

## 39. 《玩齋集序》（42／493）

按：據陸心源《皕宋樓藏書志》卷一百〇五錄此文，文末有「至正十九年秋九月九日會稽楊維楨序」〔註32〕，故此文作於至正十九年（1359）。

## 40. 《大雅集敘》（42／494）

按：文末云「至正辛丑立秋日丙午鐵雅道人楊維楨書」，故此文作於至正辛丑，即至正二十一年（1361）。

## 41. 《西湖書院重整書目記》（45／57）

按：文載「始自至治癸亥夏，迄於泰定甲子春」。另仁和吳氏雙照樓刊本《西湖書院重整書目》卷首錄此文，文末較《全元文》本尚有「前教諭張慶孫書並篆，泰定元年九月直學士朱鈞立」〔註33〕。泰定甲子即泰定元年，故此文作於泰定元年（1324）。

## 42. 《黃學士文集序》（45／169）

按：陸心源《皕宋樓藏書志》卷一百〇一錄此文，文末較《全元文》本多「至正十五年十月既望朝散大夫福建閩海道肅政廉訪使宣城貢師泰序」〔註34〕。故此文作於至正十五年（1355）。

---

〔註32〕（清）陸心源《皕宋樓藏書志》，《續修四庫全書》第 929 冊，上海古籍出版社 1996 年版，第 495～496 頁。

〔註33〕（元）黃裳等編《西湖書院重整書目》，《叢書集成續編》第 67 冊，上海書店出版社 1994 年版，第 760 頁。

〔註34〕（清）陸心源《皕宋樓藏書志》，《續修四庫全書》第 929 冊，上海古籍出版社 1996 年版，第 461～461 頁。

### 43. 貢師泰《重刊石屏先生詩序》（45／175）

按：陸心源《皕宋樓藏書志》卷八十七錄此文，文末較《全元文》本多「至正戊戌孟冬既望宣城貢師泰序」〔註35〕。故此文作於至正戊戌，即至正十八年（1358）。

### 44. 貢師泰《臨清御河運糧萬戶府經歷鄧君墓誌銘》（45／354）

按：文載車允德請銘的時間為至正二十一年三月，故此文當作於此年（1361）。

### 45. 李祁《王子讓文稿序》（45／430）

按：清代陸心源《皕宋樓藏書志》卷一百○八錄此文，文末較《全元文》本多「歲在乙巳夏四月雲陽李祁序」〔註36〕。李祁生於1299年（大德二年），乙巳為大德九年（1305）、至正二十五年（1365）。大德九年，李祁方才7歲，可排除。故此文當作於1365年。

### 46. 李祁《草堂名勝集序》（45／440）

按：清代陸心源《皕宋樓藏書志》卷一百一十七〔註37〕錄此文，文末較《全元文》本多「至正十一年歲在辛卯二月既望元統癸酉第一甲進士及第湘東李祁序」，故此文作於至正十一年（1351）。

### 47. 《巢居閣記》（45／495）

按：明代陳讓、夏時正纂修《成化杭州府志》卷六載此文，文末有「至正八年歲在戊子九月望江浙等處儒學副提舉茶陵李祁」〔註38〕。故此文作於至正八年（1348）。

### 48. 李晦《無錫升州記》（46／126）

按：《全元文》據清光緒十二年《常州府志》錄文。今考明代《無錫縣志》卷

---

〔註35〕 （清）陸心源《皕宋樓藏書志》，《續修四庫全書》第929冊，上海古籍出版社1996年版，第303～304頁。

〔註36〕 （清）陸心源《皕宋樓藏書志》，《續修四庫全書》第929冊，上海古籍出版社1996年版，第537～538頁。

〔註37〕 （清）陸心源《皕宋樓藏書志》，《續修四庫全書》第929冊，上海古籍出版社1996年版，第628頁。

〔註38〕 （明）陳讓、夏時正纂修《成化杭州府志》，《四庫全書存目叢書》史部第175冊，齊魯書社1996年版，第79頁。

4 下錄有此文。文末有「大德庚子中秋州人前鄉貢進士李晦顯翁記」〔註39〕，故此文作於大德庚子，即大德四年（1300）。

### 49. 侯有造《孝烈將軍祠像辨正記》（46／163）

按：清代嵇璜《續通志》卷一百七十《金石略》，孫星衍、邢澍編《寰宇訪碑錄》卷十二均著錄此碑。《寰宇訪碑錄》云〔註40〕：「《孝烈將軍祠像辨正記》。侯有造撰並正書。元統二年六月。河南商邱。」另外，清代俞正燮《癸巳存稿》卷十三《亳州志木蘭事書後》亦載「元元統二年，邑人侯有造者作《祠像辨正記》」〔註41〕。此文當作於元統二年（1334）。

### 50. 彭宗復《登瀛洲賦》（46／168）

按：至治癸亥（1323年），湖廣鄉試的賦題爲《登瀛洲賦》〔註42〕，中選者有蒲紹簡、湯原、彭宗復、王宗揚。故此賦當作於1323年。

### 51. 陶惟明《禱馳山記》（46／173）

按：清代孫星衍、邢澍編《寰宇訪碑錄》卷十二著錄此碑，云〔註43〕：「《馳山禱雨記》。陶惟明撰並工書。至治二年十一月。山東益都。」

### 52. 余謙《古今韻會舉要序》（46／201）

按：文載「時至順二年二月己未，臣欽承帝命，點校葛元鼎所書《韻會》以進。越明年四月丁卯，乃遂訖工獻納」。故此文當作於至順三年（1332）。

清代王鳴盛《蛾術編》卷三十六《說字二十二》有「元版《古今韻會舉要》」條，亦載「文宗至順三年壬申余謙敘」〔註44〕。

### 53. 周南《跋方回續宋魏了翁古今考》（46／539）

按：《全元文》據清抄《海昌叢載》錄文。實則《海昌叢載》所載不全，全文見張金吾《愛日精廬藏書志》卷二十四〔註45〕、陸心源《皕宋樓藏書志》卷

〔註39〕 （明）佚名《無錫縣志》，景印文淵閣四庫全書第492冊，臺灣商務印書館1986年版，第772頁。

〔註40〕 （清）孫星衍、邢澍編《寰宇訪碑錄》，《續修四庫全書》第904冊，上海古籍出版社1996年版，第590頁。

〔註41〕 （清）俞正燮《癸巳存稿》，商務印書館1937年版，第404頁。

〔註42〕 黃仁生《楊維禎與元末明初文學思潮》，東方出版中心2005年版，第92頁。

〔註43〕 （清）孫星衍、邢澍編《寰宇訪碑錄》，《續修四庫全書》第904冊，上海古籍出版社1996年版，第584頁。

〔註44〕 （清）王鳴盛《蛾術編》，上海書店2012年版，第505頁。

〔註45〕 （清）張金吾《愛日精廬藏書志》，中華書局2012年版，第529〜330頁。

五十六〔註46〕。文末有「至正二十年傳云至正二十年庚子十一月甲寅後學周南拜手謹書於卷末」一句，故此文作於至正二十年（1360）。

### 54. 陳謨《周石初集序》（47／138）

按：《豫章叢書》中《四元人集》第二種即爲《石初集》，載陳謨序，題爲《石初周先生文集序》，文末有「洪武六年臘月陳謨心吾敘」〔註47〕。陸心源《皕宋樓藏書志》卷一百〇七〔註48〕著錄《石初周先生文集》、傅增湘《藏園群書經眼錄》卷十五著錄《石初集》〔註49〕，均言此序爲「洪武六年」（未錄序文）。故此文作於洪武六年（1373）。

### 55. 俞彭年《棲鳳橋記》（47／383）

按：文載僧會定修橋之舉始於至治壬戌（至治二年），「明年十月告成」，並請撰記。則此文當作於至治三年（1323）。

### 56. 李天應《上秦郵使君郭公善政頌並序》（48／29）

按：《全元文》據清《宛委別藏》本《編類運使復齋郭公敏行錄》錄文。今檢元至順刻本《編類運使復齋郭公敏行錄》，文末有「至治三年歲在癸亥正月望前三日翠壁隱者李天應拜手書於寓隱書房。〔註50〕」故此文作於至治三年（1323）。

### 57. 蔣易《清江碧嶂集序》（48／49）

按：明末汲古閣刊本《清江碧嶂集》卷首有此文，文末云「至正十有七年五月初吉諸生建陽蔣易拜手謹序」〔註51〕。故此文作於至正十七年（1357）。

### 58. 危素《臨川吳文正公年譜序》（48／242）

按：今檢清乾隆二十一年萬璜刻《草盧吳文正公集》本《臨川吳文正公年譜》，

---

〔註46〕 （清）陸心源《皕宋樓藏書志》，《續修四庫全書》第 928 冊，上海古籍出版社 1996 年版，第 620 頁。

〔註47〕 陶福履，胡思敬原編；江西省高校古籍整理領導小組整理《豫章叢書》集部第 7 冊，江西教育出版社 2006 年版，第 633 頁。

〔註48〕 （清）陸心源《皕宋樓藏書志》，《續修四庫全書》第 929 冊，上海古籍出版社 1996 年版，第 520 頁。

〔註49〕 傅增湘《藏園群書經眼錄》（第 4 冊），中華書局 2009 年版，第 1140 頁。

〔註50〕 （元）鄧文原《編類運使復齋郭公敏行錄》，《續修四庫全書》第 550 冊，上海古籍出版社 1996 年版，第 676 頁。

〔註51〕 （元）杜本《清江碧嶂集》，臺灣學生書局 1973 年版，第 1～3 頁。

文末有「至正二十五年正月既望，門人榮祿大夫嶺北等處行中書省危素撰」
〔註 52〕。故此文作於至正二十五年（1365）。

## 59. 危素《故昭信校尉管軍千戶累贈中奉大夫山東東西道宣慰使追封太原郡公王公神道碑》（48／422）

按：文載「昭信校尉、管軍千戶益都王公既卒且葬之四十有七年，其子懷遠大將軍、同知海北海南道宣慰使司事、副都元帥英屬臨川危素書其墓道之碑」，未作。續云「後十有三年，至正十一年四月庚辰」，方始「論撰先德」。至正十三年（1353）。

## 60. 危素《故翰林學士承旨資善大夫知制誥兼修國史贈推忠輔義守正功臣集賢學士上護軍追封淶水郡公諡忠嘉耶律公神道碑》（48／425）

按：文載耶律公卒於泰定四年。「後廿有五年，其孤莊嘉請於朝，贈推官輔義守正功臣、資善大夫、集賢學士、上護軍，追封淶水郡公，諡忠嘉。乃來屬屬文其墓道之碑」。故此文當作於至正二十二年（1362）。

## 61. 危素《大元敕賜翰林學士承旨光祿大夫知制誥兼修國史贈光祿大夫大司徒上柱國追封楚國公諡文憲程公神道碑》（48／431）

按：文載程文海卒於延祐五年七月丙子。「至正十九年四月甲子，丞相太平以公事世祖皇帝盡臣道，亦賜神道。於是有旨，命臣素撰文」。故此文當作於至正十九年（1359）。

## 62. 危素《大元翰林侍講學士中奉大夫知制誥同修國史同知經筵事贈中奉大夫江西等處行中書省參知政事護軍追封江夏郡公諡文獻黃公神道碑》（48／436）

按：文載黃溍卒於至正十七年閏月丙午，「明年，以門人翰林國史院編修官同郡宋濂之狀至京師，屬臨川危素銘其神道之碑」，故此文當作於至正十八年（1358）。

## 63. 危素《元故徵君杜公伯原父墓碑》（48／454）

按：文載「至正十年八月丙戌，徵君杜公伯原父卒於武夷山中。十月乙酉，

---

〔註 52〕 （元）危素《臨川吳文正公年譜》，《北京圖書館藏珍本年譜叢刊》第 36 冊，北京圖書館出版社 1999 年版，第 313 頁。

葬諸崇安縣南郭。後一紀，廣信舒彬浮海抵京師，門人建安藍智等以其同郡蔣易狀來，請書墓上之碑。」此文當作於至正二十二年（1363）。

### 64. 陳基《通鑑續編序》（50／325）

按：陸心源《皕宋樓藏書志》卷二十二錄此文，文末有「至正十八年三月甲子臨海陳基序」〔註53〕。故此文作於至正十八年（1358）。

### 65. 周文英《古今考跋》（51／44）

按：文末有「天曆屠維大荒落孟冬，東吳後學紫華子周文英拜手謹識」。屠維大荒落即己巳，即天曆二年（1329）。

### 66. 胡翰《華川集序》（51／203）

按：清代陸心源《皕宋樓藏書志》卷一百一十一錄有此文，文末多「至正十八年歲次戊戌十月朔同郡胡翰序」〔註54〕。故此文作於至正十八年（1358）。

### 67. 趙存義《天寧禪寺創建拜殿碑》（51／374）

按：文末言「大元至順辛未六月朔，本寺尊宿普潤偕諸職事等誌」。故此文作於至順辛未，即至順二年（1331）。

### 68. 釋惟則《祭父》（51／619）

按：文載「維至順二年七月七日，出家男某寓華亭，得弟中行書，知先考某人以是年四月初五沒於江西廬陵之故家。越六日為七月十三，始克就所寓會諸僧作佛事，設位致祭陳情」。故此文當作於至順二年（1331）。

### 69. 唐桂芳《喜雨頌》（51／721）

按：文載「至正十年夏，縣尹張公來任」。明年秋，因「甘澍不下」，張公祈雨。故此文當作於至正十一年（1351）。

### 70. 唐桂芳《一齋吳公哀辭》（51／724）

按：文載吳公卒於丙戌，吳公之子國英請銘的時間為辛卯。故此文當作於辛卯年，即至正十一年（1351）。

〔註53〕 （清）陸心源《皕宋樓藏書志》，《續修四庫全書》第 928 冊，上海古籍出版社 1996 年版，第 288～289 頁。
〔註54〕 （清）陸心源《皕宋樓藏書志》，《續修四庫全書》第 929 冊，上海古籍出版社 1996 年版，第 561～562 頁。

### 71. 楊宗瑞《重修大雄寺碑》（52／20）

按：文載：「至元丙子三月望，法榮以笪君書來，丐書其事」。則此文當作於至元丙子，即至元二年（1336）。

### 72. 汪克寬《重訂四書集釋序》（52／120）

按：陸心源《皕宋樓藏書志》卷十亦有此序，文末較《全元文》本多出「時至正丙戌長至後七日新安汪克寬謹書」〔註55〕，故此文作於至正丙戌，即至正六年（1346）。

### 73. 汪克寬《師山先生鄭公行狀》（52／176）

按：鄭玉《師山集・附錄》亦附有此文，文末較《全元文》本多出「戊戌歲八月望日祁門汪克寬謹狀」〔註56〕。戊戌為鄭玉卒年，即至正十八年（1358）。故此文作於1358年。

### 74. 柳宗監《清湘書院記》（52／439）

按：清代金鉷《雍正廣西通志》卷三十七《學校》載清湘書院，云「元統癸酉郡守柳宗監復新之，有記」〔註57〕。文載「經始於（癸酉）八月甲申朔，明年六月甲子落成。諸生請誌之」，故此文應作於元統甲戌，即元統二年（1334）。

### 75. 任栻《滎陽令潘君治跡碑》（52／441）

按：文載「元統初元，皇上俯矜兆人，命有司舉可守令者……次年……又七年，邑人感公惠化……條其事狀，走書介其郡人管城蔡薄君澤來請銘。」故此文當作於至正二年（1342）。清代孫星衍、邢澍編《寰宇訪碑錄》卷十二著錄此碑，云〔註58〕：「《滎陽令潘君治跡碑》，任栻撰，趙天璋正書，至正三年五月。浙江鄞縣。范氏拓本。」此乃立石時間。

### 76. 譚愷《虞臺嶺觀音堂記》（52／475）

按：《全元文》據民國二十四年《張北縣志》錄文。明代葉盛《水東日記》卷三十七錄有此文。文後有葉盛按語，稱：「右《虞臺嶺觀音堂記》，洛陽譚愷文，至元己卯五月建，新安詹獻刻，今石尚存。是年十一月，曲阜所立宣聖廟碑，歐陽元功之文，康里子山書，亦獻刻焉。獻蓋國朝名書孟舉之先也。〔註59〕」故此文當作於至元己卯，即至元五年（1339）。

### 77. 戴良《浦江縣新建婺女星君行祠碑》（53／489）

按：文載「至正十二年十有一月庚寅，浦江縣新作婺女星行祠。明年十有二月戊午，祠成。縣之父老合辭請於官，願刻石紀其事，俾文學椽邵國光來請文」。據此，則此文當作於至正十三年（1353）。

### 78. 《王處士墓誌銘》（53／496）

按：文載門王羲請銘的時間是在「喪其父之三月」，而王處士「卒於至正甲辰十二月某甲子」。至正甲辰乃至正二十四年（1364），則此文應作於1365年。

### 79. 《方大年墓誌銘》（53／504）

按：文載：「某年月日，暨陽方君大年卒於金華之寓館。既卒，館人輿而致諸家。閱五日，始克大小斂成喪。明年十二月乙卯，葬於其鄉之高湖。前事之月，其子文燧捨杖哭拜使者以書來」。故此文作於方大年卒後第二年。

文又載方大年「生於延祐四年丁巳歲七月十七日，距卒時得年四十六」，延祐四年乃 1317 年，以此起算，可知方大年卒於至正二十二年（1362）。故粗此文作於 1363 年。

### 80. 《元故沖元處士羅君墓誌銘》（53／517）

按：文載「至正癸卯十一月辛丑，沖玄處士四明羅君卒，年八十。後二年十一月丙午，葬於鄉之鳴鶴山。既葬，其子康乞余銘其墓」。至正癸卯乃至正二十三年（1363），故此文當作於 1365 年。

### 81. 《元贈亞中大夫台州路總管追封延陵郡侯吳君墓誌銘》（53／519）

按：文載「歲至正乙巳，余由海道抵京師，問舟於四明。……後一年，杭海南還，復舍瑛旁近地，而瑛以先府君墓銘請」。至正乙巳乃至正二十五年（1365），故此文當作於 1366 年。

---

〔註59〕（明）葉盛《水東日記》，中華書局 1980 年版，第 359～360 頁。

## 82.　《元故處士唐君墓誌銘》（53／520）

按：文載「處士唐君既卒之二十有八年，其孤賓元謁予錢唐寓舍，乞文以揭諸墓」，而唐處士「卒於元統甲戌十月二十八日年」。元統甲戌乃元統二年（1334），故此文當作於至正二十一年（1361）。

## 83.　《鄞沈明大墓誌銘》（53／522）

按：文載「明大既卒之明年，其壻唐轅代致孤子源之言」以求銘。而明大「卒於洪武己酉三月初七日」。洪武己酉乃洪武二年（1369），故此文當作於 1370 年。

## 84.　《元贈江浙行樞密院都事劉君墓誌銘》（53／524）

按：文載劉君卒於至正二十三年十一月三日。「卒之明年三月壬午，葬錢塘縣之履泰鄉」。並言「君既葬，中以都事君命，持嶺南肅政廉訪司知事王魯之狀授予曰：『求爲銘』。」故此文當作於至正二十四年（1364）。

## 85.　《故翰林待制致仕汪君墓誌銘》（53／527）

按：文載「前定海縣尹、翰林待制致仕淳安汪君既卒之明年，其子循，屬君之從甥俞溥考次君之官氏邑里，與其行事之實爲狀以書來告」以請銘，而汪君「己酉七月十有六日以疾卒於家」。己酉乃洪武二年（1369），故此文作於 1370 年。

## 86.　《明故太素處士趙君墓誌銘》（53／530）

按：文載「太素處士趙君既卒之始年，其孤致書鄞江之上，而泣告曰：『先人有遺言焉，我死必求戴子銘。』而趙君「卒於國朝洪武十五年四月初九日」，故此文當作於洪武十五年（1382）。

## 87.　杜禧《寥陽萬壽宮碑》（53／586）

按：文載通眞子劉志義「歲乙酉八月十四日，，告以逝期，超然而羽化」、「戊子，葬於明王臺」、繼云「是年春二月，弟子王志道、楊道興抵京師，謁余請銘」。乙酉乃至正五年（1345）、戊子乃至正八年（1348）。故此文當作於 1348 年。

　　明代柳瑛《成化中都志》卷三再「至順三年，杜禧撰《寥陽萬壽宮碑》」〔註60〕、清代許鳴磐《方輿考證》〔註61〕卷 51 同。至順三年乃 1332 年，劉志義尚未仙逝，顯誤。

---

〔註60〕　（明）柳瑛《成化中都志》，《四庫全書存目叢書》史部第 176 冊，齊魯書社 1996 年版，第 179 頁。
〔註61〕　（清）許鳴磐《方輿考證》，民國濟寧潘氏華鑒閣本。

## 88. 翁景祥《雪松堂記》（53／596）

按：文載「至順三年壬申三月」掘地得石，故此文作於至順三年（1332）。清代趙紹祖《安徽金石略》卷四亦載：「元青陽《雪松堂記》。至順三年，翁景祥撰。在青陽，未見，文載《池州府志》。」〔註62〕

## 89. 盧德洽《三清龕復出記》（54／89）

按：文載大元至元四年戊寅春，「因治址而為基業，得口是龕之復出」。清代孫星衍、邢澍編《寰宇訪碑錄》卷十二著錄其碑，云「《三清龕復出記》，盧德洽撰，正書。後至元四年春」。故此文作於後至元四年（1338）。

## 90. 韓曾《登隆興寺觀音閣詩序》（54／90）

按：文載登隆興寺觀音閣的時間為「至元五年歲次己卯八月丁亥朔」，所以此文作於後至元五年（1339）。

## 91. 武元亨《大元加封顯靈英濟義勇武安王碑銘》（54／117）

按：清代李光暎《金石文考略》卷十五載：「《加封顯靈英濟義勇武安王碑銘》。至元五年武元亨撰，彭高裕書丹，皇甫口篆額。」故此文當作於前至元五年（1268）。

## 92. 張大謙《重修岳雲宮碑》（54／134）

按：清代孫星衍、邢澍編《寰宇訪碑錄》卷十二著錄其碑，云〔註63〕：「《重修岳雲宮碑》，張大謙撰，完顏貞吉正書。後至元六年。河南孟縣。」故此文作於後至元六年（1340）。

## 93. 趙汸《送儀真張君赴番易序》（54／134）

按：文尾言「清龍赤奮若十有一月日南至，障山病客趙汸序」。《爾雅·釋天》云：「在丑曰赤奮若」〔註64〕。趙汸存世時間為 1319～1369 年，一生經歷過乙丑（1325）、丁丑（1337）、己丑（1349）、辛丑（1361）。今考趙汸傳，詹烜《東山趙先生汸行狀》載：

〔註62〕（清）趙紹祖《安徽金石略》，《續修四庫全書》第 912 冊，上海古籍出版社 1996 年版，第 234 頁。

〔註63〕（清）孫星衍、邢澍編《寰宇訪碑錄》，《續修四庫全書》第 904 冊，上海古籍出版社 1996 年版，第 595 頁。

〔註64〕（晉）郭璞注，（宋）邢昺疏《爾雅注疏》，《十三經注疏》，中華書局 1980 年版，第 2608 頁。

　　壬辰兵興，先生奉母夫人避地，盡心調護。及郡邑繼復，而夫
人以天年終。丙申，天兵克定郡邑。其主將慕先生名德，禮羅不至。
丁酉，寓於衢之柯山。己亥，結茅於星溪之古閬山。山深閬寥，人
事幾絕，潛心著述。雖當顛沛流離，而進修之功不少輟。壬寅春歸
東山時，大明龍興，創業金陵，吾邑已附屬六年矣。有司屢奉命徵
辟，繼以議禮召，皆以疾得辭。己酉，起山林遺士共修《元史》，先
生在召中。曁竣事，得請還。未幾，疾復作，十有一月丙申而先生
捐世矣，得年僅五十有一。〔註65〕

另《明史》卷二百八十二《儒林傳一》其傳云：

　　當是時，天下兵起，汸轉側干戈間，顛沛流離，而進修之功不
懈。太祖既定天下，詔修《元史》，徵汸預其事。書成，辭歸。未幾
卒，年五十有一。學者稱東山先生。〔註66〕

《送儀真張君赴番易序》文載「往歲臥病柯山」。而《東山趙先生汸行狀》稱
「丁酉，寓於衢之柯山」。丁酉為 1357 年。故此文作於至正二十一年，歲次
辛丑，即 1361 年。

## 94. 趙汸《滋溪文稿序》（54／329）

按：陸心源《皕宋樓藏書志》卷一百○三錄有此文，文末有「至正十一年十有
一月辛未日南至諸生新安趙汸謹書」〔註67〕。故此文作於至正十一年（1351）。

## 95. 《治世高抬貴手序》（54／333）

按：陸心源《皕宋樓藏書志》卷四十一錄有此文，文末與《全元文》略有不
同，題作「至正壬辰正月初吉諸生新安趙汸謹書至正壬辰正月初吉諸生新安
趙汸謹書」〔註68〕。故此文作於至正壬辰，即至正十二年（1352）。

## 96. 趙汸《上虞學士書》（54／458）

按：文載「汸生於世，二十有七年。」詹烜《東山趙先生汸行狀》載「延

〔註65〕　（元）趙汸《東山存稿・附錄》，景印文淵閣四庫全書第 1221 冊，臺灣商務
　　　　　印書館 1986 年版，第 368 頁。
〔註66〕　（清）張廷玉《明史》第 24 冊，中華書局 1974 年版，第 7227 頁。
〔註67〕　（清）陸心源《皕宋樓藏書志》，《續修四庫全書》第 929 冊，上海古籍出版
　　　　　社 1996 年版，第 482 頁。
〔註68〕　（清）陸心源《皕宋樓藏書志》，《續修四庫全書》第 928 冊，上海古籍出版
　　　　　社 1996 年版，第 451～452 頁。

祐六年己未三月癸亥先生生」〔註 69〕。自延祐六年（1319）起算，乙酉年
（1345）年 27。與《東山趙先生汸行狀》「甲申失怙，卒喪，謁翰林虞公於
臨川，授館於家一歲」〔註 70〕之記載亦相合。故此文作於 1345 年。

## 97. 趙汸《葬書問對》（54／535）

按：明代程敏政《皇明文衡》卷二十四〔註 71〕、《新安文獻志》卷三十七〔註 72〕
收有此文，文末有「至正十三年十月既望趙汸子常書於東山精舍」。故此文作於
至正十三年（1353）。

## 98. 陳性存《代祀南海王記》（54／587）

按：文載代祀南海王的時間為「泰定甲子，聖天子即位之元年夏」。清代孫
星衍、邢澍編《寰宇訪碑錄》卷十二著錄其碑，云：「《祀南海記》。陳性存
撰，連文質正書。泰定元年五月。廣東南海。」故此文作於泰定元年（1324）。

## 99. 李惟明《重濬洸河記節略》（55／105）

按：《全元文》據清咸豐九年《濟寧直隸州志》錄文。文載「濬自至正二年二月
十八日，落成於三月十四日」。此文另見收於明代謝肇淛所編《北河紀》卷三《河
工紀》，題為《重濬洸河記》，文末多出數句，有云「迺請文於予，義弗獲辭，
遂援筆而紀其歲月」〔註 73〕。據以則此文當作於至正二年（1342）。

## 100. 王禕《書鄭子美文集後》（55／345）

按：陸心源《皕宋樓藏書志》卷一百〇六載此文，文末有「洪武三年歲舍
庚戌春三月朔，翰林待制承直郎同知制誥兼國史院編修官金□王禕□充書」
〔註 74〕。故此文作於洪武三年（1370）。

---

〔註 69〕　（元）趙汸《東山存稿・附錄》，景印文淵閣四庫全書第 1221 冊，臺灣商務
　　　　　印書館 1986 年版，第 365 頁。
〔註 70〕　（元）趙汸《東山存稿・附錄》，景印文淵閣四庫全書第 1221 冊，臺灣商務
　　　　　印書館 1986 年版，第 365 頁。
〔註 71〕　（明）程敏政《皇明文衡》，四部叢刊本。
〔註 72〕　（明）程敏政《新安文獻志》，景印文淵閣四庫全書第 1374 冊，臺灣商務印
　　　　　書館 1986 年版，第 483 頁。
〔註 73〕　（明）謝肇淛《北河紀》，景印文淵閣四庫全書第 576 冊，臺灣商務印書館 1986
　　　　　年版，第 600 頁。
〔註 74〕　（清）陸心源《皕宋樓藏書志》，《續修四庫全書》第 929 冊，上海古籍出版
　　　　　社 1996 年版，第 510 頁。（按：「金□王禕□充書」，□、□，當為「華」、「子」。）

### 101. 徐慧《淨明忠孝全書》（56／66）

按：文末云「泰定四年歲在丁卯十二月乙未朔，淨明靈寶忠孝悌子丹扃道人盧陵徐慧子奇焚香再拜謹書」，故此文作於泰定四年（1327）。

### 102. 何貞立《松雪齋集後序》（56／84）

按：文末云「至元後己卯春三月朔，長沙何貞立謹書」。則此文作於後至元己卯，即至元五年（1339）。

### 103. 何貞立《道場山祈年碑》（56／85）

按：文首載湖州路達魯花赤曩加觸為民祈年的時間為「至元再紀元之五年己卯春二月二十有二日辛亥」。故此文作於後至元五年己卯（1339）。

### 104. 劉鑒《論省韻》（56／124）

按：《全元文》據四庫全書本《稗編》錄文，清代丁丙《善本書室藏書志》卷五、陸心源《皕宋樓藏書志》卷十七。文末多「至元二年歲在丙子良月關中劉鑒士明自序」〔註75〕。故此文作於後至元二年（1336）。

### 105. 林仲節《重修達奚將軍廟之碑》（56／139）

按：文載重修達奚將軍廟「始事於（至元庚辰）十月之望，訖工於臘月之朔」。並云：「既完，眾請予紀其事。」則此文作於此時，即至元庚辰（1340）。而清代孫星衍、邢澍編《寰宇訪碑錄》卷十二著錄其碑，云〔註76〕：「《達奚將軍廟碑》。林仲節撰，樊嗣祖正書。至正二年（1342）。江蘇句容」，此為刻碑立石時間。

### 106. 王宜振《濟州重修尊經閣記》（56／148）

按：文載元統乙亥之夏，同知偰侯倡議重修尊經閣。並云「既成，偰侯以疇昔之知貽書遠來，求余文以為記。」訖工具體時間不明。《全元文》此文繫年為元統三年（乙亥）。而清代孫星衍、邢澍編《寰宇訪碑錄》卷十二著錄其碑，云〔註77〕：「《州學重修尊經閣碑》。王宜振撰。尚甘澍正書。後至元

---

〔註75〕 （清）陸心源《皕宋樓藏書志》，《續修四庫全書》第 928 冊，上海古籍出版社 1996 年版，第 193 頁。

〔註76〕 （清）孫星衍、邢澍編《寰宇訪碑錄》，《續修四庫全書》第 904 冊，上海古籍出版社 1996 年版，第 596 頁。

〔註77〕 （清）孫星衍、邢澍編《寰宇訪碑錄》，《續修四庫全書》第 904 冊，上海古籍出版社 1996 年版，第 593 頁。

三年六月。山東濟寧。」阮元《山左金石志》卷 24 亦載〔註78〕。此當爲刻
碑立石時間。

### 107. 王元恭《至正四明續志序》（56／151）

按：文末云「至正二年壬午三月既望，蠹吾王元恭序」，《全元文》據以繫年爲
「至正二年三月」。當無疑義。然近代目錄學著作記載多有失誤。如清代丁丙《善
本書室藏書志》卷十一著錄此書，稱「至正壬子三月蠹吾王元恭序」〔註79〕。
至正無壬子，「子」爲「午」之誤。陸心源《皕宋樓藏書志》卷 32 卷末作「至
正元年壬午三月既望，蠹吾王元恭序」〔註80〕。壬午爲至正二年，「元」爲「二」
之誤。

### 108. 徐抗翁《市淮河記》（56／173）

按：文載濬河之事「經始於至正元年八月，明年夏閏五月完。」其後，「郡人
錄其事以求記」。然而，至正二年（1342）無閏月。此處文本顯然有誤。《全
元文》據清乾隆十五年刻本《當塗縣志》收錄此文。而此文另見《乾隆江南
通志》卷六十六《河渠志》〔註81〕、清代沈葆楨等修、何紹基等纂《光緒重
修安徽通志》卷六十八〔註82〕，所載與此不同。其文曰：「經始於至治元年八
月，明年閏五月卒事」。至治二年（1322）恰好閏五月。故《江南通志》、《光
緒重修安徽通志》所記是。據此。則此文當作於至治二年。

### 109. 羅永登《儒學重建文廟記》（56／209）

按：文載「是役始於至正初元，而竣則三年之三月也」。則此文當作於至正三
年（1343）。清代趙紹祖《安徽金石略》卷六載：「《廬江縣重建文廟記》。至
正二年羅永登撰。在廬江。未見。文載廬州府志。」〔註83〕繫年有誤。

---

〔註78〕　（清）阮元《山左金石志》，《續修四庫全書》第 910 冊，上海古籍出版社 1996
　　　　年版，第 152 頁。
〔註79〕　（清）丁丙《善本書室藏書志》，《續修四庫全書》第 927 冊，上海古籍出版
　　　　社 1996 年版，第 289 頁。
〔註80〕　（清）陸心源《皕宋樓藏書志》，《續修四庫全書》第 928 冊，上海古籍出版
　　　　社 1996 年版，第 356 頁。
〔註81〕　（清）趙宏恩纂修《乾隆江南通志》，景印文淵閣四庫全書第 508 冊，臺灣商
　　　　務印書館 1986 年版，第 848 頁。
〔註82〕　（清）沈葆楨等修、何紹基等纂《光緒重修安徽通志》，清光緒四年刻本。
〔註83〕　（清）趙紹祖《安徽金石略》，《續修四庫全書》第 912 冊，上海古籍出版社
　　　　1996 年版，第 271 頁。

## 110. 陳誼高《雲夢賦摭文》（56／311）

按：《全元文》據清康熙《茶陵縣志》錄文。實則其文原題《雲夢賦》，全文見載明代廖道南《楚紀》卷二十三《昭文外紀前篇》〔註 84〕、清陳雲龍《歷代賦匯》卷二十九《地理》〔註 85〕。《楚紀》卷二十三有其小傳，載：「陳誼高，字志行，茶陵人。延祐四年試《雲夢賦》。」則此文作於延祐四年（1317）。

## 111. 李穡《益齋先生亂稿序》（56／440）

按：此文見載陸心源《皕宋樓藏書志》卷一百一十，文末有「至正二十三年正月初吉前奉翰林文字承事郎同知制誥兼國史院編修官正順大夫密直司右代言進賢館提學知制教充春秋館修撰官知軍簿司事韓山李穡序」〔註 86〕。故此文作於至正二十三年（1363）。

## 112. 李穡《栗亭先生尹文貞公墓誌銘》（56／657）

按：文載「栗亭先生既葬三月，孫紹宗以所撰家狀求銘其墓」。而栗亭先生「（庚辰九月）丁酉卒」、「己亥窆於大夫人之墓側」。庚辰（洪武三年）九月丙戌朔，丁酉、己亥分別爲初十二、初十四日。故此文作於洪武三年（1370）。

## 113. 李穡《鐵城府院君李文貞公墓誌銘》（56／660）

按：文載「至正甲辰五月初五日，推誠守義同德贊化翊祚功臣、壁上三韓三重大匡、鐵城府院君李公年六十八，以病卒於第」。又云「明年，上思公，親命公畫其形既肖，錫朋酒以祭。季子岡泣謝退，徵穡銘」。至正甲辰乃至正二十四年，故此文作於至正二十五年（1365）。

## 114. 李穡《驪興郡夫人閔氏墓誌銘》（56／681）

按：文載「吾友金九容氏，以今年閏五月甲辰，葬其母驪興郡夫人閔氏於祖母金氏之塋直其西十數步。繼而走其子參軍事明善求銘」。今考李穡的存世時間爲 1328～1396 年，在此期間，閏五月的年份有至正元年（丁丑朔）、至正二十年（丙辰朔）、洪武十二年（丙申朔）。至正元年、洪武十二年閏五月均有甲辰。

---

〔註 84〕　（明）廖道南《楚紀》，《北京圖書館古籍珍本叢刊》第 7 冊，書目文獻出版社 1990 年版，第 357 頁。

〔註 85〕　（清）陳元龍輯《歷代賦匯》，江蘇古籍出版社、上海書店 1987 年版，第 123 頁。

〔註 86〕　（清）陸心源《皕宋樓藏書志》，《續修四庫全書》第 929 冊，上海古籍出版社 1996 年版，第 558～559 頁。

　　然金九容之母乃「五月癸巳，以病歿，年五十六」。至正元年五月丁未朔，無癸巳日。洪武十二年五月丁卯朔，癸巳乃初二十七日。故此文作於洪武十二年（1379）。

### 115. 李穡《雞林府尹諡文敬公安先生墓誌銘》（56／681）

按：文載「丁酉九月初四日，卒於順興府，因葬焉。五十六歲，其享年也。今二十二年矣，而墓未誌。」丁酉為大德元年（1357），下推 22 年，為洪武十二年（1379）。此文即作於此年。

### 116. 李穡《尹母崔夫人墓誌》（56／691）

按：文載尹夫人「洪武辛酉冬十月壬戌，以病歿，年六十五。壬寅，葬於錦之南山，文貞之塋之右。朝之士大夫哭以詩，相其挽者相續。走其弟成均博士會宗請銘。會宗齊衰犯霜雪，予哀之不忍辭，乃書其家世子孫而繫以銘」。洪武辛酉十月，壬子朔，壬戌為初十一日；壬寅為十一月初二十一日。尹夫人下葬後會宗「犯霜雪」請銘。故此文當作於洪武辛酉年，即洪武十四年（1381）。

### 117. 李穡《祭樵隱先生文》（56／692）

按：文載「維大歲庚申秋九月廿又六日，韓山李穡祭於樵隱先生曰」。故此文當作於庚申年。李穡存世時間為 1328～1396，故庚申年即洪武十三年（1380）。

### 118. 烏斯道《雷州衛指揮張公完城記》（57／39）

按：文載「皇帝御極之三年，懷遠將軍同知雷州衛指揮使司事張公奉詔領麾下士五百人首鎮雷陽。」修城工程「始事於洪武四年七月三日，竣於五年四月七日」，雲陽父老鄧雲龍等求記。故此文當作於洪武五年（1372）。

### 119. 烏斯道《重建水月觀音寺記》（57／42）

按：文載「工始於洪武十六年癸亥月日，僝於洪武十七年甲子月日」。其後，碧潭禪師「乃介友人王子建氏請文於余」。故此文作於洪武十七年（1384）。

### 120. 烏斯道《重修永新縣儒學記》（57／44）

按：文載重修永新儒學始於洪武九年秋八月，「越一歲，丁巳秋七月日，終事」。故此文當作於洪武十年（1377）。

### 121. 烏斯道《譚節婦祠堂記》（57／46）

按：文稱「譚婦死節，久未有祠。四明烏斯道蒞政永新之二年，為洪武十年

丁巳五月十有一日，乃擇泮宮興文閣西南，闢大池，上建祠設主，以補缺焉」。
則此文當作於洪武十年（1377）五月。

### 122. 烏斯道《處士倪君仲權墓表》（57／169）

按：文載倪仲權「年始五十有三，未試而卒，實洪武九年五月九日，將以次
年十一月三十日葬於鄞縣桃源鄉黃沙之原。其長子豫翁奉書永新，請表諸墓，
余義不可辭」。故此文當作於洪武九年（1376）。

### 123. 釋來復《蜀王殿下之國序》（57／169）

按：文稱「至正丙午春，其方外友北山杼禪師以公手稿選次而刊行之，來征
言爲序」。故此文當作於至正丙午，即至正二十六年（1366）。

### 124. 釋來復《蜀王殿下之國序》（57／169）

按：文稱「方舟歿之十年，其季子萬石，今爲桃源縣丞，以公事來京。一日
攜其圖見示，且徵言序之」。方舟即徐舫，字方舟，浙江桐廬人。宋濂《芝園
前集》卷九有《故詩人徐方舟墓銘》，文載：「至正丙午正月九日，方舟以疾
卒，壽六十八。」〔註87〕則徐舫存世時間爲1299～1366年。故此文當作於1376
年。

### 125. 釋來復《蜀王殿下之國序》（57／169）

按：蜀王於洪武十八年閱武於中都。「二十二年己巳春，皇上特遣使召還。……
臣來復候送江滸，及見王，語以之國有朝，囑爲之序」。故此文作於洪武二十
二年（1389）。

### 126. 釋來復《送滁州同知王公達序》（57／176）

按：文載「洪武丁巳春三月，滁州守周伯器氏以書樞余」，稱王公達「四月秩
滿，將烤雞於京師，敢請贈言於子」。則此文當作於洪武丁巳，即洪武十年
（1377）。

### 127. 釋來復《送高道傳同虛還龍山序》（57／190）

按：文載「皇帝即位之十三年冬，禮部特奏侍祠高道傳同虛以年老乞歸龍虎
山，上可其奏。同虛陬日將行，來征言爲別。」則此文作於洪武十三年（1380）。

---

〔註87〕（明）宋濂著，羅月霞主編《宋濂全集》，浙江古籍出版社1999年版，第1325頁。

### 128. 釋來復《蜀府王長史蒙賜詩倡和序》（57／198）

按：文載「今上皇帝御寶位之十八年，爲洪武乙丑，有旨命蜀王閱武於中都。時長史山西王仲禮寔扈從偕來。……越三年丁卯，王以仲禮耆年宿德，其優待之。」帝並有賜詩。於是「寓公聞人之在淮右者賡和成帙」，王仲禮託其僚屬請釋來復爲之記。則此文作於丁卯年，即洪武二十年（1387）。

### 129. 釋來復《廬山東林禪寺重興記》（57／205）

按：文載東林禪寺興復於「九年己卯東十有二月」。空海「乃遣其徒具事實求余記之」。故此文當作於洪武九年（1376）。

### 130. 釋來復《東山五祖禪寺正續堂記》（57／205）

按：文載「（正續）堂成於洪武十四年辛酉十月，明年壬戌，萬宗以黃梅僧會之選考試來京師，謁余文爲記」。故此文作於洪武十五年（1382）。

### 131. 釋來復《端志堂記》（57／207）

按：文載「皇帝即位之十八年，爲洪武乙丑冬十月，刑部尚書李公鴻漸以是年五月致政歸維揚」，於舊里建端志堂。繼云「明年，復召公爲國子祭酒，介其博士姜敬章命余記之」。則此文作於洪武丙寅，即洪武十九年（1386）。

### 132. 釋來復《郎峰雅集記》（57／222）

按：文載「洪武三年春，浙西僉憲雪樵劉公按部至昌國，道經郎峰，夜宿約之禪師方丈，時余與大慈南宗亦來會焉。」因有遊覽之事。故此文作於洪武三年（1370）。

### 133. 釋來復《鍾山靈谷禪寺記》（57／223）

按：文載靈谷禪寺竣工於洪武十五年壬戌季夏。「明年癸亥正月丙辰，上御華蓋殿，召臣來復」，命「撰次而記之」。則此文作於洪武十六年（1383）。

### 134. 釋來復《西堂讀書記》（57／228）

按：文載「皇帝即位之十八年，爲洪武乙丑冬十月，詔命蜀王來鎮中都。既至，王迺治殿之西挾爲讀書堂……於是乃遣紀善臣張安伯俾臣來複製文記之。」則此文作於乙丑年，即洪武十八年（1385）。

### 135. 釋來復《稽疑室記》（57／240）

按：文載「蜀王駐蹕中都之二年，爲洪武丁卯。……於是揭其笈室曰『稽疑』，乃命臣來復記之。」故此文作於洪武丁卯，即洪武二十年（1387）。

### 136. 釋來復《寶訓堂記》（57／241）

按：文載「洪武乙丑冬十月，蜀王閱武於中都……越三年戊辰春，乃闢堂於殿之西掖……俾臣來復爲之記焉。」則此文作於戊辰年，即洪武二十一年（1388）。

### 137. 釋來復《中都勸學記》（57／246）

按：文中稱「今上皇帝即位之十九年，爲洪武丙寅。有旨以蜀王封建而來之國，乃命閱武於中都」。故此文作於洪武十九年（1386）。

### 138. 釋來復《西天善世禪師塔銘》（57／249）

按：文載善世禪師洪武十四年五月廿四日圓寂，十五年壬戌四月八日「克葬於天禧寺之右屋」。並云「葬之前五日，其門人智光以師塔石未有志，乃具行實來謁銘。」故此文作於洪武十五年（1382）。

### 139. 釋來復《四箴》（57／257）

按：文稱「洪武二十年丁卯夏四月，謁見蜀王殿下於西堂。」因王之請而進《四箴》。故此文作於洪武二十年（1387）。

### 140. 劉楚《興國陳令尹德政頌》（57／266）

按：文中稱「癸卯夏四月，南平劉某遭兵亂，奔逐蕩析，聞鄰邑興國有賢令尹也，自其鄉匍匐百四十餘里往觀政焉」。因見「田野治」而作此頌。故此文當作於癸卯年，即至正二十三年（1363）。

### 141. 劉楚《枯桂復榮頌》（57／267）

按：文中載「洪武三年春，其東偏一本，忽萌櫱怒舒……是秋，周氏之賢俊曰仲方者，果以明經貢春官，明年策上第。」劉楚因聞此事，「及睹前進士張潔所爲記」，因作此頌。則此文當作於洪武四年（1371）。

### 142. 劉楚《招魂辭》（57／585）

按：文中載「永豐劉口德以己丑夏六月客死寧都，其表兄鄧恆性實來扶其柩以歸。余悲而哀之，作《招魂辭》五章以授之。」則此文當作於己丑年，即至正九年（1349）。

### 143. 劉楚《故提舉李公哀辭》（57／586）

按：文稱「維戊申閏七月某日，前承務郎、江浙等處儒學副提舉雲陽李公沒於永新上麓之寓舍。其友生南平劉楚聞而哭之。」則此文當作於戊申年，即至正二十八年（1368）。

### 144. 劉楚《鍾母李孺人墓誌銘》（57／589）

按：文中稱「洪武四年夏，朝廷以言者徵前進士劉於於吉之永豐。」再言「明日君以期迫先發。又後月餘余始達京師」，周仲方告以劉於之死訊。則此文當作於洪武四年（1371）。

### 145. 劉楚《告先府君墓文》（57／597）

按：文載「惟我父棄養諸孤十有六年」，而劉楚《先府君遷厝壙誌》（57／627）載其父卒於至正十二年閏三月十九日（另見《祭先兄中齋先生文》「迨壬辰春，寇亂紛起。先尊播遷，一疾奄棄」，同書第 600 頁），並載「乃以元年丁未七月甲申改厝於仙槎鄉姆坑太祖妣趙氏夫人墓之左。」至正十二年（1352），距元年丁未（1367）恰為 16 年。故此文作於 1367 年。

### 146. 劉楚《告太夫人墓文》（57／598）

按：文載「三十七年之間，於今三遷矣」。劉楚《先夫人遷厝壙誌》（57／628）載其母卒於至順辛未六月廿六日，並述及三次遷厝的經過，云：「乃已元年丁未七月丁酉，奉厝千秋鄉鄧家原之弔鍾嶺」。至順辛未（至順二年，1331），距元年丁未（1367），恰為 37 年。故此文作於 1367 年。

### 147. 劉楚《鍾母李孺人墓誌銘》（57／620）

按：文中稱「歲壬寅冬十有二月某日，贛興國鍾君廷芳之妻李氏以疾卒。越明年正月壬子，葬邑北門外之蔡坑蟠龍原。前期十日，其哀子應麟述其母之家世及生卒年月，與其治家行己梗概，遣人奉書走百六十里以請銘於楚。」壬寅歲乃至正二十二年。二十三年正月壬寅朔，壬子乃初十一日。鍾應麟請劉楚撰銘的時間為至正二十三年正月初一。此文作於至正二十三年。

### 148. 劉楚《亡妻陳君墓誌銘》（57／623）

按：文中載妻室陳君卒日為「是年（乙巳，至正二十五年）七月廿六日」，並且「以卒之明日葬所居亭上園之左，乃泣而銘之」。故此文作於至正二十五年（1365）。

### 149. 劉楚《張夫人墓誌銘》（57／625）

按：文中稱「歲乙巳冬十有二月甲寅朔，前某省照磨兼架閣文字官傅某，以其友王榘所為其亡妻張夫人之行述來請銘。且曰：『葬期迫矣，願有以誌也。』余發而視之，則第述其父族母族及其享年若干與其三子存沒大概，而其餘皆

不可知。將返而更請焉，則道里阻修，而由甲迄於丁四日矣。期不可緩而誌不可缺也……」，則此文應作於乙巳年十二月丁午，即 1365 年十二月初四日。

### 150. 劉楚《拙存蕭先生墓碣銘》（57／629）

按：文中載蕭先生卒於至正己丑（1349）。先生次子紹宗於洪武五年（1372）「乃爲書介余弟塾」請銘，稱「痛惟先人之沒而葬於趙家營之原也，又廿有四年」。故此文當作於洪武五年（1372）。

### 151. 劉楚《元故奉訓大夫廣西道肅政廉訪司僉事詹公墓誌銘》（57／630）

按：文載「元故奉訓大夫廣西道肅政廉訪司僉事詹公既沒若干年，爲大明洪武元年。其孫汝影以前翰林待制侍講學士、朝散大夫楊舟始爲華容尹時所爲狀來請銘。」則此文當作於洪武元年（1368）。

### 152. 劉楚《元故養蒙劉公墓誌銘》（57／639）

按：文載劉公卒於至正四年（1344）六月某日，「明日葬千秋鄉之蛟湖口」。又載「是後三十有三年，我從兄某始改附於仙槎鄉百記東坑祖塋之左」，並致書請銘。則此文當作於洪武十年（1377）。

### 153. 劉楚《明故羅君何卿墓碣銘》（57／641）

按：文載羅天與（何卿）壬寅「九月遘疾，十月卒焉」。繼云「小子以九月癸巳，奉柩歸窆於所居之北」。然羅天與十月卒，不當言九月奉柩歸窆。檢陳垣《二十史朔閏表》，壬寅（至正二十二年）九月癸卯朔，無癸巳日。十月壬申朔，癸巳爲二十二日。故此初「九月」當作「十月」。其後孝子來請銘。則此文當作於壬寅（1362）。

### 154. 劉楚《勅賜開國輔運推誠宣力武臣征南副將軍靖海侯追封海國公諡襄毅公神道碑》（57／643）

按：文載靖海侯禎卒於己未五月，繼云「又明年庚申，上追念其勞，爰勅儒臣禮部侍郎臣崧撰文，其刻諸神道之碑」，則此文作於庚申年，即洪武十三年（1380）。

### 155. 劉楚《開國輔運推誠宣力武臣征西右副將軍濟寧侯追封滕國公諡襄靖顧公神道碑》（57／646）

按：文載濟寧侯顧時卒於洪武十二年己未十一月廿一日，繼云「明年庚申春

二月己卯,公喪貴自北平」。其子請銘,上「詔可其請,命禮部侍郎臣崧爲之銘」,則此文作於庚申年,即洪武十三年(1380)。

### 156. 劉楚《王秀才墓誌銘》(57/648)

按:文中言及「今年庚申春正月,崧復被召入朝」。夏五月南還遇王秀才之父王起予。故此文作於庚申年夏五月,即洪武十三年(1380)。

### 157. 殷奎《送崑山偰使君遷守嘉定序》(57/689)

按:殷奎文中載「至正廿有三年,高昌偰侯以治縣第一來爲州崑山……在州二年,又以政最,遷嘉定」。偰侯即偰遜斯。今考《嘉定縣志》卷8《職官考》中,《職官年表》「縣尹」載「偰斯」,注云「河西人。甲辰歲來知州,以全城歸附。國朝洪武二年,擢爲符寶郎,兩使高麗,出知河間府,累官戶、吏二部尚書。」〔註88〕甲辰乃至正二十四年。即偰遜斯於此年離任崑山,所以本文作於至正二十四年(1364)。

### 158. 《送丁節判赴嘉定州詩序》(57/690)

按:文中稱「至正廿二年秋八月,節判丁君克明,縣崑山調官嘉定」,故此文當作於至正廿二年(1362)。

### 159. 《曹別駕修園頌》(57/713)

按:文中言及「至正廿四年秋九月」、「明年三月」,尋繹文意,則此文當作於至正廿五年(1365)。

### 160. 《崑山州作新婁侯廟事狀》(57/718)

按:文中言及「至正十三年冬十二月」、「閱明年十月某日」,尋繹文意,則此文當作於至正十四年(1354)。

### 161. 《有元奉議大夫常州路宜興州知州盧公權厝誌》(57/738)

按:文末提及「屠維作噩屆玄月」,屠維作噩即己酉。殷奎存世時間爲則1331～1376年,在此期間,己酉年爲洪武二年(1369)。

### 162. 梁遺《重修府學記》(58/70)

按:文中稱重建府學「始於戊寅春,不再歲畢役。凡諸監司,並諸執事,謁余請日……」,則此文應作於戊寅年,即至元四年(1338)。

---

〔註88〕 (明)韓濬等修《萬曆嘉定縣志》,《中國史學叢書》第三編第四輯43,臺灣學生書局1987年版,第580～581頁。

### 163. 曹復亨《重修周將軍祠宇記》（58／73）

按：《全元文》此文繫年爲至正十一年。孫星衍、邢澍編《寰宇訪碑錄》卷十二載：「《追封英義武惠正應王周將軍碑》。曹復亨撰，蘇天爵正書。至正十二年三月。」〔註89〕然文中言修祠之舉倡於至正辛卯秋七月（即至正十一年），「旬月之間而落成」。「是年冬十二月，率曹璋十四人奉書來請記」，則請曹復亨撰記的時間爲至正十一年冬十二月。《寰宇訪碑錄》所載「至正十二年三月」乃爲刻石時間，曹復亨具體撰記的時間當在此之間。

### 164. 賀伯顏《鼎建公廨記》（58／160）

按：文中載「其造作始於甲申至正四年春，越明年秋有成」，隨後「幕官汪雲叔名從龍，將勒諸石，以圖不朽，遂爲之記」。則此文當作於至正五年（1345）。

### 165. 張守大《師曠廟記》（58／194）

按：《全元文》據民國六年《洪洞縣志》錄文，清代胡聘之《山右石刻叢書》參校。今檢《山右石刻叢書》卷四十，文末有「至正二十五年歲次乙巳三月吉日眾社人等立石」〔註90〕。而文中言至正甲辰，楊政等倡議重修師曠廟，「並力偕作，不數月而訖工」。對此，胡聘之早文後有考辨，認爲此文作於至正甲辰，即24年（1364）。

### 166. 曹師孔（58／281）

按：明代廖道南《楚紀》卷二十三《昭文外紀前篇》有其小傳，附載於尹謙孫傳中，稱〔註91〕：「曹師孔，茶陵人。元天曆己巳，同州人尹謙孫、尹貫通、劉簡試《靈臺賦》。」則此文作於天曆己巳，即天曆二年（1329）。

### 167. 馬存仁《重修儒學記》（58／325）

按：《江西通志》卷十七《學校》記述上高縣儒學的發展歷史，載「元至元五年，縣尹文郁大新之，馬存仁記。」〔註92〕至元五年爲1268年、或1339年。

---

〔註89〕（清）孫星衍、邢澍編《寰宇訪碑錄》，《續修四庫全書》第904冊，上海古籍出版社1996年版，第602頁。

〔註90〕（清）胡聘之《山右石刻叢編》，《續修四庫全書》第908冊，上海古籍出版社1996年版，第183頁。

〔註91〕（明）廖道南《楚紀》，《北京圖書館古籍珍本叢刊》第7冊，書目文獻出版社1990年版，第360頁。

〔註92〕（清）謝旻《雍正江西通志》，景印文淵閣四庫全書第513冊，臺灣商務印書館1986年版，第557頁。

而《重修儒學記》文中云「上高縣縣宋元豐五年始有學，遡其歲二百七十矣」。
自宋元豐五年（1082）起算，270 年後當爲至正十二年（1352）年。據此，則
《江西通志》所載有誤。

## 168. 任惟孝《重修文廟記》（58／425）

按：清代清代畢沅《關中金石記》卷八載「《重修宣聖廟記》，至正四年四月
立。任惟孝撰文，白好義正書篆額。在宜川。」〔註93〕。孫星衍、邢澍編《寰
宇訪碑錄》卷十二載：「《重修宣聖廟記》，任惟孝撰，白好義正書。至正十四
年四月。」〔註94〕然文中言及「至正壬辰正月」、「越三年甲午」，甲午即至正
十四年。畢沅記載有誤。則此文作於至正十四年（1354）。

## 169. 李道溥《金隄西創建靈濟昭祐顯聖王廟記》（58／425）

按：清代孫星衍、邢澍編《寰宇訪碑錄》卷十二載：「《創建靈濟顯聖王廟碑》，
李源溥撰，薄哈剌八都正書。至正十年。」〔註95〕此文當作於至正十年（1350）。

## 170. 翱《三孝堂記》（58／499）

按：《全元文》據清乾隆三十三年本《望江縣志》言此文作於「至正八年七月」。
而清代趙紹祖《安徽金石略》卷一載「元三孝堂記」，注云「至正六年。翱撰。
在望江，未見。文載《安慶府志》」〔註96〕。

　　《三孝堂記》文中言「至正丙戌夏」、「越明年」等語。至正丙戌乃至正
六年。故《安徽金石略》所載有誤。

## 171. 賈申立《五門堰碑記》（58／516）

按：文中提及侯庸「至正丁亥夏六月來宰是邑」。修堰之舉「先經始是歲之秋，
功成於戊子之春仲」。此文當作於至正戊子年（1348）。

## 172. 劉傑《帝舜廟碑》（58／567）

按：《全元文》據清光緒三十一年《臨桂縣志》錄文，以《廣西通志》校補。

〔註93〕（清）畢沅《關中金石記》，叢書集成初編第 1525 冊，中華書局 1985 年版，
　　　　第 168 頁。
〔註94〕（清）孫星衍、邢澍編《寰宇訪碑錄》，《續修四庫全書》第 904 冊，上海古
　　　　籍出版社 1996 年版，第 604 頁。
〔註95〕（清）孫星衍、邢澍編《寰宇訪碑錄》，《續修四庫全書》第 904 冊，上海古
　　　　籍出版社 1996 年版，第 601 頁。
〔註96〕（清）趙紹祖《安徽金石略》，《續修四庫全書》第 912 冊，上海古籍出版社
　　　　1996 年版，第 177 頁。

此文亦見收杜海軍輯校《桂林石刻總集輯校》，且文末多出「至正二十有三年夏四月，賜同進士出身承德郎僉嶺南廣西道肅政廉訪司事劉傑撰並書篆」一句〔註97〕。據此，則此文應作於至正二十三年（1363）。

### 173. 李聰《陽城縣尹趙侯興學記》（58／678）

按：《全元文》據清乾隆二十年《陽城縣志》錄文。此文亦見收於清代胡聘之《山右石刻叢編》卷三十八，文末教此多「至正十四年夏五月既望謹記」〔註98〕一句。據此，則此文作於至正十四年（1354）。

### 174. 徐祐《右都威衛管軍百戶太納先塋之碑》（58／668）

按：《全元文》據民國二十三年刊本《昌樂縣續志》卷十七錄文。今複檢《昌樂縣續志》，文後有「大元至正十二年歲次辛卯十二月初一日立」〔註99〕。而此文文首稱「至正辛卯冬月，濰州北海人名拜住，持先代行實狀謁於予」。故此文作於至正十二年（1352）。

### 175. 蔡景行《重建崇明州記》（58／732）

按：本文主要記述崇明州達嚕噶齊巴哩雅的政績，亦見載明代王鏊《姑蘇志》卷二十三。該書卷四十一《宦跡五》有巴哩雅的小傳，云：

> 巴哩雅，字政卿。至正十一年三月任崇明州達嚕噶齊，明年州址為潮吞噬，乃相地遷之。閏三月，海寇犯崑山，燔劫糧艘民舍，亦犯州境。巴哩雅親率丁壯，分扼衝要，將攻之，寇聞遁去。十三年冬，復以官兵出海擒寇，時藉其功。〔註100〕

《重建崇明州記》文中載州址重建「興於十二年之三月，落成於明年二年」，又載「前年海寇犯境，侯親率義兵，奮矢石，扼其要衝，而悉力攻之。海寇由是遁去」。則此文當作與至正十四年（1354）。

---

〔註97〕 杜海軍輯校《桂林石刻總集輯校》（上），中華書局 2013 年版，第 414～415 頁。

〔註98〕 （清）胡聘之《山右石刻叢編》，《續修四庫全書》第 908 冊，上海古籍出版社 1996 年版，第 149～150 頁。

〔註99〕 王金岳等修，趙文琴等纂《昌樂縣續志》，《中國方志叢書》華北地方第 66 號，成文出版社 1968 年版，第 701 頁。

〔註100〕 （明）王鏊《姑蘇志》，景印文淵閣四庫全書第 493 冊，臺灣商務印書館 1986 年版，第 755 頁。

### 176. 黃理仙《重修忠惠王廟記》（58／732）

按：文中云「經始於至正癸巳，成於甲子仲夏」。清代畢沅《關中金石記》卷八載「《修忠惠王廟碑》，至正甲午仲夏立，黃理仙撰文」〔註101〕。清代孫星衍、邢澍編《寰宇訪碑錄》卷十二亦載此碑，云：「《牛山忠惠王廟記》，黃理仙撰，正書，至正十四年」〔註102〕。故此文作於至正十四年（1354）。

### 177. 宋克篤《重修興國禪寺演法傳燈碑銘》（59／12）

按：《全元文》據清光緒十七年刻本《山右石刻叢編》卷三十九錄文。今檢《山右石刻叢編》，文後尚有「時大元至正十五年歲次乙未孟冬中旬吉日住持僧寶惠立石」〔註103〕，則此文應作於此時。

### 178. 魏俊民《宮牆記》（59／14）

按：清代馮桂芬《同治蘇州府志》卷一百四十《金石志一》著錄此文，題爲《增築宮牆記》，注云「魏俊民撰，至正十五年，在文正公祠」〔註104〕。則此文作於至正十五年（1355）。

### 179. 哈散沙《祭陸遜文》（59／17）

按：文首言「元至正十五年乙未六月乙卯朔」，則此祭文作於至正十五年（1355）。

### 180. 周原誠《師山先生哀辭》（59／24）

按：其文中云「今年秋，有以飛語中先生者」，後文即寫先生自經而死，則《哀辭》作於師山先生（鄭玉，文見）《全元文》46／293）死之年，即1358年。

### 181. 何希玄《重建玉泉觀記碑》（59／37）

按：景安寧《道教全真派宮觀、造像與祖師》第三章《全真宮觀》中，介紹了秦州玉泉觀，指出此碑的撰寫時間爲至正16年（1356）〔註105〕。

---

〔註101〕（清）畢沅《關中金石記》，叢書集成初編第1525冊，中華書局1985年版，第169頁。

〔註102〕（清）孫星衍、邢澍編《寰宇訪碑錄》，《續修四庫全書》第904冊，上海古籍出版社1996年版，第604頁。

〔註103〕（清）胡聘之《山右石刻叢編》，《續修四庫全書》第908冊，上海古籍出版社1996年版，第158頁。

〔註104〕（清）李銘皖等修，馮桂芬等纂《同治蘇州府志》，《中國方志叢書》華中地方第5號，成文出版社1970年版，第3340頁。

〔註105〕景安寧《道教全真派宮觀、造像與祖師》，中華書局2012年版，第211頁。

## 182. 蕭飛鳳《修廬陵郡學記》（59／27）

按：江西通志卷十七《學校》載「廬陵縣儒學」始末甚詳，稱「舊址有廟。宋慶曆四年，始建學於縣治東南。紹興六年，縣令王昌修茸，胡銓記。十五年，州守江少虞命縣令羅烈設講堂。元延祐四年，縣尹秦思大修，貢奎記；至正三年，縣尹管文通修，劉岳申記。十五年，監郡尼雅斯拉鼎再修，蕭飛鳳記。」則此文作於至正十五年（1355）。

## 183. 羅良《致陳有定書》（59／126）

按：《全元文》小傳云羅良明代黃仲昭《弘治八閩通志》卷一《地理》中，《漳州府》載云：「至正八年，立漳州元帥府。二十二年，漳州行中書分省，右丞羅良據其地。二十六年，陳有定取之。國朝洪武元年歸附，改為漳州府。」〔註 106〕尋繹羅良心中所言，陳有定有私據汀州之迹象，但尚未坐實。則此信應寫於至正二十六前。

今考明代郎瑛《七修類稿》卷十二《國事類》中，有一則題為《羅良》，記載其行事甚詳，節錄相關內容如下：

> 先是二十二年，陳友定為福參政，復汀州，遂有據福之志，威迫平章燕只不花，所收郡縣倉庫，悉為家資，不順者輒加殺戮，威振閩中。至二十五年，覆敗我太祖將胡深，元以有功，加升平章，遂發兵諸郡，遠近獻城，以成竊據。獨良卓然不屈，梗於漳州，慨然歎曰：「噫！賊乃人為乎。」遂以書責之曰：「足下為參政，國之大臣也。汀州之復，是乃職耳，可以功而自恣邪？燕只平章，足下之僚長也，可以威而迫之邪？夫非其君命而得郡邑者，人人皆得而誅之矣。今郡邑之長，君命也，固不可以加戮；百司之職，君授也，固不可以加竄。足下破郡邑而為家資，驅官僚而為臣妾，口言為國，心實私家；跬步之際，真偽甚明，不知足下將為郭子儀乎？將為曹孟德乎？今又竊據全閩，背逆無道，不為君誅，將不為天誅乎！」友定大怒，益發兵攻漳州。（後略）〔註107〕

《七修類稿》不僅逐錄羅良全文，而且徵引相關史實，對信中內容考釋甚詳。陳友定即是陳有定，因音同而致記載有差異。據此，則《致陳有定書》當作於至正二十五年（1365）。

---

〔註106〕 （明）黃仲昭修纂《八閩通志》（上），福建人民出版社 2006 年版，第 16 頁。
〔註107〕 （明）郎瑛《七修類稿》，上海書店 2001 年版，第 121 頁。

### 184. 魏志遠《唐渾忠武王感應碑》（59／135）

按：清代孫星衍、邢澍編《寰宇訪碑錄》卷十二載：「渾忠武王感應碑。魏志遠撰，王克明正書。至正二十五年三月。」〔註108〕並見清代畢沅《關中金石記》卷八〔註109〕、嵇璜《續通志》卷一百六十九《金石略》。則此文作於至正二十五年（1365）。

### 185. 何秋崖《大盤龍庵大覺禪師寶雲塔銘》（59／154）

按：《全元文》據1926年《晉寧州志》錄《大盤龍庵大覺禪師寶雲塔銘》，署名為何秋崖。此文亦見收於民國《新纂雲南通志》卷九十四《金石考》〔註110〕。文題後有「滇城玉案山遍覺禪寺開經律論法門慶源撰」、文末有「時至正壬子年夏四月良日，住持長老絕相口源並門徒立石，滇海簣齋隱士何秋崖書並篆額，匠黃君泰刊」，據此，則此文當作於至正壬子年夏四月，即洪武五年（1372）。對此時間，《新纂雲南通志》在文後附有案語，云：

> 立碑於至正壬子，當明洪武五年，猶奉元正朔，而北元昭宗年號宣光，其元年在洪武四年。按王紳《滇南痛哭記》，北元遣侍郎脫脫以洪武五年六月後至雲南，至是始知改元宣光。此碑四月立，故仍用至正年號也。

### 186. 李震遠《文獻書院記》（59／151）

按：清代黃瑞《台州金石志》著錄此文，指為「至正二十二年（1362）」〔註111〕。

### 187. 戰惟肅《昭睍神廟記》（59／161）

按：《全元文》據清光緒16年《兩浙金石志》錄文，不注寫作時間。清代孫星衍、邢澍編《寰宇訪碑錄》、清代趙魏輯《竹崦盦金石目錄》均著錄此文。《竹崦盦金石目錄》文題同，《寰宇訪碑錄》題為《江千昭睍神廟碑》，均言作於至正二十五年（1365）〔註112〕。

---

〔註108〕（清）孫星衍、邢澍編《寰宇訪碑錄》，《續修四庫全書》第904冊，上海古籍出版社1996年版，第606頁。

〔註109〕（清）畢沅《關中金石記》，叢書集成初編第1525冊，中華書局1985年版，第171頁。

〔註110〕龍雲修，周鍾岳、趙式銘等纂《新纂雲南通志》，《中國地方志集成》省志輯雲南卷第5冊，鳳凰出版社2009年版，第458～460頁。

〔註111〕莎日娜主編《蒙古學金石文編題錄》，內蒙古大學出版社2005年版，第637頁。

〔註112〕莎日娜主編《蒙古學金石文編題錄》，內蒙古大學出版社2005年版，第277、790頁。

### 188. 童梓《護國祐聖王廟加封聖號頒降宣命記》（59／181）

按：清代朱彝尊《日下舊聞》卷五十《城市》載：「都城隍廟元碑七，……一立於至正二十五年十二月，童梓撰文，吳雲書丹，張璈篆額」〔註113〕，並錄有童梓原文。則此文當作於至正二十五年（1365）。

### 189. 顏六奇《重建縣廨記》（59／187）

按：《全元文》繫年爲「至正二十六年」，即 1366 年（丙午）。然四庫本《江西通志》卷十九載廬陵縣署：「明仍宋址，洪武乙巳知縣明善重建，顏六奇有記。」今考洪武紀元共 31 年，實無乙巳年，就顏六奇的存世時間而言，乙巳當爲 1365 年，即至正二十五年。《重建縣廨記》文中明謂「乃丙午之秋，徵才用工，因舊爲新」，則以 1366 年爲確。《江西通志》記載誤。

### 190. 德昭《番易餞章序》（59／245）

按：此文乃餞別復齋郭公離任而作。復齋郭公即郭郁，《新元史》卷 194 有傳。傳稱「皇慶元年擢浮梁知州」、「延祐五年，入爲中樞檢校官」。則郭郁離任江西的時間應爲延祐五年（1318 年），此文當作於這一年。

### 191. 段承祚《廉將軍廟壁記》（59／252）

按：《全元文》據清光緒二十七年《山右石刻叢刊》卷三九錄文。今檢《山右石刻叢刊》，文後尚有題署，爲《全元文》漏收。其文曰：「至正庚子孟秋吉日段承祚記」〔註114〕。則此文作於至正庚子（1360 年）。

### 192. 趙森《龍馬圖賦》（59／255）

按：元統三年（1335），江浙地區鄉試試賦題爲《龍馬圖賦》〔註115〕，參試者有趙森〔註116〕。故此文作於 1335 年。

### 193. 呂惟恕《伏羲陵廟碑》（59／260）

按：孫星衍《岱南閣集》卷一《伏羲陵考》，備引歷代相關資料，中稱「元至

---

〔註113〕（清）于敏中等編纂《日下舊聞考》（第 2 冊），北京古籍出版社 1985 年版，第 792 頁。

〔註114〕（清）胡聘之《山右石刻叢編》，《續修四庫全書》第 908 冊，上海古籍出版社 1996 年版，第 167 頁。

〔註115〕李新宇《元明辭賦專題研究》，中國社會科學出版社 2011 年版，第 60 頁。

〔註116〕羅鷺《〈青雲梯〉和〈新刊類編歷舉三場文選〉所錄元代江浙鄉試賦題考》，《古典文獻研究》2006 年，第 244 頁。

治二年呂惟恕撰碑」〔註117〕，下錄《伏羲陵廟碑》內容。則此文撰於至治二年，即1322年。此文內容與孟祺中統二年（1261）所作《重修伏羲廟碑記》（11／701）多有相同。

### 194. 姚珩《新鄭縣社稷壇碑記》（59／267）

按：清代黃本誠纂《新鄭金石志》著錄此文，題爲《新鄭社齋社稷壇記》，題署時間爲至正十六年（1356年）〔註118〕。

### 195. 蒲紹簡《登瀛洲賦》（59／354）

按：至治癸亥（1323年），湖廣鄉試的賦題爲《登瀛洲賦》〔註119〕，中選者有蒲紹簡、湯原、彭宗復、王宗揚。故此賦當作於1323年。

### 196. 方時發《九華山詩序》（59／541）

按：文淵閣四庫全書本《九華山詩》序末有「歲至大戊申仲秋之吉同里方時發撰」，則序作於至大元年，1308年。

### 197. 魯鐸《天符廟碑》（59／586）

按：清代成瑾《鄒平金石志》〔註120〕、民國趙仁山纂《鄒平縣志》均言此文作於至元十七年（1280）。

〔註117〕　（清）孫星衍《岱南閣集》，《叢書集成初編》第2524冊，中華書局1985年版，第15頁。
〔註118〕　《石刻史料新編》第三輯，第28冊，臺灣新文豐出版公司1986年版，第228頁。
〔註119〕　黃仁生《楊維禎與元末明初文學思潮》，東方出版中心2005年版，第92頁。
〔註120〕　（清）成瑾纂《鄒平金石志》，石刻史料新編第三輯第25冊，臺灣新文豐出版公司1982年版，第519頁。

# 第五章 《全元文》佚文輯校

《全元文・凡例》第一條稱「本書旨在搜集有元一代之漢文單篇散文、駢文和詩詞曲以外的韻文」。然而，總集的編纂要求「鉅細兼收，義取全備」〔註1〕，因此，實際上很難以真正達到囊括無遺。《全宋文》難免有漏收情況。該書出版後，學界不斷有相關的補輯文章，取得了比較豐碩的成果。

通過翻檢斷代總集、方志、目錄、金石碑刻，以及元人別集等，可以發現不少《全元文》失收之佚文。有些佚文的作者，《全元文》已經有收錄，然而收錄的文章不夠全面。還有一些作家，《全元文》沒有收錄。根據翻檢所得，整理如下。學界已經輯錄的成果（目錄詳見附錄），則不再收錄。

## 一、《全元文》已收 161 位作家佚文 313 篇

### 1. 麻革（2／232）《陰證略例序》（癸卯，1246 年）

按：文載《陰證略例》卷首〔註2〕，錄文如下：

人生天地間，而陰陽命之氣，其受病亦不外乎此。醫家言視證察脈，則必本諸陰與陽，自軒岐以來諸書可考也，至漢長沙張仲景著《傷寒》一書，其言備矣！其法皆出伊尹《湯液》，如《易》之於數，《春秋》之於法，蓋萬世不可易者。其論氣脈形聲，以測人之臟腑經絡之微，亦不過曰：如是爲陽，如是爲陰，如是爲寒，如是爲熱，如是爲有餘，如是爲不足，以決人之死生之變於朕兆之前，使夫學者可以按而知之，苟能詳辨而勿失，則思過半矣！

---

〔註1〕　（清）永瑢《四庫全書總目》，中華書局 1965 年版，第 1721 頁。
〔註2〕　（元）王好古《陰證略例》，江蘇科學技術出版社 1985 年版，第 4～7 頁。

然混茫乎疑似之中，輊轄乎毫釐之間，自非精思入神，冥合造化，則不能也。是以古者之言醫也，皆聰明有道之士，如孫思邈、陶隱居、葛稚川之徒，何如人也。迨夫叔世末流，多出於粗工庸人間，褒衣岌冠，挾方寸之囊，自命為醫工，然試讀其書，音讀且不知，況能索理於精微之地哉！如趙括之用兵，徒能誦其父之書，旋取覆敗之禍。如又不能誦其書，則其為敗宜如何哉？夫陰陽二徵也，寒與溫之味，從而用之，亦二也。其主治嗜好，又有大不同者，甚者各主一偏，互相詆訾，殊不知桂枝、承氣之一倒置，則斃之患立見。異時承平貴人，挾朔方鞍馬勁悍之氣，加以膏粱肥濃之養，故糝以剛劑，往往而中。或者遂狃於此，以為人之為病皆然，熱黜陰候不論，豈理也哉！且四方風土既殊，而人之稟受亦異，而一律按之，其可乎？蓋亦求其至當而已矣。嗚呼！中古以降，老壽少而夭閼多，豈真不幸與！蓋醫者心術之偏，其蔽必至於殺人；儒者心術之偏，其蔽必至於誤天下，如宋之王安石是也。偏之為害之烈如此。夫竊嘗謂受天地中和之性，得聖人公恕之學，不以利欲一毫入於其心，而後可以為儒為醫矣！天地萬物一理也，聖人之道一中而已。《中庸》曰「致中和，天地位焉，萬物育焉」，而況醫乎！海藏先生王君進之，家世趙人，早以通經舉進士，晚獨喜言醫，始從東垣李明之，盡傳其所學，後乃精研極思軒岐以來諸家書，馳騁上下數千載間，如指諸掌。予在大梁時，聞其名諸公間籍甚，獨以未識為恨，今年秋來晉州，始得候先生於館舍，觀其氣和而凝，志一而定，有道者也。與之遊，甚閑暇，日出一編書授予，且謂予曰：「傷寒，人之大疾也。其候最急，而陰證毒為尤慘。陽則易辨而易治，陰則難辨而難治。若夫陽證，熱深而厥，不為難辨；陰候寒盛，外熱反多，非若四逆脈沈細欲絕易辨也。至於脈鼓擊有力，加陽脈數倍，內伏太陰，發煩躁欲坐井中，此世之所未喻也。予恐其誤，積思十餘年，蓋考自岐伯，迄今潔古老人，掇其精要，附以己說，釐為三十餘條，有證有藥，有論有辨，名之曰《陰證略例》，將錄以傳，以詔後學，且與天下衛生之君子共之，子盍為我題其端。」予退而伏讀之，善之曰：異乎哉！未有是書也。其於救物利生之念深矣！至其論陽證見陰脈者死，謂有外陽內陰，若與陽藥猶可生。若及陰陽易分寒熱，陰陽易隨仲景三經用藥，皆出古人言意之表，學者又不深思而熟味之。噫！世之著書立言者多矣，其甚高難行，泛言無實者亦有之。然則是書之出，其知者必以為精思妙用所侍，證以古今，不可誣也！其不知者則茫然無考，詆以為悠悠談甚高難行也。予以為獲一人賢者之知，不猶愈千

百愚人之不知者，則是書可以傳信行世無疑矣！故內翰王君從之，嘗題曰「世所未聞」，真知言哉！比先生過上黨，主吾故人文之，療數陰疾尤奇中，皆書中所可概見者。文之始亦駭，不敢用，及已試，歎曰：誤人多矣！昔太倉公所上治驗，太史氏列之傳末，近代錢仲陽嘗所治病，閻孝忠記於論證後。今從先生得所書主治次第，謹編如左方。亦足以證愚者之不知者。文之姓宋氏，諱廷圭，長平人，世亦號善醫云。歲癸卯冬十一月中游日，王官麻革信之謹題。

## 2. 高鳴（2／409）《新刊惠民御藥院方序》（至元丁卯，1267 年）

按：文載張金吾《愛日精廬藏書志》卷二十二〔註3〕、陸心源《皕宋樓藏書志》卷四十七〔註4〕，錄文如下：

聖朝以三代相生養之道，域民於仁壽，唯（《皕宋樓》作「惟」）血氣之屬不能無病，又立醫師，掌醫之政令，如周制而加詳焉。醫之術固深，大概已效之方為前人所寶藏者，尤為難得。太醫提點榮祿許公暨二三僚友，取御藥院壬寅所刊方書板，正其訛，補其缺，求其遺亡而附益之，將弘（《皕宋樓》作「宏」）肆流傳，俾人人如在良醫左右。余嘉其用心，從而敘述之。自仲景《傷寒論》論證處方之後，後世以方為書者，無慮數百家。至《御藥院》號稱大備，蓋裒集諸家之善而增損持擇，雖湯液齊和，昭然無纖芥畸仵，殆與《黃帝內外經》、扁鵲《八十一難》相表裏，其功用豈淺淺哉？雲起太山，膚寸而合，不崇朝而遍雨乎？天下格物君子，請以是觀之。至元丁卯八月九日，翰林知直學士河東高鳴序。

## 3. 商挺（2／506）《跋楊凝式起居帖》（至元戊子，1288 年）

按：文載明代趙琦美《趙氏鐵網珊瑚》卷一，錄文如下：

楊少師書，山谷比之散僧入聖，其微妙可知矣。殆與李太白識郭子儀同道。至元戊子立春日，左山商挺題。

## 4. 硯堅（2／517）《東垣老人傳》

按：文載明代李濂《醫史》卷五〔註5〕，錄文如下：

---

〔註3〕（清）張金吾《愛日精廬藏書志》，上海古籍出版社 2014 年版，第 356～357 頁。

〔註4〕（清）陸心源《皕宋樓藏書志》，《續修四庫全書》第 928 冊，上海古籍出版社 1996 年版，第 518 頁。

〔註5〕（明）李濂《醫史》，廈門大學出版社 1992 年版，第 95～96 頁。

東垣老人李君，諱果，字明之。其先世居眞定，富於金財。大定初，校籍眞定河間，戶冠兩路。君之幼也，異於群兒。及長，忠信篤敬。愼交遊，與人楣接，無戲言。衢間眾人以爲歡洽處，足跡未嘗到，蓋天性然也。朋儕頗疾之，密議一席，使妓戲狎，或引其衣，即怒罵，解衣焚之。由鄉豪接待國使，府尹聞其妙齡有守也，諷妓強之灑，不得辭，稍飲，遂大吐而出。其自愛如此。受《論語》、《孟子》於王內翰從之，受《春秋》於馮內翰叔獻。宅有隙地，建書院，延待儒士。或不給者，盡周之。泰和中，歲饑，民多流亡。君極力賑救，全活者甚眾。

## 5. 牟巘（7／491）二篇

### 《元寶傳》

按：文載明代陳邦俊《廣諧史》卷二，錄文如下〔註6〕：

元寶，字少金，以字行，白水人也。本楮氏子，楮氏自知白，世事詩書。少金始棄去，事孔方爲人。其族皆白皙好潔，少金獨墨面文身，身佩數印，有氣力，能禍福人。人有大功，非少金不能轉官；或罹重罪，少金至，即立解。人間希有難得奇怪之珍，少金皆能致之。不然，雖市井飲食微物，不可得。以故，王公貴人、至於牛豎馬圉兒童婦女，自通都大邑以至窮廬僻壤、絕域遐陬，莫不思見少金祈識其面，以其能濟人也。惟廉吏迂儒則惡之，不與之。雖坐是，貧困家人交訕不悔也。少金早年殊精明，老而昏昧，衣服穿敝，人亦爲補完之，終不捨棄。其爲人愛重若此。子孫遍天下，皆得志於時云。

太史公曰：天下之物，未有盛而不衰者。孔方用事時，可動鬼神，人皆以兄稱之。及楮氏子出，猶推孔方，相與爲子母，後遂孤行於世，孔方漸不振。雖曰用繫於人，其亦消長之運歟？

## 6. 《瓢泉吟稿序》（庚子，1360年）

按：文載陸心源《皕宋樓藏書志》卷一百○三〔註7〕（亦載四庫本《勤齋集》卷首），錄文如下：

---

〔註6〕　（明）陳邦俊輯《廣諧史》，《四庫全書存目叢書》子部第252冊，齊魯書社1995年版，第276頁。

〔註7〕　（清）陸心源《皕宋樓藏書志》，《續修四庫全書》第929冊，上海古籍出版社1996年版，第479～480頁。

前輩教人靜坐，正欲使學者於靜處下工夫。設不得已，處事物應酬狎至之際有所搖奪，將遂成間斷乎？天下之理，散在事物。觀於靜，未若觀於動；求於簡，未若求於繁爲得也。爲詩亦然。退之嘗謂吏人休白事公作送春詩；鄭五作相，亦謂詩思在灞橋驢子上。此猶戲語。若孟東野喜平陵水木幽深，每坐石上吟哦，至暮乃歸，曹務盡廢，則詩與事果判爲二矣。謀於野則獲，於邑則否，以神諿一人之身，心隨境遷，智愚懸絕，又不可曉。豈東野之詩，亦求之於野乎？朱晞顏年甚少，篤志於學，士大夫多從之遊。顧其居近市，蓋廛隱也。坌壒之蓬勃，里巷之喧啾，車馬之阨塞，日旁午於前，而晞顏方乃挾冊危坐，若擺落世事，初不介意。然其承親賓友，泛應曲當，未嘗廢事，亦未嘗違俗。而詩輒成，軸紙長三過，讀之愈出愈奇。擬古則不失古人作者之意，詠史則能得當時之情，至於他詩，各有思致。大抵老蒼雋健，尤非近學所能窺，俗情所能汩，良可喜也。予謂晞顏倘能於事物應酬之際，常存主靜之心，不爲外奪，則此理卓然，隨在而見，亦隨在而有得，何莫非學。學進則詩益進，他日又當求之於此軸之外。庚子夏五月十有八日，陵陽牟巘序。

## 7. 方回（7／1）八篇

### 《讒書跋》（大德六年，1302 年）

按：文載張金吾《愛日精廬藏書志》卷二十九〔註8〕，錄文如下：

宋子京《唐書》無羅隱姓名，歐陽永叔《五代史記·吳越世家》始書。錢鏐以沈崧、皮光業、林鼎、羅隱爲賓客，在唐昭宗景福元年壬子之前，去天祐四年丁卯唐亡十六年耳。唐懿宗即位咸通元年庚辰，隱在京師，舉進士，留七載而不第。咸通八年丁亥，著《讒書》。唐僖宗光啓二年丙午，錢鏐知杭州。丁未，拜杭州刺史。今《方輿勝覽》取《杭州圖志》書隱唐光啓間爲錢唐令，辟掌書記，爲給事中，遷發運使，即皆錢氏之除擢也。而歐陽公稱爲錢鏐賓客，何耶？自咸通改元至景福改元，歷懿、僖、昭三十三年，隱之本末可考者如此。所爲《讒書》乃憤悶不平之言，不遇於當世而無所以泄其怒之所作，詳見淳熙二年乙未知新城縣楊思濟集敘。裔孫應龍見佐學徽州，將刻俸重刊，是書俾識其本末。大德六年壬寅六月十九日辛巳，紫陽山人方回跋。

---

〔註8〕 （清）張金吾《愛日精廬藏書志》，上海古籍出版社 2014 年版，第 468～469 頁。

## 8. 《箋注唐賢絕句三體詩法序》（大德九年，1305年）

按：文載陸心源《皕宋樓藏書志》卷一百一十四〔註9〕，錄文如下：

子曰：「《詩三百》，一言以蔽之，曰思無邪，」此詩之體也。又曰：「小子何莫學夫詩？詩可以興、可以觀、可以群、可以怨。邇之事父，遠之事君，多識於鳥獸草木之名」，此詩之用也。聖人之論詩如此，後世之論詩不容易矣。後世之學詩者捨此而他求，可乎？近世永嘉葉正則水心倡爲晚唐體之說，於是四靈詩江湖宗之，而宋亦晚矣。聖人之論詩不暇講矣，而漢魏晉以來河梁柏梁曹劉陶謝俱廢矣。又有所謂汶陽周伯弼三體法者，專爲四韻五七言小律詩設，而古之所謂詩益付之鴻荒草昧之外矣。其說以爲有一詩之法，有一句之法，有一字之法，止於此三法而江湖無詩人矣。唐詩前以杜李、後以韓柳爲最，姚合而下，君子不取焉。宋詩則歐梅黃陳爲第一，渡江以後放翁、石湖諸賢，詩皆當深玩熟觀，體認變化。雖然，以吾朱文公之學而較之，則又有向上工夫，而文公詩未易可窺測者也。近高安沙門至天隱乃大魁姚公勉之猶子，寶祐丙辰生，咸淳甲。聰達博贍，禪熟、文熟、詩熟，又從而注伯弼所集之詩。一山，魁上人回之方外交也。將磧砂南峰袁公之命，俾回爲序以弁其端云。大德九年乙巳九月初六日，紫陽山虛叟方回序。

## 9. 《碧巖錄序》（大德四年，1300年）

按：文載《碧巖錄》卷首〔註10〕，錄文如下：

自《四十二章經》入中國，始知有佛；自達磨至六祖傳衣，始有言句。曰「本來無一物」爲南宗，曰「時時勤拂拭」爲北宗，於是有禪宗「頌古」行世。其徒有翻案法，呵佛罵祖，無所不爲；間有深得吾詩家活法者。然所謂第一義，焉用言句？雪竇、圜悟老婆心切，大慧已一炬丙之矣。崞中張煒明遠，燃死灰復板行，亦所謂老婆心切者歟？大德四年庚子四月初八日癸丑紫陽山方回萬里序。

---

〔註9〕 （清）陸心源《皕宋樓藏書志》，《續修四庫全書》第929冊，上海古籍出版社1996年版，第603～604頁。（按：明嘉靖二十八年吳春刻本《箋注唐賢絕句三體詩法》佚去此序，瞿文選據《皕宋樓藏書志》抄補。《四庫全書存目叢書》集部第289冊，齊魯書社1997年版，第286～287頁。另外，明代瞿祐《歸田詩話》上卷、清代范邦甸《天一閣書目》卷四之三亦載有此序，文不全。）

〔註10〕 （宋）圜悟克勤著，尚之煜校注《碧巖錄》，中州古籍出版社2011年版，第20～21頁。

## 10. 《周易集義跋》（至元二十五年，1288 年）

按：文載朱彝尊《經義考》卷三十三，又載胡一桂《周易啓蒙翼傳》中篇，錄文如下：

　　僉書樞密院事魏文靖公鶴山先生了翁華父，前乙酉歲以權工部侍郎，坐言事忤時相，謫靖州，取諸經注疏摘爲《要義》，又取濂洛以來諸大儒《易》說，爲《周易集義》六十四卷。仲子太府卿靜齋先生克愚明己，壬子歲以軍器監丞出知徽州，刊《要》《集義》置於紫陽書院。至丙子歲，書院以兵興廢，書版盡毀，尋草創新書院於城南門，內獨《集義》僅有存者。今戊子歲，山長吳君夢炎首先補刊，會江東祥刑使者太原郝公良弼深嗜易學，謂聖人之經得濂洛而後明，五經《論》《孟》之原，非此諸大儒明之，則終於不明，又非有如文靖公囚縶閒僻，類聚成篇，則世之學者亦無從盡知之也。欣然割資相工，得回所藏墨本，率總府郡頻協助兩山長及書院職事生員釀泉訖役，半年而畢。甚矣！易道之難明也。自漢至今，說易何啻千家，王弼孔穎達注疏單行，朱文公嘗深辟之，讀者亦鮮。李鼎祚《易百家解義》間見子夏、京房、虞翻、陸績、蜀才之說及鄭玄互體，殆無復讀之者。天啓斯文，濂洛有作。周元公曰：「無極而太極」，謂太極無形而有理，以明《易》有太極之旨，不可以跡求，而翼之以《通書》，爲臨川陸學者肆爲強辨，則不可與讀《易》。邵康節始因大傳分言伏羲先天、文王後天，如兩儀四象，乃伏羲畫卦次第，陽一陰二爲兩儀，太陽一、少陰二、少陽三、太陰四爲四象。惟文公獨得其傳，爲永嘉葉學、三山林學者別爲臆說，則不可與讀《易》。程純公、正公師元公，其說《易》張橫渠撤皐比以遜之。正公嘗教人讀王弼、胡瑗、王安石《易》，伊川《易傳》出，則已削三家之疵而極其粹，苟猶泥於三家而不求之程傳者，則不可與讀《易》。純公、正公皆嘗聞康節加一倍法，而正公不屑於象數，惟專於義理。故文公謂邵明羲《易》、程演周《經》，蓋欲學者合邵程而爲一也。豈惟邵程當合爲一，藍田呂與叔初師橫渠，後與上蔡謝顯道、廣平游定夫、龜山楊中立，在程門爲四先生，》《乾》用九、《坤》用六凡例，惟與叔、歐陽文忠公及文公三人知之。漢上朱子發本程傳而加象數，和靖尹德充登正公門最後，將易簀，授以易傳，其論生卦惟許康節、五峰胡仁仲得之。上蔡傳之南軒張宣公，而東萊呂成公與文公宣公相友，文公於是集諸儒之大成，《易》本筮占，乃述《本義》《啓蒙》，圖說多得之邵學者，不於此渾融貫通焉，則亦不可與讀《易》。文靖公之在渠陽，欲以東萊《讀詩記》爲《讀

易記》，謂：「辭變象占，乃易綱領，而繇象象爻之辭、畫爻位虛之別、互反飛伏之說、乘承比應之例，一有不知，則義理闕焉。」是書濂流洛派凡十六家合爲一，觀之而易道備矣。先是溫陵曾穜刊《易粹言》，七家中有郭兼山易，文靖公謂忠孝易書去程門遠甚，自黨論起，絕跡程門，歿不設奠，故並其子雍曰白雲《易》者黜之。臨卬張行成，文靖公鄉人，爲邵《易》注解《通變》《經世》《觀物》等書，世稱七易，疑文公未之見，別爲一支，以備旁考。今文靖公集百卷，明易之義者二百三十章有奇，易學最精。嘗與參知政事西山眞先生德秀希元、文公門人輔廣漢卿相講磨渠陽山中，苦於書不備，友難得，是書猶欲有所裨益，而未爲序引者，此也。雖然，聖如仲尼，天不使之居周公之位；大儒如濂洛諸老，天亦不使之得路於一時，而使之立言於萬世。其有以夫。權奸柄國二十七年，窮侈極謬，屛文靖公臥五溪，窮處踰七稔。不如是，後世焉得是書而讀之。至元二十五年十月既望，後學方回謹跋。（後一句，《經義考》無）

## 11～14. 致玄同先生書信四通

按：文載《趙氏鐵網珊瑚》卷九、《式古堂書畫匯考》卷二十，錄文如下：

晚契生方回記事謹呈宣召廣文內翰玄同尊契先生：回仰止二十八年，科名之舊，一旦相逢，餉之觴之，不鄙其拙於文，又從而繅藉之，然未知燕石之非玉也。令弟容齋歸，首捧賜墨，年相若，似乎稱謂太謙，已不敢當。樂靜先生守齋曹公盛德至，善觀執事所述行狀，老手無以復加矣。俾效區區，因獲託名不朽，斯爲至幸。謹就誌銘，令館客善顏書人抄呈，恐有未當，發下再改。居竹令舅聞說在松江府與仇山村胥會，今想錦還，亦附狃數字。居竹記石本已領，中間三十而仕一句，別有證據，錄去辨析一紙五條，可以祛昧者之惑。唐氏康樂堂記已寫與令弟容齋。即日暑氣漸隆，新廈塏爽，未由尾燕雀賀成，惟劇穹仰不備。大德二年四月二十四日回呈。

張西岩用其名篆蓋如何趙子昂北上金蓋壁書楷亦可用，而名位未孚。回飯客鄉人楊晉字升之，學顏書粗進，以貧依回，命以資之書樂靜先生誌銘，頗整巧，可以布一端，助其夏衣。僭越僭越。回又稟。

《桐江集》七冊附呈求教。到仙郡後所作，朋友刊行，詩不精熟。一笑。回。

回恐悚頓首呈宣召翰林大學玄同先生：伏惟執事與回年相若，道同志合，不宜太自謙屈，以施於不肖。捧雲朵承，所以稱謂者非回所敢當也。佳楮精

筆妙墨，鍾遒王勁，定是書思每事不苟，而待之以誠光。和舊所寄呈詩，尤句句字字穩妥鏗鏘，迴迥在下風矣。想像古貌而窺古人之心，今之世鮮有並駕者也。惠貺玉粒五囊，不待作帖乞之而自至，豈不滋感。今觀居竹君記人與竹俱平安，石刻再可搨一二見寄否？即辰廣廈風薰，乳燕日長，綸巾羽扇，徜徉琴書札翰之間，仙去凡九萬里，惟有欽企。不備。右謹具申呈。大德三年五月初一日回呈。

　　　　按：文下另有《寄賀玄同先生博士榮遷壽樂堂新居晚契生紫陽方回頓首拜》一詩。《全元詩》（6／582）據《珊瑚木難》卷六輯錄。

## 15. 鄧剡二篇〔註11〕

### 《儲忠義塾記》（1282年）

按：文載高立人主編《廬陵古碑錄》〔註12〕，錄文如下：

　　（上缺）浩然正氣，充塞天地，與日月爭光。說者謂其收宋家三百年養士之報，並揭其儲養之始，端蒙鄉塾，而後果行育德，而至於至大至剛，浩然而獨盛也。

　　本祥懼夫里人貧富不均，教養然法普施，頹俗靡日，淪脊於污下，或貽丞相羞。乃割己資餘，鳩工聚材，並建義塾一所。左邇第宅，右鄰丞相祠。其制前後重堂，束西夾廡四個，皆附以房舍。為同者壹十有四，為楹者七十。關可固以重門，潦以周垣，庖湢咸具。落成之日，豎聖像碑於正堂，祔益國、信國二木主於夾室。雨廡延文會鄉賓，房捨宿遊學之士。而猶懼夫徒教之不立也，復割常稔之田壹頃，歲收租可二百石以贍之。於是師有贄，賓祭有需，凡既備矣。禮聘學行名士為塾師長，聚族里中子弟群而教之。絃誦之聲洋洋閭里，子弟趨翔，皆□□。

　　丞相嗣孫文繼宗，嘉義舉之有章也，聞之縣。縣令長□公曰：「有是人哉，果有之，賢哉。」上其事於郡，郡倈徐公懋，以其匭圖范文正公之後，復見若干人也。剡薦之使司，方伯蔣公曰：「誠盛舉也。其令有，可敦禮褒異，立石題名，以風義少□□」。於是躬臨相視，饗以少牢，榮以章服。本祥固讓不可，得強服拜賜。退而第之，仍儒服以即安。元是當出粟□□，既辭冠帶之

---

〔註11〕　按：鄧光薦，本名剡。《全宋文》錄鄧光薦文8篇，《全元文》錄鄧剡文5篇，其中有三篇重複。《全宋文》中《題汪水云詩》、《浮虛山記》、《宋朝奉郎曾棲閒公像贊》、《宋徐公墓碑銘》、《文信國公墓誌銘》，《全元文》失載。

〔註12〕　高立人主編《廬陵古碑錄》，江西人民出版社2007年版，第84～85頁。

褒矣。令長益賢之，謂其可以庶幾古人。明年壬午，昂慕修郡志，繼宗來言其事甚悉，即草書備以俟他日。繼宗以本詳令予，休徽、休衡復請記諸石，以貽不朽。

昂惟小學之方，以入孝出恭爲大。教以孝，所以儲成社稷之大忠；教以恭，所以儲成天下之大順。忠順不失，所以事其上。故平居則直道事人，臨難則以身殉國，學州之□丞相之所爲也。慨夫世之人，家累千金，田連阡陌，棄子弟而不教者多矣。本詳乃能建學，立師以成教，族里尚有不賢不肖，何如哉？抑聞其里人云：「宋有鄒明善者，建半山書院。益國遊居之，養成保傅之忠。信國在吉闓文山書舍，將養成族里之士，勤王命下，畢自行其所學，以成死難之實」。丞相此舉，王君克肖之矣。來學諸俊秀，安知無周文襄、丞相出於其間者乎？此王君義舉，所以昭先啓後也。

昂有感於□□□，又愛繼宗之樂道人善也，因記之石以誌矣。夫本詳之後，尚世守弗替焉。

書院初名三山，有（下缺）

案：因碑石殘缺，以致文本不全。文中提及「本詳」多次，不詳其姓氏。檢余之禎《萬曆吉安府志》卷十二《山川志》載：「儲忠義塾：王本詳建，今廢」[5] 179，可知其姓氏。文中提及「明年壬午」友人求作記，壬午即元世祖至元十九年（1282），文章即寫於本年。

## 16. 《牧萊脞語序》

按：文載陳仁子《牧萊脞語》卷首 [註13]，錄文如下：

注癸酉客杭，同年徐雲屋麟仲立臺，故人陳尚友舜卿再爲博士太學。麟仲每得投贄詩集，輒付舜卿與予許之。時古雲陳山泉亦爲博士，詩集亦在選中。距今癸巳，蓋廿有一年矣。靜得王聖與，以古迂陳同甫《牧萊集》似予，問其譜則山泉猶子也，詩文信有家法哉！惜予未識同甫，僅於年友余秋山鄉人羅澗谷序中得其人。讀其詩文，又未得與之細論也。雖然，《上林》巨麗，先漢奇作，《古詩十九首》，選體之祖也，今《脞語》首賦《南嶽》，不啻摹《上林》而仿之，《長嘯》以擬《行行重行行》，爲第一，浩然與古人並駐，其志氣才力，自負爲何如！顧雲屋、尚友、山泉俱已矣，無復共予評也，而予亦老矣。廬陵鄧光薦。

---

〔註13〕 （宋）陳仁子《牧萊脞語》，《續修四庫全書》第 1320 冊，上海古籍出版社 1996 年版，第 254～255 頁。

### 17. 李謙（9／62）《靜修集序》

按：文載張金吾《愛日精廬藏書志》卷三十二〔註14〕、陸心源《皕宋樓藏書志》卷九十六〔註15〕。二書文本相同，錄文如下：

劉君夢吉天資卓軼，早歲讀書屬文，落筆驚人。既又涵浸義理，充廣問學，故聲名益大以肆。裕宗皇帝方毓德青宮，聞其賢，以贊善大夫召至京師。未幾，辭以親老，歸養。居數歲，朝廷尊仰德誼，拜集賢學士，又以疾辭。踰年，遂不起，春秋纔四十有二，縉紳惜之。門生哀集詩文，得數百篇，右轄張公子有篤故舊之義，且哀其無後，將鋟木傳，需僕為序。僕與君同侍從春坊，相從非一日，嘗以事過保定，君適居母憂，衰絰中留連，願接為半日留。頗訝君形體臞瘁，鬚髮頒白，意其哀毀而然。不謂一別遽成永訣，其悵惘為何如也。若夫君之辭章，閒婉沖澹，清壯頓挫，理融而旨遠，備作者之體，自當傳之不朽，庸何序為？姑述梗概如此。君諱因夢，吉其字，自號靜修云。東平李謙序。

### 18. 楊桓（9／123）《六書統溯源序》

按：文載陸心源《皕宋樓藏書志》卷十五〔註16〕，錄文如下：

於虖！予敘六書，因悟夫文字之功，終始於天地，有由然也。天地之理，莫不自微而著，復自著而微也。文字之體亦然。方隆冬之氣，群會扇威，萬有收藏，闃無生兆，中子月之氣日南至而復一，易動於下方，萬物資始焉。循授於丑，有形受命，淵運胚化，屯冒於寅。三易致泰，而生物形焉，象形以之。象形者，元氣之初也。四易閡於卯而形分，五易盛於辰而形碩形。碩則變動，變動則意見，意見然後可以化生分類，會意目之。會意者，非外象形而為也，隨其形變動之態而制之也，自體而得用也，易施而会生也，君倡而臣咊也。故象形之下，次目會意。純易持化，棜於辰，大於巳，極於午。萬類之（下闕）

### 19. 姚燧（9／389）《注唐音鼓吹序》（至大戊申，1308年）

按：《注唐音鼓吹》有趙孟頫、姚燧、武乙昌序，盧摯後序。四庫本、叢書集

---

〔註14〕 （清）張金吾《愛日精廬藏書志》，上海古籍出版社2014年版，第613頁。
〔註15〕 （清）陸心源《皕宋樓藏書志》，《續修四庫全書》第929冊，上海古籍出版社1996年版，第410～411頁。
〔註16〕 （清）陸心源《皕宋樓藏書志》，《續修四庫全書》第928冊，上海古籍出版社1996年版，第172頁。

成初編本《牧庵集》〔註17〕、楊守敬《日本訪書志》卷十三、整理本《姚燧集》〔註18〕脫去武乙昌序後半部分，遂致誤合武乙昌、姚燧二序爲一文。《全元文》同此誤。

　　唐一代詩人，名家者殆數百。體制不一，惟近體拘以音韻，嚴以對偶，起沈、宋而盛於晚唐。迄今幾五百年，未有能精其選者。國初遺山元先生爲中州文物冠冕，慨然當精選之筆。自太白、子美外，柳子厚而下，凡九十六家。取其七言律之依於理而有益於性情者，五百八十餘首，名曰《唐詩鼓吹》。如韶章譽於廣庭，百音相宣，而韺韶管籥實張其要眇也。然選既精矣，而詩人指趣，非學識深詣者莫能發之。今中書左丞新齋郝公以舊德爲時名臣，蚤嘗講學遺山之門。念此詩不可無注，於是研覃精思，爲之訓釋。詩人出處，皆據史傳，詳著下方。使當時作詩之旨，悉浮遊於辭氣之表。而遺山擇詩之意，亦從是可見，眞天壤間奇。（以上闕，誤合武乙昌序）新齋（《全元文》作「雲南參政郝公新齋」）視爲鄉先生，自童子時嘗親几杖，得其去取之指。歸恐其遺忘，以易數寒暑之勤，既輯所聞與奇文隱事之雜見它書者，悉附章下，則公可當元門忠臣。其又鄭箋之孔疏歟？公將種也，父兄再世數人，皆長萬夫，於鼓吹之陪㬉稍之遵（《全元文》作「而導」）繡幬者，似已飫聞。晚乃同文人詞士，以是選爲後部，寂寂而自隨，無已太希聲乎。其亦宏壯而震厲者，有時乎爲用也。兵志有之：「不恃敵之不我攻」，走聞江南詩學，壘有元戎，壇有精騎，假有詩敵挑戰而前，公以元戎握機於中，無有精騎，孰與出禦？走頗知詩，或少數年，使得備精騎之一曲，橫槊於筆陳間，必能劘壘得雋而還。惜今白首，不得從公一振凱也。公由陝西憲長，以宣撫奉使河淮之南。欲序，故燧書此。

## 20. 姚雲（10／174）《顏子序》（延祐五年，1318 年）

按：文載元代李純仁輯《新編顏子》卷首〔註19〕，錄文如下：

　　敖峰李純仁示余刻本一策曰《顏子》，余駭曰：「《顏子》有書耶？」君曰：「非顏自爲書也。集經傳中顏子言行以爲書，若補亡耳。」余嘗疑孔門高弟

〔註17〕　（元）姚燧《牧庵集》，中華書局 1985 年版，第 31～32 頁。
〔註18〕　（元）姚燧著、查德洪整理《姚燧集》，人民文學出版社 2011 年版，第 46～47 頁。
〔註19〕　（元）李純仁《新編顏子》，《續修四庫全書》第 932 頁，上海古籍出版社 1996 年版，第 2～3 頁。

如曾子、子夏，其徒各以書行。顏獨短命闕然，故學者無所授受。道故不以書之傳否爲間斷也。然三聖心學，傳於孔子。幽微而不可識者，心也；昭晰而猶可究者，書也。聖遠言湮，昧於書者，其洸於書乎？客或難之，曰：「孔孟之妙，淵嘿鴟鳴，視聽希微。參學要切之語。見牆在礫，不可搏控，喟然之歎，皆鑽仰不足以窮其高深也。淺而爲博約，又從之無由也。龍見馬變，鬼從神順。妙於元造。單辭剩語，涕唾風墮耳，猶足存乎？」李不懌。余笑解之曰：「君不讀《易》邪？《乾》，父也，《復》子爲父者也。《復》之初，元子又子，子又父者也。夫子贊《易》，自黃帝堯舜文王之外，語不他及，《復》初爻獨及。《顏子》其細事哉？《復》之一爻積而爲萬有千之策，乘除而衍之天地之成壞，人物之終始，日月之明滅。萬事萬變之不可測者固在，如愚坐忘中也。書不盡顏也。吾非書，又烏從而知顏哉？《乾》，大父也；《復》，小父也。孔、顏又天地父母之不能該備者也。」聞者皆茫然，無以對。

　　純仁來山中，值我修破屋，作勞相對，輒坐睡。與之啜瓠羹飯，脫粟甚美。因語之曰：「昔顏子居陋室，簞食瓢飲，而樂與我爾之樂同乎？否邪？」先儒嘗欲窮其所樂，嗚呼，顏之樂果何事邪？君之遊京師，其從宿儒君子問之。延祐五年夏五高安江村姚雲書於六圓菴。

## 21. 李溥光（13／153）二篇

### 《四十二章經序》（皇慶元年，1312 年）

按：文載《乾隆大藏經》之《四十二章經》〔註20〕，錄文如下：

　　伏聞無上法王，爲一大事因緣，出現世間，隨機接物，演沙河妙義，設無量行門。運神通四十九年，度眾生百千萬億。將般涅槃，囑累國王大臣宣揚正法，續佛慧命，斯乃爲未來世眾生作無窮之利益，大慈遠被，其至矣乎。欽惟聖上道貫百王，智周庶品。每萬機之暇，弘崇三寶，景仰一乘，思所以答列聖在天之靈，皇太后鞠育之恩。既創建大招提，博施諸貝典，又以爲《四十二章經》乃釋迦如來初成正覺，大弟子眾記諸聖言，沙門釋子臣僚士庶率可遵行。適有以前代注本爲進者，特勅有司一新板本，遍頒朝野。將使或緇或素，若見若聞，頂戴奉行，咸登覺地。其深心、願心、廣大心，非聰明睿智，孰能與於此？詔頭陀僧臣溥光爲之序。臣溥光幸在空門，忝爲佛子，夙

〔註20〕　《乾隆大藏經》第 55 冊，臺灣傳正有限公司乾隆版大藏經刊印處 1997 年版，第 706～707 頁。

承隆眷，不敢以孤陋辭。竊惟能仁所演三藏十二分，一切修多羅數等塵沙，如華嚴、般若、寶積、大集、涅槃等部，文富義博，事備理周，在龍宮海藏，爛若日星。而騰蘭東邁，獨持此經，適符漢明西迓聲教之運，而大振玄風於天下後世，是其可以常情卜度擬議哉。意其必有冥數潛通，諸佛密證，爲震旦萬世五稱之大本、五性之通達，妙道至理存乎其間者與？研其義味，蓋爲佛者在日用修進之際，造次顛沛不可須臾離之要旨乎？明明天子流佈宣揚，其猶捧佛日而曲照昏衢，霈法雨而普滋群槁。上不負如來之囑累，下廣開叔世之津梁，娑婆界中莫大之良因也。昔唐太宗勅書手十人，錄遺教經，遍付諸郡，用伸勸勉。方之今辰，其有間矣。臣詠歎不足，無任歡喜踊躍，焚香再拜，書於經之首云。皇慶元年正月□□日上。

## 22. 《大都大聖壽萬安寺諸路釋教都總統三學壇主佛覺普安慧湛弘教大宗師揀公茶榜》

按：文載葉封《嵩陽石刻集記》卷下，錄文如下：

竊以隨緣應物，無非迴向菩提；指事傳心，總是行深般若。欲破人間之大夢，湏憑劫外之先春。伏惟佛覺普安慧湛弘教大宗師寶集正宗，轉輪眞子。學冠於竺乾華夏，顯密圓通；神遊於教海義天，理事無礙。笑辟支獨醒於一己，擬菩提普寤於群生。借水澄心，即茶演法。滌睡眠於九結，破昏滯於十纏。於是待蟄雷於鹿野苑中，聲消北苑；採靈芽於鷲山頂上，氣靡蒙山。依馬鳴龍樹製造之方，得法藏清涼烹煎之旨。焙之以三昧火，碾之以無礙輪，煮之以方便鐺，貯之以甘露盌。玉屑飛時，香徧閻浮國土；白雲生處，光搖紫極樓臺。非關陸羽之家風，壓倒趙州之手段。以致三朝共啜，百辟爭嘗，使業障惑障煩惱障即日消除，資戒心定心智慧心一時灑落。今者法筵大啓，海眾齊臻。法是茶，茶是法，盡十方世界是箇眞心；醒即夢，夢即醒，轉八識眾生即成正覺。如斯煎點，利樂何窮。更欲稱揚，聽末後句龍團施；滿塵沙劫，永祝龍圖億萬春。

## 23. 胡一桂（13／233）十二篇

### 《與陳定宇先生書》

按：文載陳櫟《定宇集》卷十七〔註21〕，錄文如下：

---

〔註21〕　（元）陳櫟《定宇集》，景印文淵閣四庫全書第 1205 冊，臺灣商務印書館 1986 年版，第 429～430 頁。

日率易奉狀，隨領教答，三復無厭，垂報目疾，作楚張堪損，讀一方妙甚。某弗及知，誤投謬作，致使增劇，愧以萬也，今想洗光咸池之日月矣。尚惟刊曉，慰此拳拳，所和敬存詩大好末意，正得朋友相與之道。但青眼目成，莫啓其疑心，如何尚未附行也？《大成殿記》難看，文晦看出方妙，後生難與讀《通釋》，貼出見教者五行，不得土不能各成一器，蓋以質言，「形而下之謂之器」是也，非指器用之器言。《河圖》言行合者，如一與六合，乃水行之類。《洛書》言位合者，如一北九南，乃方位之類。恐作者之意是如此分。今後惠書，告免師席二字。某與先生爲斯文至交，只當以兄弟之情相與。才過一字，便非所宜蒙也。至禱至禱。日來理會史要，每作一代看已分明，卻一二日內不肯下筆。忽然得，勢成又不難，必數日方成，亦自莫曉，尚惟有以警策之幸甚。

## 24.《又與陳定宇先生書》

按：文載陳櫟《定宇集》卷十七〔註22〕，錄文如下：

某端肅加拜申定宇先生集賢尊契執事臺座前：某癸巳冬，師易拜書納交於執事，甚懼厲略。甲午仲夏，甫得拜領三月初六所賜，還教披味，無慮十數，亟題其後曰：予讀定宇陳君所答書，繾綣之情，箴規之意，匡救之心，流動筆端，使人把玩不能去手。余朋友交際多矣，愛不忘規，未有如斯人也。孔子曰「益者三友」，今於定宇乎見之，何當決此。片雲抗手，奉呈大雅之編；考評叩擊，求爲眞是之歸之爲尤決也。姑識之，尚猶他日。宿此意於腹臆兩年矣，今茲雅頌已成，所得益多，欲一攜呈莫果。前月半後，賀強翁提舉望鱣堂僅餘一舍，極謀前詣，因循意莫能遂，願不通之咎，難以自文。奎璧麗天，惟加額首。某所作雅頌，一是本義，規模《集傳》之下，次以附錄，又次纂注，間又次愚，謂區區不堪泥毛鄭以來舊說，只是因本來字義涵泳其旨意，爲之訓釋。如「牛羊腓字之」，引《易》「咸其腓」訓之爲足肚，如「崇墉言言」引「於時言言」訓爲言議，如「有周不顯」與「不顯不承」、「於乎不顯」之類，皆只解作，不顯意味，似覺深長。如「履帝武敏歆」意欲本嚴氏旅毛氏之說附於後，其間文義尚小有不同，於嚴氏此類尚多未易枚質之，得與經存，亦頗以爲通暢。獨恨未能一一求教於執事，以定其可否耳。今決擬開正入閩，分付刊印。彼中幸有熊先生者可以相訂，決不敢輕易也。昨所

---

〔註22〕（元）陳櫟《定宇集》，景印文淵閣四庫全書第1205冊，臺灣商務印書館1986年版，第430～431頁。

賜高和，實爲絕唱，第某不敢當，重不敢當耳。《圖書辯》細膩詳密，無毫髮遺恨，眞可爲紫陽夫子吐氣，亦可少見吾《易》之有人矣。陽虛陰實之說，尤爲謬妄，何異老佛異端之學。某見亦作一辯以排之，恨無孟韓筆力，摧陷廓清，以羽翼吾聖人之道耳。謹此求教過尊目，後有未盡處，更乞爲之恊力以濟，尤妙尤幸。某詩解見謄去數段，如不合尊意，便干直以賜教，無迴護無隱默是所望於吾定宇之賜也。即當改正，不敢諱疾忌醫，惟先生首肯之，立竢立竢，等干臺炤。某頓首再拜。

## 25.《三家詩考序》（延祐甲寅，1314年）

按：文載張金吾《愛日精廬藏書志》卷三〔註23〕、陸心源《皕宋樓藏書志》卷五〔註24〕，錄文如下：

愚讀內翰王公《詩考》，不覺擊節而言曰：是編雖不過僅存什一於千百，然亦何止足以知四家詩興廢之大略，眞足以扶微學、廣異義，羽翼朱子《集傳》之書，以詔當今傳萬世者。其功誠不可以淺小論也。何以言之？如《關雎》一也，《毛》以爲后妃之德，《韓》以爲賢人詠之以刺時，《魯》則又以爲詩人歎而傷周康王之後。《芣苢》一也，《毛》以爲衛頃公之時仁人不遇，小人在側；《韓》則以爲衛宣姜之所自誓。《燕燕》一也，《毛》以爲衛宣姜歸其娣而送之。《鼓鐘》一也，《毛》以爲刺幽王，《韓》則又以爲作於昭王之時。《黍離》一也，《毛》以爲周大夫行役作，《韓》以爲伯封作，《魯》則又以爲衛宣公之子壽閔其兄汲之且見害作。《賓之初筵》一也，《毛》以爲衛武公刺時，《韓》則又以爲武公飲酒悔過。三家寂寂僅存，而毛與之不同者已如此。《正義》曰：「《毛》與三家異者，動以百數。」此而觀之，何止百數之不同哉。然因其所不同者若此，於以知毛氏所引《序》以冠篇首，不惟決非夫子作，亦決非子夏作。或者反爲毛氏自得所傳受，尊而引之，後漢衛宏又復增廣潤色之也。使果作於子夏，以前則必爲四家之所同引，又何至紛紛有如是之牴牾哉？朱子猶以《毛序》所從來者遠，其間容或眞有傳授證驗之所不可廢者，又復頗採以附《傳》中，可謂一出於大公至正之心，而不容纖芥私意於去取間矣。愚獨恨四家遽絕其三，使其殽亂不得以盡折於朱子之手，以統壹聖經而幸斯道。猶幸而《詩考》之僅存，使觀者略有以見毛氏牴牾之跡，

〔註23〕（清）張金吾《愛日精廬藏書志》，上海古籍出版社2014年版，第48～49頁。
〔註24〕（清）陸心源《皕宋樓藏書志》，《續修四庫全書》第928冊，上海古籍出版社1996年版，第58～59頁。

信朱子黜小序之當，而悟末師專己守殘之陋。此愚所以謂眞足以扶微學而廣異義，羽翼朱子《集傳》以詔當今傳萬世者，其功誠不可淺小論也。愚故編寘《集傳》之末，圖與四方明友共之。俾由此以讀朱子詩序辨說，則知其爲誠萬世不刊之論也。《正義》又曰：「齊韓之徒與毛氏異者，非有壁經可據。」愚亦曰毛氏與齊韓之徒異者，亦非有壁經之可據也，烏可致一偏之論於其間哉況？毛氏之於三家最爲後出，安有小序三家不得之於前，而毛氏乃得之於其後也？讀者尙有以考斯。延祐甲寅秋，新安後學胡一桂序。

## 26. 《史纂通要序》（大德壬寅，1302 年）

按：文載康熙四十二年刻本《雙湖先生文集》〔註 25〕，據中國國家圖書館藏元刻本《十七史纂古今通要》〔註 26〕校。錄文如下：

　　宇宙（按：下有「間」）治亂興亡，不知幾變矣。獨二帝三王之治，亙千古鮮儷者，何哉？蓋嘗讀典謨之書，堯舜禹授受不過「人心」、「道心」、「精一」、「執中」數語，而後知古今治亂興亡之決，在人主心學（按：無「學」）中矣。道心，義理之心也，易微而難著；人心，人欲之心也，易危而難安。精則理欲之界限明，一則天理之宰制定。見於動靜，云爲危者安，微者著，無過不及之差。此堯舜禹之興，所以上承伏羲炎黃之統，下開文武成湯（按：作「成湯文武」）之緒也。一或反是，桀紂幽厲所以亡矣。秦尙詐力，無庸復論。漢唐道雜，董公遮說，魏徵（按：「徵」作「證」，誤）勸行，僅仁義之緒餘，尙三四百年天下。三國鼎峙，典午瓜分，孤隋五季短祚，得理義分數多者故鮮，有一貪利嗜欲之心，敗德害政，毒流生民，未或不亡。此人心道心消長之幾凜乎？治亂興亡之決，至可畏也。

　　余授業童習，欲及史學。遷固以來，其書汗漫，遂爲《纂要》一編，始自（按：「自」作「乎」）三皇，迄於五季，紀事則題（按：「題」作「提」）其要，注事則該其詳。關涉民彝世教，必反復（按：「復」作「覆」）論辯，一本（按：「一本」作「自入」）溫公《通鑑》，一祖文公《綱目》。及先儒史論斷之間，亦竊（作「僭」）附己意與二三同志之論，以便初學。庶發其大義，正其歸趣，駸駸乎（按：無「乎」）以及於全書。異日得時行志，亦可備格心。

〔註 25〕　（元）胡一桂《雙湖先生文集》，《續修四庫全書》第 1322 冊，上海古籍出版社 1996 年版，第 557～558 頁。

〔註 26〕　（元）胡一桂《十七史纂古今通要》，《中華再造善本》金元編史部，北京圖書館出版社 2003 年版。

萬一使爲人主者法興鑒亡，謹嚴心學，躋世唐虞，特爲（按：「特爲」作「豈惟」）國家洪無疆之休，百萬億蒼生亦有無窮之福。【大德壬寅日長至，新安後學前貢士胡一桂庭芳甫自序並書於梅田雙湖玩易齋。】（按：此句《文集》本無）

### 27. 《題陳元仲詩集序》

按：文載康熙四十二年刻本《雙湖先生文集》〔註27〕，錄文如下：

朱文公稱陳伯玉《感遇詩》「如丹砂空青、金膏水碧，實物難得之奇寶，而近乏世用」，故因《感遇》有感興其高極乎？無極太極之妙，而實不離乎日用常行之間。其大包乎天地陰陽，萬事萬物之富，而要不出乎君臣父子夫婦長幼朋友之外，其音節爽朗沖淡蕭散，雖不異乎《感遇》之作，而其所以厚人倫、美教化、移風俗，則獨有以得乎三百篇之遺意，詩云乎哉？元仲陳兄年少氣銳，與吾難弟口相與講益切磋，妙於吟事。然視其貌，腴而神清，今而心古。其所爲詩，炯然清冰出萬壑，置在迎風寒露之玉壺。噫！何其清之甚也！毋亦自有家法之相傳，淵源深遠也邪？雖然，其將之於「物外難得之奇寶」而已乎，抑亦貴乎有補於民彝世教，如桑麻菽粟不可一日少於天下也？廣乎考亭夫子之意，而文之以宗家老仙之辭。世固自有揚州鶴哉！願勉旃，毋多談。

### 28. 《周易五贊總論》

按：文載康熙四十二年刻本《雙湖先生文集》〔註28〕，錄文如下：

五贊大要皆教人以象占之學。首篇言奇偶之象，次篇述作者之旨，三篇明筮以發其占，四篇稽類以考其象，五篇以警學名。欲人讀易之際，常如卜筮之臨假象辭以爲儀則，而終趨於吉，是又會象占而一之者也。朱子嘗曰：「某解易只作卜筮之書。〔註29〕」今五贊皆以象占，示教其旨深矣。

### 29. 《封建郡縣論》

按：文載康熙四十二年刻本《雙湖先生文集》〔註30〕，錄文如下：

〔註27〕 （元）胡一桂《雙湖先生文集》，《續修四庫全書》第1322冊，上海古籍出版社1996年版，第559頁。

〔註28〕 （元）胡一桂《雙湖先生文集》，《續修四庫全書》第1322冊，上海古籍出版社1996年版，第560頁。

〔註29〕 （明）丘濬《朱子解的》卷上《精蘊第四》，《丘濬集》第7冊，海南出版社2006年版，第3324頁。

〔註30〕 （元）胡一桂《雙湖先生文集》，《續修四庫全書》第1322冊，上海古籍出版社1996年版，第562～563頁。

聖人理天下以萬物各得其所為極。至封建也者，帝王所以順天理、承人心、公天下之大本大端也。郡縣也者，霸世暴君所以縱人欲、悖天道、私一身之大孽大賊也。分天下有德有功者以地，而不敢以天下自私，於是有百里七十里五十里邦國之制焉，於是有君朝、卿大聘、大夫小聘、王巡狩、侯述職之禮樂制度焉，於是有千雉、百雉、三之一、五之一、高城深池焉，於是有井邑丘甸郡縣之夫數焉，於是有十乘百乘千乘萬乘之車數焉，於是有伍兩卒旅師軍之制焉，於是有卿大夫司徒樂正取士之法焉。邦國之制廢，而郡縣之制作矣；郡縣之制作，而世襲之制亡矣；世襲之制亡，而數易之弊生矣；數易之弊生，而民無定志矣。巡狩侯述職之禮廢，則上下之情不通。考文案而不究事實，信文案而不信仁賢，其弊有不可勝言者矣。城池之制廢，而禁禦暴客、威服四夷之法亡矣。夫家之法廢，而民數不可詳而車乘不可出矣。車乘不可出而軍師不隱於農矣。軍師不隱於農，坐食者眾而公私困窮矣。世儒不知王政之本，反以亡秦為可法，所謂明君良相者，亦未免以天下自私。無意於裁成輔相，使萬物各得，其所以歷千五百餘歲，未有能復之者也。聖人制四海之命，法天而不私，盡利而不曲，防分天下之地以為萬國而與英才共焉。非後世擅天下者以大制小，以強制弱之謀也，誠盡利而已矣。是以虞夏商周傳之長久，皆千餘歲，論興廢則均有焉。語滅絕則至暴秦郡縣天下然後極也。自秦滅先王之制，海內蕩然無有根本之固。有今世王天下而繼世無立錐之地者，有今年貴為天子而明年欲為匹夫不可得者。天子尚然，況其下者乎？物有其根則常而靜安而久，常靜安久則理得其終，物遂其性。封建者，物之有根者也。故上下辨，民志定，教化行，風俗美。理之易治，亂之難亡；扶之易興，亡之難滅。郡縣反是。

## 30. 《漢高帝不事詩書論》
按：文載康熙四十二年刻本《雙湖先生文集》﹝註31﹞，錄文如下：

詩書所載皆治平之跡，綱常之要也。創業之君，立法垂統，尤所當注意焉。世稱高祖英明豁達，而不事詩書之弊，不可勝紀。其入關，除秦苛法是矣。過魯太牢，祀孔子是矣。說聽三老、名尊四皓，禮葬田橫而義釋季布，亦皆是矣。非其天資之高，至是乎？然挾書之律至惠帝而始除，妖言之令至文帝而始去，疑獄之讞至景帝而始行，博士之官、茂異之詔至武帝而始置。

---

﹝註31﹞ （元）胡一桂《雙湖先生文集》，《續修四庫全書》第 1322 冊，上海古籍出版社 1996 年版，第 563～564 頁。

且下天石祿渠（按：「天石祿渠」當作「天祿石渠」）五經同異，至宣帝而始開。且講教太子之法，始見於賈誼之策，立太學之事，始見於仲舒之對。而分封推恩，乃見主（按：「主」原作「王」，誤）父偃之書。治體之不立，非不事詩書，不能稽古使然歟？不惟是也，分羹擁篲，寵庶奪嫡，而父子之親何在？制產誇仲，戮羹侯姪，而兄弟之愛何在？族韓醢越，功勳之鬼不祀，則君臣之義未聞也。不能制呂，而私以變戚，則夫婦之道未聞也。背鴻溝之約，負帶礪之盟，而何有朋友之信？使以詩書講學爲輔天資之美，綱常蕩滅，奚至是哉？惟其不事詩書，則貽謀無術，故惠帝以母后而棄國事，篤小信而不知大義，文帝制度禮樂，則謙讓而未遑。景帝率多慚德而稽古禮文之事多闕。武帝紛紛制作而海內虛耗。宣帝刑名繩下以不仁德教爲漢家制度。此皆不垂統之所致也。原帝無意於詩書者，起於不好儒之故，其不好儒則天資亦不得爲純美也，雖然，抑亦當時之儒有以累之，當時非無儒也，帝以兩生、四皓，拘儒不屈；申公、穆生，膐儒不招。彼所見者叔孫通之陋儒，陸賈之鄙儒，隋何之腐儒，與酈食其之豎儒耳。德不足以尊主庇民，道不足以謀王安國，安能動帝而帝不解而嫚罵也哉？使大儒如董子、通儒如賈誼早立於朝，帝能不爲之禮重乎？僅一張良，黃老其學，儒者氣象，帝尚師之。儒而如是，好之何如，此帝所以負不好儒之名也，此帝所以負不事詩書之責也，此帝所以負天資之美而漢其治也。

## 31. 《毛延壽論》

按：文載康熙四十二年刻本《雙湖先生文集》〔註32〕，錄文如下：

漢元帝以宮人多，乃命毛延壽圖形以僉當意。延壽見王嬙自昭君者色甚美，故抑其貌。既而昭君適胡，而帝視其光彩炫人，殺延壽。後世憐昭君而惡延壽，快元帝之追。愚則以爲不然。甚矣，色之能傾人國也！妹喜亡夏，妲己亡殷，褒姒亡周，安知昭君不能亡漢邪？大抵女色，見可愛則欲心熾。武曌不接高宗之目，則不能亂唐；太眞不暱明皇之愛，則未必奔蜀；延壽不使昭君得寵於元帝，亦陰有存漢之力也。去讒遠色，賤貨而貴德，所以勸賢也。元帝節儉，不耆貨利，固也恭、顯讒佞顓擅於外，而望之、更生、堪猛輩俱不得其死，又可豔此一蠱惑於中哉？古者諫無官，雖盲瞽膳夫之賤、輪扁麥丘之疏、新城壺關之老，皆得以禁邪欲。然以言諫者不憚費辭，而利害

---

〔註32〕 （元）胡一桂《雙湖先生文集》，《續修四庫全書》第 1322 冊，上海古籍出版社 1996 年版，第 564～565 頁。

之未保；以心諫者默銷潛鑠，其欲止禍於無形，禦亂於未起，而功力猶倍。延壽寓心諫之一道，亦良畫工也。惜乎受祿自私而意不在君，又安知非恭、顯之誣乎？即傳猶譖之，何難於一畫工也！昔田文聘楚，楚王遺之象床，公孫戌受楚寶劍以諫。文聽之。戌足高志揚。文召問而戌以實對。文書門板曰：「有能正文之過，私得寶於外者，疾入諫。」戌懷詐誕之心，而文猶用之，何元帝而孟嘗君之不若哉？延壽之受賂與否，不足論也。色之在女，猶德之在賢也。恭、顯之陷望之，猶延壽之媸昭君也。延壽之欺，帝知殺之；恭、顯之陷，僅得其免冠謝而已矣。所謂「吾未見好德如好色者也。」吾聞齊人歸女樂而魯政衰，越之謀臣種、蠡遣西施而吳遂滅。以昭君婚單于，其亦嫁禍於胡也。帝何靳之而殺延壽乎？信讒好色，天下未有不亂者。京房以論石顯誅，陳咸以論石顯髡，去讒也；延壽以蔽昭君死，遠色也。以畫工而得與儒臣遊地下，死亦何恨！

## 32. 《張公藝九世同居論》

按：文載康熙四十二年刻本《雙湖先生文集》〔註33〕，錄文如下：

古之田夫野叟蓻園牧圉，苟逢機會，亦因事納忠而諷諭人主，如郭父麥丘之人、新城壺關之老，皆嘗進言以感悟上心。唐高宗過壽張，幸張公藝之宅，問所以能九世同居之故。正布衣諷切時也。公藝盍告知曰：「清心寡欲，以修厥躬，齊家之本也；惇倫厚理，以正風化，齊家之道也；內外有序，而尊卑弗紊，齊家之效也。得是則有孚威如，而家可久；失是則牝雞司晨，而家道索矣。」惜乎公藝見不及此，嚜無一語，特書忍字百餘以進。

吾意高宗稱善賜帛之後，將以忍為忍心之忍耶？則忍烝（按：「烝」當作「丞」）父妾、棄顧命者必以為是而不知父子之道睽，忍殺諫臣、忍戮功臣者必以為是而不知君臣之義闕，忍廢皇后、忍黜淑妃者亦皆以為是而不知夫婦之情乖。心一忍而三綱損，又何為而憎忍心之事滿百也哉！將以忍為含忍之忍耶？自武后之立，專作威福，凡有所為，動為所制，忍矣；政無大小，肯欲預聞，忍矣；天下大權，悉歸中宮，黜陟生殺，決於其口，帝惟拱手，又無何而不忍矣。一日萬機，其忍者萬，豈勞再見百忍也哉！且含忍太過，必務姑息，而恩多掩義；若曲意忍為則傷恩害義，則尤為不可。皆非治家之道。容忍而誠足以濟事也，則點籌後側、唾面自乾者為聖賢矣。子弟之悖逆可忍

---

〔註33〕 （元）胡一桂《雙湖先生文集》，《續修四庫全書》第1322冊，上海古籍出版社1996年版，第565～566頁。

之乎？妻妾之淫亂可忍之乎？果此百字而誠有理也，《大學》之論「齊家」，易辭之「係家人」亦詳矣，何無一忍字之及，乃待公藝之手而連書耶？孔子論事則曰「是可忍也，孰不可忍也」，孟子教人以「以不忍人之心，行不忍人之政」，皆以忍爲不可也。使忍爲美德，則聖賢先此樸老而書之。惟其不耆於學，啓君之機既失，治國之道罔聞，不可爲法明矣。其所以九世同居者，其祖父自有成法。若公藝者，日用而不知耳。意者以忍自守，亂張氏家法者必公藝也。何也？但聞其九世，不聞其十世，必自公藝而止也。後世有作對繫辭立圖示箴而衍其意，莫知其非者，余故作論以辯之。

## 33. 《萬八公建天井山記》（至大辛亥，1311 年）

按：文載康熙四十二年刻本《雙湖先生文集》〔註34〕，錄文如下：

天井山在大好山水州西南百八十里，與閬峰接壘，而黃山三十六峰支脈也。拔地倚天，其山窪中而窿外，有類於井，故名天井。爰自鼇以來，遂近在人境而神扃鬼鑰，瘦於荊榛茆伐□□，雖有是山，誰有是山？吾宗道存家於其下，妙得混元雷霆法袖□□□物，日不遑給。歲在丁酉孟秋，若有神人指授，亟命僕夫具畚鍤，乃□乃荆，乃墾乃闢。於是端倪軒豁，層巒拱顧，風雨在下，雷砰電射，在指顧間。遂爲壇於上，結屋數楹爲岩事所，白雲爲垣，碧山爲屏。光春好風，嘉葩奇卉，隱映後先；隆冬盛寒，怪松老柏，以茂以說，隔人世之囂塵，貫天心之虛靜。以是神亦靈，而人亦蒙福。州太守順齋翟公嘉其有功是邦，大書濟度二字爲斯壇扁。道存一日以記屬余。

余惟雷以春秋二分爲發聲收聲之侯各百八十日，爲萬物出入之機，顯於有聲，妙於無形，此其神也，而何必壇？且夫丹楹刻桷、山節藻梲，自以爲至矣。神豈眷戀是哉？壇且非所計，而況於記乎？道存遽指心而謂予曰：「壇者其所寓，而吾方寸中乃非壇之壇也。此之呼吸語默，即彼之陰陽動靜；此之喜怒慘舒，即彼之驚遠懼邇。無往而非此心之妙用，又況神道設教、無爲而爲？凡水旱疾疫，必禱必應。其有儋石無儲楮財莫備必自捐貲俾瘳乃已。毋一毫責報，毋驕氣德色、幾微見顏面，毋沽名，毋要譽。凡此者，吾勉勉行之。今此心幾與神爲一矣。豈專事斯壇云乎哉？且吾聞魯城南有壇，墠樹木爲祭天禱雨處。壇亦古所尚，則夫事雷神而爲之壇，誰曰不可？必記諸，無落吾事。」余曰：「心信神明之舍，而無爲而爲，又有合於先賢所謂得天理

---

〔註34〕 （元）胡一桂《雙湖先生文集》，《續修四庫全書》第 1322 冊，上海古籍出版社 1996 年版，第 566～567 頁。

之公者。子何得儒者之論若是哉？」而予又奚言？予敬書此以貽之。道存名泰和，嘗習儒業，家饒於財。是舉也，厥父宗周、厥弟泰初，與其族之好道、裏之同志者，皆割膏腴，施泉其間。命道士胡彌遠住持辦香，祝國保民。而其家尊亦遊息焚香，遂爲開山第一祖矣。其法師玉谿□□信玉谿師、程拙翁程師、雷時中雷師、眞人路大安，可謂遠有淵源者矣。至大辛亥宗人胡一桂是爲記。

## 34. 《厚德堂銘》

按：文載康熙四十二年刻本《雙湖先生文集》〔註35〕，錄文如下：

人之爲人，以有此心。心之爲心，以有此仁。仁者必厚，惟在所存。一以貫之，痏瘝乃身。爾忱不屬，痿痺莫伸。我觀醫者，茲道以明。仁與不仁，於此焉分。君子過厚，藹然如春；小人過薄，殘忍寡恩。薄則易疏，厚則易親。天地一家，孰分比鄰。我愛斯堂，以厚德銘。循名踐實，薄俗可敦。窮則良醫，利物濟人；達則良相，致君澤民。匪能獲符，海波沄沄；匪虎賣杏，生意肫肫。高下急赴，無問富貧。口不言錢，神明實臨。以此方寸，施於子孫。我作斯銘，君其書紳。

## 35. 胡長孺（13／538）《語助序》（泰定元年，1324 年）

按：文載元代盧以緯《語助》卷首〔註36〕，錄文如下：

「乎、歟、耶、哉、夫者，疑辭也；矣、耳、焉、也者，決辭也。」昔人是言，爲用字「不當律令」發，惜概而弗詳。予友盧子允武，以文誨人，患來學者抱疢猶彼若，爰摭諸語助字，釋而詳說之。見者目豁心捂，悉喻所謂。成人之意厚矣！文壹易言。莊、左、馬、班，手段固殊；韓、柳、歐、蘇，家數亦別，然資助於餘聲、接字，同一律令。作文者不於此乎參，其能句耶？渾渾噩噩，傑然蔚然，「法語」直遂，「巽與」婉曲，闔闢變化，賓主抑揚，個中妙用無窮，只在一二虛字爲之機括，昧者未達也。盧子吃緊爲人，於以私淑其徒。胡子閱而喜曰：「吾爲子序而公之，俾呻占畢者，或暢厥旨，請勿狹其惠。」於二三子輒昌言曰：「吁，學子來前！汝知之乎？是編也，匪語助之與明，乃文法之與授。子獲此，歸而求之，有餘師矣，勉之毋負。」泰定改元龍集閼逢困敦端月既望，永康胡長孺筆諸卷首。

---

〔註35〕（元）胡一桂《雙湖先生文集》，《續修四庫全書》第 1322 冊，上海古籍出版社 1996 年版，第 567 頁。

〔註36〕（元）盧以緯著、劉燕文校注《語助校注》，中州古籍出版社 1986 年版，第 1～2 頁。

## 36. 吳澄《禮記纂言原序》

按：文載四庫本吳澄《禮記纂言》卷首，亦載朱彝尊《經義考》卷一百四十四。錄文如下：

《小戴記》三十六篇，澄所序次。漢興，得先儒所記禮書二百餘篇，大戴氏刪合爲八十五，小戴氏又損益爲四十三。《曲禮》、《檀弓》、《雜記》分上下，馬氏增以《月令》、《明堂位》、《樂記》，鄭氏從而爲之注，總四十九篇，精粗雜記，靡所不有。秦火之餘，區區掇拾，所存什一於千百，雖不能以皆醇，然先王之遺制，聖賢之格言往往賴之而存。第其諸篇，出於先儒著作之全書者無幾多是。記者旁搜博採，勦取殘篇斷簡，會稡成書，無復銓次，讀者每病其雜亂而無章。唐魏鄭公爲是作《類禮》二十篇，不知其書果何如也，而不可得見。朱子嘗與東萊先生呂氏商訂三禮篇次，欲取《戴記》中有關於《儀禮》者附之經，其不繫於《儀禮》者仍別爲記，呂氏既不及答，而朱子亦不及爲，幸其大綱存於文集，猶可考也。晚年編校儀禮經傳，則其條例與前所商訂又不同矣。其間所附《戴記》數篇，或削本篇之文而補以他篇之文，今則不敢，故止就其本篇之中科分櫛別，以類相從，俾其上下章文義聯屬。章之大旨標識於左，庶讀者開卷了然。若其篇第，則《大學》、《中庸》，程子、朱子既表章之，《論語》、《孟子》並而爲《四書》，固不容復廁之禮篇。而《投壺》、《奔喪》，實爲禮之正經，亦不可以雜之於記。其《冠義》、《昏義》、《鄉飲酒義》、《射義》、《燕聘義》六篇，正釋儀禮，別輯爲傳，以附經後矣。此外猶三十六篇，曰《通禮》、《九曲禮》、《內則》、《少儀》、《玉藻》，通記小大儀文，而《深衣》附焉。《月令》、《王制》專記國家制度，而《文王世子》、《明堂位》附焉。曰喪禮者十有一，《喪大記》、《雜記》、《喪服小記》、《服問》、《檀弓》、《曾子問》六篇既喪，而《大傳閒傳》、《問喪》、《三年問》、《喪服》、《四制》五篇，則喪之義也。曰祭禮者四，《祭法》一篇既祭，而《郊特》、《牲祭》、《義祭統》三篇，則祭之義也。曰通論者十有二，《禮運》、《禮器》、《經解》一類，《哀公問》、《仲尼燕居》、《孔子閒居》一類，《坊記》、《表記》、《緇衣》一類，《儒行》自爲一類，《學記》、《樂記》其文雅馴，非諸篇比，則以爲是書之終。嗚呼！由漢以來，此書千有餘歲矣。而其顚倒糾紛，至朱子欲爲之是正而未及竟，豈無所望於後之人與？用敢竊取其意，修而成之，篇章文句秩然有倫，先後始終頗爲精審，將來學禮之君子於此考信，或者其有取乎，非但戴氏之忠臣而已也。

## 37. 程巨夫（16／1）《新編古今姓氏遙華韻序》（至大三年，1310 年）

按：文載張金吾《愛日精廬藏書志》卷二十六〔註37〕，錄文如下：

譜系之學，古有專門，其書浩如煙海，其言雜如軍市。至唐文帝始刪茹繁濫，勒成《族志》。不幸火於邪辭，別加紀錄，世不尊信，譜學遂荒。洪君進可，以韻纂姓，以姓萃事，臧否小大，悉所不捐，雖有祖述，然亦勤且勞矣。又縮衣食，鋟版布行，其博文之心，亦可謂篤矣。視終日據案，呻其占畢，而殊無一字可對人言者，亦有逕庭哉！惜余眵昏，且復病暑，未能考其著書之旨，立言之凡，而徒志其太息，起歔於篇端而已。至大三年歲在庚戌立秋後一日庚辰，程巨夫書。

## 38. 胡炳文（17／84）二篇

### 《與定宇先生書》

按：陳櫟《定宇集》卷十七錄有胡炳文《與定宇先生書》凡七通，其中五通已見錄《全元文》（17／96）。茲將未收之二通〔註38〕，錄文如下：

某頓首再拜學士聘君定宇先生：某屬屬大名，無由參覲。惟斯文先覺，學者範模。比以文會膽編，上下考正。家叔拜字，代伸拳拳矣。隨準回教，未沐慨然。雖信謙尊而彌光，實失仰高之初意。惟是僭修槀幅而固請之。鑒空衡平之下，妍醜重輕孰能遁其毛髮，銓裁天下士可也。於此何讓焉。進退昭然，以示矜式。干瀆清崇，臨楮悚悚。

## 39. 《又答定宇先生書》〔註39〕

炳文拜覆路教定宇鄉先生尊右：前月十八日令嗣惠訪，袖示尊墨，披誦再三愛。我教我之意，薰然於言辭之表，欣感可知。令嗣粹然如玉，綽有父風，亹亹談論，令人聽之忘倦，於是兼歉。某豚犬之不肖耳，惟是得書之日，某不在明經，比其歸也，今早已回彩侍，以故不及拜答，某過矣。中間一一處皆不能滿某之意，某又過矣。叢是二者而誅之，某何辭。所恃者大度有容，交情有舊，炤以心，必不坐以皁。茲恃尊愛，僭有申覆。令嗣留敝曲時，嘗與舍姪子成乃尊玉山雲鄉先生寓處有兩館，端可圖也。某聞之甚喜，於是遣

---

〔註37〕　（清）張金吾《愛日精廬藏書志》，上海古籍出版社 2014 年版，第 429 頁。
〔註38〕　（元）陳櫟《定宇集》，景印文淵閣四庫全書第 1205 冊，臺灣商務印書館 1986 年版，第 435 頁。
〔註39〕　（元）陳櫟《定宇集》，景印文淵閣四庫全書第 1205 冊，臺灣商務印書館 1986 年版，第 437 頁。

兩姪孫詣下，求推轂之賜。姪孫一名宗學，皆性純而敏，屢年館於外。某區區欲其朝夕得侍典刑，讀書發明，當月異而歲不同，以是故拳拳焉。惟鄉先生其進而造就之，某幸甚幸甚。《發明》，某伏讀數葉，真如文公先生之忠臣。《纂疏》、《集成》必得此，然後可為全書，何時會晤，容某卒業焉。尤幸尤幸。燈下拜，此言不能盡。乍寒，伏祈為斯文自重，不備。

## 40. 許約（17／299）《跋水利書後》（延祐乙卯，1315 年）

按：文載《水利書》卷首〔註40〕，錄文如下：

昔歲在甲辰，今都水少監任公以吳松江故道堙塞，失震澤之勢失其就下之性，氾濫四出，為浙西居民害，垂三十年。公慨然上疏，條其利病疏導之法。中書以其議上聞，聖天子惻然憫下民昏墊，命江浙行中書省平章政事董是役。爰諏爰度，惟公之言是行。相其山川形勢之宜，高深廣狹之度，工役之數，錢穀之費，畚鍤之用，飲食之需。上以誠感下，下以誠應上，民乃歡呼四集，而樂於趨事赴功。物無疵厲，民無夭閼，而事竟集。由是震澤無塵，與三江之勢接，復潮於海。水勢既縮，瀕江上下田為水壞者，垠堮既見，復為上腴。至今無水潦患，誰之力歟？因歎自神禹治三江水，以泄震澤之勢，至錢氏吳江塞導之而迷者，復令再塞，公又導之，而堙者通，使天地山川之氣呼吸吐吞，與潮汐上下者，絕而復續，鬱而復伸。由是觀之，旱乾水溢，豐穰飢饉，匪降自天，亦人之力也。公之為謀也深，其用心也專，故其利人也厚，公其仁矣人乎。是書為導江澤為世法，水利、邊防、胡學，設科條以誨人，良有已也。延祐乙卯六月廿有五日河內許約跋。

## 41. 熊禾（18／511）二篇

### 《佩韋齋集序》（皇慶元年，1312 年）

按：文載陸心源《皕宋樓藏書志》卷 93〔註41〕，錄文如下：

文者，道之用也。天地間，惟道可以立國，惟文可以經世。儒者一身，三綱五常之道所寄也，而可以徒文哉？唐宋以來，文章大家，數不為少矣。其立言之卓然不可泯者，惟韓、柳、歐、蘇最著，柳固不敢望韓，蘇之於

---

〔註40〕 （元）任仁發《水利書》，《續修四庫全書》第 851 冊，上海古籍出版社年版，第 4 頁。

〔註41〕 （清）陸心源《皕宋樓藏書志》，《續修四庫全書》第 929 冊，上海古籍出版社 1996 年版，第 372～373 頁。

歐，亦未易同日語，過江少失眞粹矣。同甫、正則，一時擅名，江左取節焉可也。南北混一，以文鳴世，不過數家。其間卓然能不悖名教，有補倫紀者，亦無幾焉。余於佩韋先生俞公文詩，未嘗不三復擊節，使人流涕太息不自己也。公平生文多不留稿，令子庸裒集，僅得文詩五百二十一首，釐爲一十六卷。不遠貽書，且述公遺命，曰：「吾詩文散落朋友間多矣，或搜輯成帙，必求山林隱逸之士爲之序引。」謹謝不敢當，既不獲命，則作而言曰：宋三百年，以儒道治世，以科舉文章取士。逮其亡也，錄死節之臣二十有三，而文臣擧三之二，大抵繇科舉其選。而其表表者，讀《四書》，通經博史，多自洛建門庭中來。風聲氣習，漸涵演迤，百餘年間，詩人文士情性之所發，禮義之所止，一言一詠，猶足起人。悠然深長思，蓋豐芑、菁莪之澤遠矣。嗚呼！文章何負於人國哉！道理豈空虛無用之物哉！讀公之文考公之行益以信。嗚呼！士大夫立身宇宙間，時有險易，位有大小，而其抗志厲行，亦有行止久速之不同。尹當任，夷當清，箕當囚，微當去，孔明非肮髒，元亮非沈冥，要亦自靖自獻，各行其素而已。達居事任，固有迫於命義，不容已者。公擧癸酉進士科，猶在下位，特以文學負世重望，爲當路羅致。方其刼質軍中，爵祿在前，刀鑊在後，公獨不撓不懾，從容懇欵，以全其身，一難也。身愈退，望愈高，諸公貴人交剡（按：「剡」當爲「談」）無虛歲。公於此時，卑則易流，高則易抗，廼獨處之有道，得以優游餘年，終遂其志，二難也。《飲酒》諸篇酷似陶，《遣懷》等作大類子美，則其時實使之然。公之詩，閒雅沖澹，中發揚蹈厲之意存焉。其文則論辨閎深，敘述詳覈，忠厚懇惻之情藹如也。近律駢儷，亦皆典則精緻。原其所尙體要，則綜涉綱常，造次理道，又不可與尋常詩人文士例論矣。宇宙神交，志同千里，若共肝鬲；道同千載，若合符契。況世之未久乎？余亦癸酉進士，蓋親歷而知之者也。公之學，以《六經》、《語》、《孟》爲本。雖史傳百氏之書，靡不該洽，而必以此道爲之指歸。論古今事得失、人物臧否，皆有所折衷。《輯聞》四卷，學自格物致知者，誠不可不於此有考也。紫陽方侯亦以文名，與公交遊最久，嘗序公集。載其遺事，如作傳然，且以能保晚節而心服之。公之爲人，其所謂表裏一致，終始一節者與。語曰「有德者必有言」，又曰「歲寒，然後知松栢之後凋也」，先生其有之。皇慶元年壬子四月既望，建安熊禾序。

## 42.《雙湖先生贊》

按：文載康熙四十二年刻本《雙湖先生文集》〔註42〕，錄文如下：

先生之生，出自儒林。先生之學，獨貫天人。易探蘊奧，知幾其神。五經著述，出類超群。可媲先哲，可啓後昆。棄名樂道，實遠塵紛。明經事業，悉萃一身。史纂綱斷，鑒古通今。其視《綱目》，可稱步塵。開來繼往，紫陽同勳。是父是子，孰可比鄰。千載而下，道學推尊。先生也者，其亦天固縱之將聖也耶？予嘗語人曰：「有工夫子，莫若晦翁。有功晦翁，莫若先生。」諸友咸云江東正學二公淵藪，吾聞企仰，泰山北斗，晦翁捐塵，先生獨剖。遠來賜教，實爲師友，分袂河梁，再能會否？約以來秋，綣戀不朽。至期占燈，冀臨敝廡。予日望之，毋辜翹首。

## 43. 任仁發（18／614）《浙西水利序》（至大改元，1308年）

按：文載《水利書》卷首〔註43〕，錄文如下：

嘗考之書，三江既入震澤，底定三江者，吳淞江、東江、婁江也。震澤者，太湖也。太湖納江東浙西之水而澤之江，三江泄太湖之水而入於海。水有所納，復有所泄，則震澤者平定矣。古謂太湖形勢如盤盂，四維高而中低，自大禹平成之後，世代相仍，經營修濬。子涇萬謂：棋布縱橫，注江達海，即非天造地設，皆由人力所成。參稽載籍，成周則有小司徒，行水、止水、蓄水，職之匠人稻人，俾專任濬導瀦蓄之事，故無旱澇之患也。漢有少府、水衡、水司空、都水使者，京師則有池監、三輔、太常官，九江則有陂、湖官，南海則有淮浦官（按：《漢書・地理志》：「南海郡中有洭浦官。」洭水，古水名，即今廣東省連江。故應作「洭」），江夏則有雲夢官。內外分職，故無壅塞之憂也。傳至隋唐，則有都水臺諸司，講明水利尤極詳備。自宋則設三司及司農寺、撩清指揮使、水監提奔司；州有守倅，邑有令佐，均得以行其濬導瀦蓄之利。又有范文正公、王荊公、蘇文忠公、朱文公、胡安定公諸賢輩出，有志事功，悉以治水爲有志事功（按：此一句疑爲衍文），悉以治水爲有國者之急務，故得水之利，唯宋爲多。凡倉廩之儲，無非灑給蘇湖水田之利。唐宋每歲浙西轉運糧米數百萬碩，給餉諸處軍民。國家混一，江南創

---

〔註42〕　（元）胡一桂《雙湖先生文集》，《續修四庫全書》第1322冊，上海古籍出版社1996年版，第542～543頁。
〔註43〕　（元）任仁發《水利書》，《續修四庫全書》第851冊，上海古籍出版社年版，第1～2頁。

開海道，亦歲運糧米二三百萬碩，怠師內郡，賴以足食。所謂「蘇湖熟，天下足」者，此也。若水利無益於國，無濟於民，則前聖後賢胡爲而爲哉？前聖作之，後賢述之。今則不以爲結，以致三江達海之道，堙塞不通。浙西數郡之內，每逢雨溢，則江湖數百里膏腴之水田，皆爲魚鱉之鄉。或佢旱乾，則枕江千萬頃沃湖之陸地，盡作蒿萊之境。蓋無河港圍岸塥竇爲之隄防蓄泄之備也。此故連年水旱，五穀不登，餓莩盈野，弱肉強食，妻子不保，有仁心者所不忍聞。大德八年，設立行都水監，朝廷以爲利，群議以爲害。工役未興，謗議先起，形聲附和，沮攪百端，不容盡人力而爲之。未及三年，卒廢弗置。奸吏於是乎肆貪，豪民於是乎恣橫。胡（按：當爲「湖」）瀦成田，江瀦成蕩，水脈堙塞，尤甚於前。深慮乎因循苟且，坐麇歲月，人事不修，天災候至，備禦失度，生民塗炭。雖有智者，不可救藥，有失朝廷愛民恤災之初意。傳曰：「國以民爲本，民以食爲天」，又曰：「佚道使民，雖勞不怨」，又曰：「使民以情」，又曰：「悅以使民，民忘其勞」，則甚古者之於民也，非宜養之而已，役之所以養之也。苟役之作無益之事，聖人所誡。至於農桑衣食之本，未嘗不勸之諄諄，而使之役役也。若不耕蠶，衣食從何所出？飽食煖衣，未有不勤勞而得者也，亦盍思其甚矣。舍本不爲，愚甚惑焉。故摭議者之論而爲之箚，以俟明識之士，倘推由己之，以授極溺之乎？髡其闖而惟其意，取至有利於民者舉而行之，非惟浙右之奉，亦國家天下之大幸也。知我罪我，其惟《春秋》。時至大改元春二月初三日雲間任仁發序。

## 44. 趙孟頫（19／1）《跋水利書》

按：文載《水利書》卷首〔註44〕，錄文如下：

自神禹平成之跡熄滅，後世爲司水之官，行治水之事，非無人也，難其人也。自非智足以行水，仁足以澤民，豈能其濟川之重事哉？都水少監任公示《水利議答錄》，似讀數過，蓋摭議者之言，答議者之問，講究精詳，議論超卓。治水之方略，井井有條。凡地形之高下、水勢之逆順、河道之廣狹、潮汐之往來，與夫天晴、人事、農務、民情有關於官守者，纖悉同知。知無不言，言無不盡，使議者之惑迎刃而解，可謂深曉水利者矣。錄中所載，治水之法有三：曰治塥竇以限水，時其疏瀹，不至於堙塞；固其隄防，不至於坍潰；謹其啓閉，不至於失時。三者不可偏廢，三者俱備，治水之能事畢矣。

---

〔註44〕 （元）任仁發《水利書》，《續修四庫全書》第851冊，上海古籍出版社年版，第2～3頁。

捨此三者而言治水，吾未之信也。任公佩詩書，服禮義，世居江鄉，素諳農務水利之轍。環四方，從士大夫遊覽名山大川，聞見廣而涉歷，多學識而講究熟。胸中有《禹貢》書，筆下有《太史記》，眞當世之通儒，有用之宏材也。慨念水爲吳淞患，其來久矣，皆河道不通之故。推視溺，由己之心，不避怨謗，極力陳言，以開江爲第一義。有司聞於朝，特頒詔旨，一力講行，命案臣董其役。萬夫雷動，眾鍤雲合，走江鄉，冒寒暑，忘寢食，靡憚勞，期年而事竟成。繼而久，兩水不爲害，連年豐稔，皆開江之力也。當時富家巨室，惟吝起夫之費，遂萌沮壞之心，異議蜂起，同聲附和。咸謂勞民動眾，徒費錢糧，無益於事。殊不思民以農事爲生養之本，水之利害實有關於農事之成壞。倘不思預防，未免因循歲月，咸遇霪潦，江久塞而水暴漲，吳地其沼乎？吳民其魚乎？豈不大可憂哉！所以役民極治，有備無患，役之力所以利之也，勞之所以佚之也。陳言獻策，切中時病，豈無益於事哉？聖上知其敢言，嘉其成績，授以水衡之官，始焉極治浙西，繼而分監東平、汴梁等處。極治罔有失，水順其性，民蒙其福。川澤在人心，名聲滿天下，豈尸位苟祿可同日而語哉！公能以東平、古汴治水之法，施於青徐兗豫益冀之間，則天下之江河川澤，何患不能濬禹舊跡耶？惜乎美質來歸，姑袖濟川之乎？行膺召命，設施濟川之材，亦未晚也。僕嘗詳閱水利議答之錄，推原當時開江之榮，事未成而謗興，事已遂而利博。昔以爲非，今以爲是。昔日之怨謗，轉爲今日之歌。私心去則公道明，事體久則議論定，此水利之事不容於不錄也。顧然，事固難於成，尤難於久。成之者有人，繼之者得人，則洲濬圍終不至於廢也。今日佩都水印綬者，能以任公憂民之心爲心，以任公治水之法爲法，仿而行之，守而勿失，千載猶一日也，何患不能久乎？故得及之，以俟來者。吳興趙孟頫謹跋。

## 45. 楊璧（19／588）《全真觀記》（至元十七年，1280 年）

按：文載杜海軍輯校《桂林石刻總集輯校》〔註45〕，錄文如下：

今全眞乃昔之棲霞岩，扁名曰徑者也。去城止一江之界，山水之秀，望桂林諸岩洞，此又最焉。前此端平而云之李道隆者，始結庵於此，從而尊修殿閣，百楹相扶，閎麗軒豁，戶外之屨日滿。事已見諸岩記。居無何，住殿人遭丁丙之難，咸曰：「斯岩今而後孰維持？」囗天尊憫之，轉禍爲福，幸際

---

〔註45〕 杜海軍輯校《桂林石刻總集輯校》，中華書局 2013 年版，第 376〜378 頁。

平章大丞相相公登斯山，惜此景，命存全之，因改棲霞岩爲全眞觀。屬參政宣慰史相公爲擇人住此山。時有羽衣，唐其姓、大淳其名者，本色老子，客身柳邊。乃命帳犀奉尺書禮請之，華以道判之數。因契勘本口有無當住據。邦人稱之曰：「昔道隆嘗經管薄產，日滂日旱，似有若無。」參政偕諮議相公給據撥田，大略云：全眞觀自破城之後，別無道士住持。爲此，使司支撥玉虛觀廢額田、報恩觀沸水莊於本觀，永充常住，擬令唐大淳安眾焚修，以祝世界主萬壽者。大淳乃稽首長跪而白相公曰：「學道者岩棲而□□，口跰而雷立，其木石之與居，鹿豕之與遊，分也。今洗腳上船，得一把草蓋頭，一盂飯充腹，大淳曷敢辭？」因此廩四方之遊士，齋粥之餘，銖積寸累者三年，慶有餘力，遂日視棲眞泉之側，幸有隙地，欲規一金門廖陽之殿。作是念已，邦人知其可任也，乃群起而助之，富者以貲，巧者以匠，壯者以力，不數月而寶殿兩廡三門皆落成之。不儉不侈，醮祭具宜，獨所謂三清御像尚未有辦肯心者。一日，參政宣慰馬相公府夫人禠氏妙清發大善心，抽家資、命工匠，一力圓成。三清並侍衛天眞共九位，精麓華好，間以碧翠，塗以黃金，燦爛人天，悅可耳目，殆興此山相雄長，蓋今之所有而昔之所無也。余聞世之將泰也，必先見乎變；地之將興也，必先遇其主；道之將隆也，必先得其人。吁！不觀丙子曆數之否，無以知今日世道之泰；不觀二相府施田力、捨財力，無以知今日福地之興；不觀住山人修造莊嚴之妙，無以知今日大道之隆。

嗚乎！此時營繕之新，安保其他時口之勿壞也！此又余之深望於後之住是山者。若夫木石瓦甓之用，丹青潤飾之工，錢財粒米之費，則具在簿歷，茲不復書。當代住山唐大淳，譚之攝人也。同辦緣鮮于瑾、文必昌皆桂林人也。至元十七年，歲在庚辰，菊節後十日，蜀之關外西和晚學寓八桂楊璧記。

## 46. 汪夢斗（19／678）《康範詩集書後》（至元戊寅，1338 年）

按：文載汪晫《康範詩集》（四庫全書本）後，錄文如下：

右先大父康範先生詩詞共七十首，其餘雜著亦嘗編輯，得二十篇。並《靜觀常語》三十餘卷，皆錄成正本。甲戌，因表進《曾》、《思》二書，攜以呈諸時賢，悉留武林親故家。其多兵興。乙亥春，遣人徵索，則其家已遷避他郡。事平問之，答云皆失之矣。先廬丙子燔於寇，家藏圖書悉爲煨燼。其寄山中者，詩詞草本幸無恙，而雜著則無草本矣。令人愴然，涕泣不能禁。先生所爲文，多不蓄稿，昔夢斗集詩詞時，往往得之戚友所傳誦與二父所記者，視所作已百無一二存也。昔先伯嘗云，先生詩更有五言「山寒杏未花」「滅燭

閔蛾傷」、七言「梨花院落春宵短」等，作爲當時名勝所稱。又七言一律，首句云「片片飛紅已謝春，紅移榴莪更精神」，滕德粹參議告院，謂其有溫故知新之意。樂府有《詠木犀》，末句云「可是東風當日欠商量，百紫千紅春富貴，無半點似渠香」，亦謂有詞人風度。皆不得其全篇，故不在集中。若夫雜著，有《從季祖自得堂詩序、》《邑庠中庸首章講義》、《記建朱文公堂祠本末》。及所謂《靜觀常語》，皆可以警策後生晚學，今盡失之。惜哉！夢斗家門薄祐，先考以丙子下世。今歲首，先伯父輒相繼不祿，墜緒凋零甚矣。夢斗又日益老大，無家可居，而移徙不常，此之存稿，恐後復散軼也。亟謀鋟梓，置之靜觀堂，以傳不朽。至元戊寅夏四月望日三世孫夢斗書於天井峰下農舍。

## 47. 李之紹（20／79）《陵川集序》（延祐丁巳，1317 年）

按：文載陸心源《皕宋樓藏書志》卷九十五〔註46〕、點校本《陵川集》卷首〔註47〕，錄文如下：

國初未遑文治，不階教育，奮然自勵，致海內盛名文章事業，耆舊推重時輩，莫敢與角。若國信使贈昭文館大學士榮祿大夫司徒冀國公謚文忠郝公，眞豪傑之士哉。公諱經，字伯常，上世澤州之陵川人。八世義居儒行，師表一鄉。至公恢大素業，蔡國張公館於家。世皇聞之，首加聘禮，奏對屢稱旨，益奇之。南征挈以偕行，授江淮宣撫副使。中統初，選充宋使，留十有□□□（點校本作「六年不」）辱君命，天下盡知之，詳見隧銘洎神道碑。今集賢大學士郭公貫，幼從公學，其任禮部尚書也，請刊其遺文，朝廷從之。事屬江西行省，以序見徵。惟公口（點校本作「挺」）不世出之才，蘊大有爲之志，氣剛以大，學博而充，陳時政兵事，綽見經濟之能。傳用《易》、《春秋》，深探幽隱之趣，正《蜀紀》，刊前史之繆誤，移宋朝悉和議之利害，雜著歌詩，涵泳古今，本原騷雅，不失爲奇作。使之參與廟謨，黼黻王度，斯民被澤吾道增重也必矣。方群賢匯進之秋，乃遠涉江淮，投身虎口。及歸，年德耆邵，區宇混一，宜享安榮之樂，而大故，生平抱負竟不獲展萬一，可哀也已。然其終始大節，日光玉潔，焜耀無窮，述作之夥，刻示永久，斯可以下慰九泉矣。崇儒報功，國家盛典獲紀其實，託名簡編之末，又何敢辭。敬爲之書，以諗來者。延祐丁巳四月，國子祭酒東平晚生李之紹謹序。

---

〔註46〕（清）陸心源《皕宋樓藏書志》，《續修四庫全書》第 929 冊，上海古籍出版社 1996 年版，第 390 頁。

〔註47〕（元）郝經《陵川集》（第 1 冊），山西古籍出版社 2006 年版，第 1～3 頁。

## 48. 馮子振（20／106）二篇

### 《傷寒紀玄妙用集序》（至大辛亥，1311 年）

按：文載陸心源《皕宋樓藏書志》卷四十七〔註48〕，錄文如下：

望而知之之謂神，縮巧手於超然口耳之表，以盡天下之能事，醫和而上皆然。後之世求切於紙上而已，況探微索隱者乎？彼秦越人之爲醫，能隔牆壁而徹視其人之肝鬲肺腑聯絡不到之處，故其用力也不勞，而無不療之疾。疾數百種，古之聖智悉爲之方。風寒數十種，亦錯襍其中，而無專門名家之習，故望之失也，而聞問之失也。而切世之爲醫者，又無秦越人底裏洞見之眼目。人之一身，五運六氣爲之候，風寒數十名，有受病之處，而病之來也，無形於無形之中，不足以察其隱微，多方以爲之療。扎瘥夭閼，相尋無涯，而神聖工巧之技殫矣。於是東都長沙太守南陽張仲景起而憫之，金匱玉函之外，始特爲《傷寒》一書，著論二十二篇，證外爲法三百九十七，爲方一百一十二。主問客答，首擊尾應。其書獨行，宇宙人之司命者必由之。由其法則生，否則死。近世朱肱以其書雅奧，作通經者，不悉解疲二十年之力，演爲《南陽活人書》九萬一千三百六十八言，可謂完且密矣。議者猶謂其書有源有委，而方論或缺焉，未免千通之一失，遂令傷寒者流愈膠固迷惑，卒莫知其次第之道，從爲學者通患。大名尙仲良慨然，憤悱席門，稽取長沙顚末而爲之書。自其辨脈析證，訪以至於處方用藥，咸按仲景成法，區別陰陽，條陳汗下，粲然綱舉，目揳而無餘，不使疾醫臨事有意外蹉跌之積，通作有功於仲景者耶。抑吾聞仲景爲是書也，自以建安以來，族餘二百口，死者三之二，傷寒居之七。以是知傷寒居百疾眾證之右，號爲難治。千載而下，往往惑之，可不爲大哀乎？乃爲取仲景平生之痛，以志於衷，使覽者自得焉。他日有得是書而行於世，自應與口病論同一濟世功用，仲良勉之。雖然，張長沙作偶然者，其舉也以孝廉，仲良益勉之。至大辛亥冬，集賢待制承事郎長沙馮子振序。

## 49. 《增廣鍾鼎篆韻序》（延祐甲寅，1314 年）

按：文載張金吾《愛日精廬藏書志》卷七〔註49〕，錄文如下：

四目弗倉而古廢，二翩弗王而隸廢，東家聖人不泰岱而七十二家之字盡廢，於是明智之制作、宇宙之消息，始茫然昧然而不可致詰矣。東都石經以枚

〔註48〕　（清）陸心源《皕宋樓藏書志》，《續修四庫全書》第 928 冊，上海古籍出版社 1996 年版，第 522～523 頁。
〔註49〕　（清）張金吾《愛日精廬藏書志》，上海古籍出版社 2014 年版，第 132～133 頁。

計者四十八，議者以爲去邯鄲淳古文遠甚、臨淄古冢銅棺隸言「齊太公世孫胡公之棺」，惟三字是古隸，同今書，證知隸自出古，故孔安國序《尚書》：「爲隸古定；更以竹簡寫之。」隸謂隸書，古謂科斗。世之爲隸者，輒自謂其書爲隸古，得無益去古太相遠邪？殷周盛時，大抵旂常、鍾鼎、盤銘，其功德勳庸之家無不有。其文高潔簡古，率作「萬年億載，子孫有永」之辭。士大夫作之者無溢美，其寶之者無怍容，古之人肺腑豁疏、言語峻快，極意摹勒，深致其情，文不爲澀縮韜匿之兒類如此，非若今人輒有所引避畏忌，雖百齡之上，猶且不敢高自位置，以媒流俗之指摘也，而況永永子孫世守之歲月乎？異時夷門政觀，豐亨豫大時，習尚三代，緣是《博古》所圖之尤物，悉集於尚方，所至椎埋發冢，恬不之痛。靖康北徙，器亦並遷。金汴季年，鍾鼎爲崇宮殿之玩，毀棄無餘，獨岐陽石鼓文字不能爲屬，今猶纍京師夫子廟廷，豈歐永叔《集古》千卷之首，眞希世之寶邪？吾往年疏《離騷》草木於洞庭之南，得大江之西博雅君子曰「臨江楊信文出其所板本鍾鼎韻書一編」，不覺斂袂太息曰：「三代禮樂之古文奇字，盡在是矣。」如令五方有志之士，家有是書。當皆卤後彝前，周旋盤豆，何必嶧山野火、潪水獸膞、睢陽建寧、光和碑陰、三鼎一鈬，然後庶幾秦漢以來之文字也耶？米元章自言，曾見劉原父所藏周鼎篆，一器百字，刻跡粲然，所謂金石刻文與孔氏上古書相表裏。趙仲忽、李公麟收購如楚鍾刻字，遠高秦篆，咸可冠方今法書之首，不知信文亦嘗取而納之《鍾鼎韻》乎？世說漢有《古文尚書》以來，識古文者遍於世。唐明皇始以隸楷易《古文尚書》，儒者不能識古文，自唐開元始。信文以博古之學，節節款識之辨，人把而玩之，宛然古鐘鼎之在列也。然則信文有功於昭代之文運，抑亦人文之一取歟？《宋景文公筆記》記其故人揚備得得《古文尚書釋文》，讀之驚喜，自爾書刺字皆用古文，當時僚友咸不之識，遂有怪人之目。今楊信文亦爾，得無亦作怪人之目耶？吾久不作怪語，因信文蘄予《鍾鼎》序引，並及之。是年延祐甲寅閏三月戊寅，前集賢待制承事郎馮子振序。

## 50. 俞琰（21／1）十八篇

### 《玄牝之門賦》

按：文載《金丹正理大全玄學正宗》卷下〔註50〕，又載《正統道藏》太玄部。錄文如下：

〔註50〕《四庫全書存目叢書子部》第 259 冊，齊魯書社 1996 年版，第 41 頁。

一竅玄牝，大丹本根。是乃虛無之谷，互爲出入之門。設鼎器之尊卑，截然對立；渾機關之闔闢，妙以難言。原夫神仙立修煉之根基；元氣常周流於上下。鉛爐承鼎，自此而建；玉關金關，識之者寡。大哉玄牝，不可得而名焉；通乎陰陽，是以謂之門也。是曰鼎爐，中藏承鉛。東接扶桑之谷，西通華嶽之巔。據二土之妙，要合二土；界兩弦之間，平分兩弦。大以無外，小以無內。下焉曰牝，上焉曰玄。硃砂鼎，偃月爐，一機密運；覆命關，歸根竅，眾妙兼全。是門也，陽開陰闔，開闔無窮；日往月來，〔往來〕（按：據道藏本補）不已。上曰天關，中納乾甲；下爲地戶，內藏坤癸。無邊無傍，非有行也；一闔一闢，是爲門矣。高卑配合，大矣哉，至矣哉；來去周遊，出乎此，入乎此。請言乎，此竅何竅？人所同有；非門謂門，世其鮮知。蓋天地常交合於往往來來之際，而氣每渾融於綿綿續續之時。今此鑿破鴻蒙之穴，築成真一之基。以諸辰而論，下牝居子；合八卦而觀，上玄屬離。門焉如是分也，竅則渾而一之。所以紫陽備述罕知之語，不然老氏曷陳同出之辭？嘗謂冥冥牝戶，深居滄海之間；巍巍玄關，遠在昆崗之上。一陰一陽，黑白可辯；非色非空，丹青難狀。四正於此布，勾股乎子午卯酉；兩曜〔於〕（按：據道藏本補）此運，攢簇乎晦弦朔望。

微哉妙哉，玄牝二字！探之煉之，工夫片餉。是則下藏白虎，爲發火之樞機；上有青龍，起騰雲之之風浪。噫！傍（疑作「旁」）門小法，惑眾非一；專門名家，以賢自居。弗解講明於理學，安能契合於仙書？以名玄牝，空費存想；以口鼻爲玄牝，徒勞呬噓。倘乘邪歸正，獲知蹊徑之真也；則造微入妙，豈在門牆之外歟？蓋思夫一氣孔神，曷是收藏之根抵；元和內運，孰爲交接之權輿？抑評之虎白龍青，奚云黑虎赤龍。玄上牝下，何謂左玄右牝？當知水火爲呂。木於火內，以停蓄金水同宮；金在水中而潛隱。此所謂玄之又玄，妙之又妙者乎。其造化講論而無盡。

## 51. 《張蘭谷畫像贊》（至順壬申，1332 年）

按：《續修四庫全書》第 1321 冊、《四庫全書存目叢書》集部第 21 冊有俞琰《林屋山人漫稿》清鈔本一卷，《全元文》未作參考。載其文十七篇如下：

抱道於中，似蘭斯馨。在彼空谷，幽人之貞。

## 52. 《時居士畫像贊》

服此服，巾此巾。既有咸淳少年之氣象，復有皇慶晚年之精神。斯人也，乃霜中之菊，雪後之松筠。

53. 《吳子儀畫像贊》

　　吏而儒，清而腴。識之者曰：「此浮光吳子儀也。」不識則曰：「是何人歟？」其當今趨時之俊秀，梁楚間之美丈夫也歟？

54. 《康月天錄事畫墨竹索余題》

　　直而不倨，弱而不傾。一枝之秀，千古之清。

55. 《夏壺隱縣尹得靈璧石，溫潤玲瓏求余贊》

　　靈璧之精，玄石之英。非雕非琢，渾然天成。溫若玉色，鏗若金聲。置之座隅，監彼堅貞。

56. 《相士鄭西山以〈耕隱圖〉求余跋，遂書其後》（元貞丙申，1296年）

　　相士鄭西山攜《耕隱圖》示余，求跋。因問之曰：「子隱於耕，則當從事乎犁鋤襏襫。與田舍翁為伍，議田間事可也。而乃奔走廛市間，掉三寸舌，談人禍福。得無捨己之田、耘人之田歟？然人心不同有如其面，最難相者也。子能相之乎？余嘗窺觀今時所謂豪傑之士矣，往往以簡傲為高，以詭詐為能，孳孳汲汲，惟利是務。心田不但茅塞，蓋荊棘甚焉。望其交梨火棗生於其中，亦戞戞乎難矣。求其寬厚愛人、尊賢重士，吐周公之哺，指魯肅之囷者，果何人哉？西山閱人多矣。天寒歲暮，膏粱子正坐銷金帳下淺斟低唱，奚暇倒屣見人。願子少輟舌耕，且歸隱於西山，坐晴簷熟讀《相牛經》。有詩自歌，有酒自醉，不亦愈於看人面色乎？」西山曰：「諾！子之言誠是也。吾故自知其然，蓋有不得不然者。既聞子之言，今將輟吾舌耕而自此隱矣。」

57. 《許詢支遁圖》（元貞丙申，1296年）

　　臂鷹放馬，此豪俠者之所為也。亦有此好，或者以為支遁。吾不知果為支遁乎？否也？但見其袒跣倨傲，如是其僧中之豪俠歟？

58. 《跋〈江山萬里圖〉》

　　「華夷山不斷，吳蜀水相通。」杜少陵之詩云爾。今於此圖見之。既無登臨之勞，又無風波之險。萬里之遙，一覽盡在目中。雖飛行碧落而下　寰海，不是過也。

59. 《跋錢舜舉所畫〈黑馬圖〉》（皇慶癸丑，1313年）

　　「昆奴夜半偷將去，行過陰山鬼不知。」此龔翠岩詠黑馬詩也。昆奴也，

鬼也，夜半而過陰山也，又加之餘之拙字，醉墨淋漓，其爲黑也，不亦甚乎？此黑馬乃錢舜舉所畫，唐卿索余跋，遂書以贈。

60.《十二溪真圖》（題下注「濮陽適之求跋」）（至順壬申，1332年）

十二溪皆湍險之地，世傳以爲各有神女司之，豈不然乎？今觀此圖，乃沉湎之餘，祖裼裸裎而不顧茲。蓋善畫者之戲筆也。若以爲果有是，則倡優之婦亦未必然，何況真仙？癡兒之前蓋不可談夢。

61.《王伯儀府推玷山手卷跋》

「白圭之玷，尙可磨；斯言之玷，不可爲。」（按：《詩經·大雅·抑》「磨」「爲」後均有「也」字）南容三復，是詩聖門稱頌之。伯儀父，自號玷山，蓋恐斯言之玷。其積如山之高也，本無玷而以爲玷，本無山而以爲山。伯儀父愼言如此，其今之南容也歟？

62.《廷瑞弟所藏老馮荷花手卷跋》

蓮之爲花，遇風則香遠益清，雨晴則其靜如拭，老有老態之妙，嫩有嫩態之美。濂溪目之爲花中君子，故謂「其可遠觀而不可褻玩」。然繪而爲圖，則遠觀近觀，無有不可者。此圖真吳中老馮筆。先叔秋崖翁藏之久矣。手澤猶潤，蓋吾家珍玩也。

63.《俞岩隱所畫〈驪山姥圖〉》

《陰符經》云：「觀天之道，執天之行，盡矣。」盡矣者，內煉之道，盡在此八字中，更不必三百字而後盡也。是道也，黃帝知之，驪山姥知之，李筌其知之乎？

64.《吳興俞子清侍郎山水圖》

子清翁山水自是一等家數。既經子昂品題，則夜光之璧不復爲荊山石矣。

65.《張梅軒同知以菩提達磨畫像求題》

少林面壁九年，葱嶺只履翩翩。底事東方衲子，只知心印單傳。

66.《贈萬壽信無疑》（至元丁丑，1337年）

即心是佛，有何擬議。直饒非佛非心不過也。即如是，若問祖師西來意，饑來吃飯困來眠。

67.《食鰻辯》（至大辛亥，1311年）

南陽主人食鰻而美，語其妻曰：「以一器饋先生。」其妻諾而弗與。明日，

主人見客而問曰：「鰻味美乎？」客曰：「不知也。」主人曰：「何謂不知也？」客曰：「請問三十六牙。三十六牙曰不知。又問之喉舌，喉舌曰不知。又問之肺肝，肺肝曰不知。又問之心腹腎腸，心腹腎腸皆曰不知。既皆不知，又何從而問耶？又問之目，目曰不見。又問之鼻與耳，鼻與耳皆曰不聞。內而心腹腎腸肺肝喉舌三十六牙皆不知，外而目與耳鼻皆不見不聞。則吾之不食鰻也，爲有天知地知、神知鬼知、子知我知耳。鰻之色、鰻之香，我且不見不聞，吾又安知乎鰻味之美不美乎？」主人慚謝而退，語其妻。其妻默然而不答。主人乃悟曰：「吾失言矣。」

## 68. 鄧文原（21／20）《養蒙先生文集序》（泰定三年，1326 年）

按：文載陸心源《䀶宋樓藏書志》卷九十五〔註51〕（亦載四庫本《養蒙文集》卷首），錄文如下：

至元庚辰間，文原侍先人側，獲識檇李張公師道。時江南達宦者多中州文獻故老，而南士裸將之餘，屏居林谷者，往往而在交遊中。雅器重公，薦牘交馳，爲杭郡文學掾。遇事不然，不可撼以私；與上官不合，去。薦者益知公可授以政。居浙東闈海憲幕，徵入，遂直詞林、陪講席。而文原以供奉忝司撰著，情義益款洽，不以僚屬遇我也。自公至京師，友道日廣，酬接無少懈。暇則伸紙濡毫，作爲詞章，以應四方之求。時時爲文原誦之，蓋恥尚鉤棘，而舂容紆餘，鏗乎金石之交奏也。士論咸以斯文屬公，而公病矣。檇李故多文士，昔唐陸宣公爲學士居中，多所參決，時號內相，有論諫數十百篇，至今讀者，尚挹其高風而興起。公受知聖主，蒙被顧問，敷對剴直，皆經國之要務，惜不果大用，而世以文字知公者，特緒餘耳。自古瑰傑之士，勳業不得表見，而僅以文字傳者，皆可惜也，而況不盡傳也？公之子采輯公遺稿若干篇，期以昭白於世，可謂賢也已。遺稿不特詞林時所作，而文原云爾者，欲使後之人知公之大節如此夫。泰定三年八月哉生明，翰林侍講學士中奉大夫知制誥同修國史鄧文原序。

## 69. 陳深（21／378）《趙臨褚書跋》

按：文載明代郁逢慶編《續書畫題跋記》卷五。文題依白珽跋（21／297）。錄文如下：

褚登善書用隸法，結體方嚴。《枯樹賦》稍變，迺從容於度之中。子昂落

---

〔註51〕　（清）陸心源《䀶宋樓藏書志》，《續修四庫全書》第 929 冊，上海古籍出版社 1996 年版，第 397～398 頁。（按：《䀶宋樓藏書志》著錄張伯淳《蒙養先生文集》。蒙養，當作「養蒙」。）

筆，便得其意，所謂不同而同者。又繪圖於前樹，雖枯而潤，蓋其根本而生意存焉爾。觀此，信不徒作。其所感當甚於子山也。吳郡陳深。

## 70. 宋無（21／382）三篇

### 《書齋夜話序》

按：文載陸心源《皕宋樓藏書志》卷五十八〔註52〕，錄文如下：

　　玉吾，余友也。讀易彈琴，晚學內外丹訣，自謂得道。余嘗從其借手抄丹經，服其收拾浩瀚，復以所著《易會要集說》示予，方欲刻梓而告逝焉。有子不能繼其業，則其書皆泯沒矣。今觀此集，蓋欲發其平生所聞、所讀、所得、所行者也。嘗聞東坡亦留意於方外學，具載於本集中，有所得必報子由，見於尺牘中。所謂經爐上一點雪者，直土苴耳。故余嘗曰此坡老學道，鼻孔於此敗缺，今又於玉吾此書見其敗缺與東坡同一鼻孔。夜半讀至此，不覺大笑。婦輩睡皆驚起怪問，於是吹燈就枕。明日欲作一書，曰《枕邊孚語》，與之作對，未暇。姑識之，俟予書成並序焉。商邱老人宋無志。

## 71. 《鯨背吟集跋》

按：《全元文》（21／383）已收《鯨背吟序》。跋文載陸心源《皕宋樓藏書志》卷一百○三〔註53〕（亦載四庫本《鯨背吟集》卷末），錄文如下：

　　予第（按：四庫本作「弟」）錄予海中詩成此帙，因命名曰《鯨背吟》。又敘於前，姑記一時風波之興。《詩》云「善戲謔兮」者也，識者幸勿誚諸。

## 72. 《噤囈集序》（至元丙子，1336年）

按：文載陸心源《皕宋樓藏書志》卷一百○八〔註54〕，錄文如下：

　　噤囈詩者，寐叟詩也。叟自云懵騰鄉人。好寐嗜吟，吟則寐，寐則吟。吟作噤囈聲，似夢不覺，如醒未醒，不知吟耶寐耶，寐而吟耶，吟以寐也？真語涉雌黃，肖侯曰，主乎仁義褒貶也。或問叟姓名，則曰吾寐吾寐，據梧而瞑。斯亦亡是翁之流乎？鄉里但稱寐叟云。至元游兆困敦歲子月長至日書於商丘之通於齋。

---

〔註52〕　（清）陸心源《皕宋樓藏書志》，《續修四庫全書》第928冊，上海古籍出版社1996年版，第640頁。

〔註53〕　（清）陸心源《皕宋樓藏書志》，《續修四庫全書》第929冊，上海古籍出版社1996年版，第480頁。

〔註54〕　（清）陸心源《皕宋樓藏書志》，《續修四庫全書》第929冊，上海古籍出版社1996年版，第535頁。

## 73. 黃澤（21／705）《春秋指要跋》

按：文載趙汸《春秋師說》（清皇清經解續編本）卷下，錄文如下：

　　右所舉經文，只是提其要。雖若不完，然一事必與數十事相關，則全經固已在其中矣。如不書即位當與後面書即位參看，書會盟當與凡會盟合而求之，所以謂之指要。然其間亦有迭出者，則自有意。又「晉韓宣子聘魯，見《易象》與魯《春秋》，曰『周禮盡在魯矣』，吾乃今知周公之德與周之所以王」，《春秋傳》序云「其發凡以言例，皆經國之常制，周公之垂法，史書之舊章，仲尼從而修之，以成一經之通體」，此兩處亦要切。澤嘗謂後人說《春秋》未必能及丘明、元凱者，正指此等處，然此卻非諸儒之罪，乃是古今之殊，去古近者所見未差，去古遠者則益疏矣。故學《春秋》者，先得如丘明、元凱，然後可求向上之功，觀者毋忽此言也。資中黃澤書。

## 74. 龔璛（24／1）《趙臨褚書跋》（至大二年，1309 年）

按：文載明代郁逢慶編《續書畫題跋記》卷五。文題依白珽跋（21／297）。錄文如下：

　　褚書此為精妙，子昂晚筆最得其意。嘗聞賈師憲以江上功，景定初元拜右相，錫宴宣勸內府，出金寶器，賜甚厚。中有《枯樹賦》真跡，似道獨受此卷，不敢辭。今不知流》落何所，信人間世曾何足以把玩哉。喜見似人，而慨然者繫之矣。至大二年季春十有一日為吳門錢翼之題谷陽龔璛書。

## 75. 貢奎（24／403）二篇

### 《純白齋類稿序》（致和元年，1328 年）

按：文載陸心源《皕宋樓藏書志》卷一百○四〔註55〕，錄文如下：

　　予讀古人書，常思其人不見。其將求之今人之行，有能如古書者，苟不得之，則其言之止乎禮義，莫詩若也，吾於金華胡君有得焉。君之詩也溫柔婉粹，不麗於俗，有志於古雅者也。故其號曰古愚，性迂直不屑屑於世。尚客京師，峨冠博帶，遊王公大夫間，一言不及他，獨好論詩文，常瞠目力爭於古，今人毫髮不貸。是故樂與之交，多好古博雅之士。予嘗以世之人，於荒基野冢得布泉、斷碑、蝕鏡、破鼎，以為古物，至疲精力以購之，何其蔽也。如君者非儒林之古物乎，何猶棄而莫之取？未幾，執政者薦於上，擢為

---

〔註55〕　（清）陸心源《皕宋樓藏書志》，《續修四庫全書》第 929 冊，上海古籍出版社 1996 年版，第 479 頁。

國史官，予喜其有得矣。方今太平百年，登歌郊廟，其職可以作爲雅頌，稱述功德，追復商周魯之作，其古莫有加於此者。夫二雅之變可復於正，及其終也，猶出於公卿大夫之爲。君官於國史矣而有志焉，孰不以是期。然山川風土人情物理之宜形於詠歌，而載之此集者，亦足以達古詩人之旨矣，後將有考焉。時致和改元夏六月，陵陽貢奎仲章序。

## 76. 《純白齋類稿序》（致和元年，1328 年）

按：文載陸心源《皕宋樓藏書志》卷一百〇四〔註 56〕，錄文如下：

予自少時從師講道，至呂成公，知其鄉爲浙東之金華。因考其山川之勝，孕秀於人者，非偶然也。稍長，因識喬文惠公諸子，知自穆陵以來，一時文物之盛，家公戶卿雜以權謀聲利相望。若背項然。最後交義烏朱氏兄弟，始得論學術文章，訪問承平往事，則向之里第林園衣冠鐘鼓之區，今皆散而爲郊墟田疃，莽然莫知所在矣。獨成公之學微而愈著，久而益彰，其必有屬於今而淑於後者。及來京師，得胡君古愚，質直明朗，能以辭氣發其精密，而不立偏異以從時，尚有古人之風。又因以知有許益之者焉，於古愚爲友。其人履道力學，恥於干時取民，居環堵之室自樂也。其他俊士輩出，何其鄉之多賢哉。夫山川之氣，有時乎盛衰，而其孕秀於人者則未嘗間斷也。故其人之於道，猶川之於水，泝其源出於山者，演迤汪洋，晝夜混混，以匯於海。其斷溝絕澗，暴盈倏涸，亦豈異夫權謀聲利之於一時也。予所謂屬於今者，其不在二三子乎。古愚以永嘉郡文學，除翰林國史院編修官，需次暫歸。凡朝之名勝咸賦詩以贈，而屬予序。予懼夫山川之勝，亦足以遂安致樂，而損其遠遊之志。不然，處者固以其道自任，而仕者將以行於時，此古聖賢之所以不遑寧轍也。試持予言質之鄉之老人長者，其然乎？其不然乎？時致和元年夏六月，陵陽貢奎仲彰序。

## 77. 許謙（25／1）二篇

### 《絳守居園池記後序》（延祐庚申，1320 年）

按：文載四庫本《絳守居園池記》、陸心源《皕宋樓藏書志》卷七十〔註 57〕。今據《皕宋樓藏書志》錄文：

韓子志樊紹述墓謂紹述有所著書總六十卷，雜文總三百十一篇，詩七百

---

〔註 56〕 （清）陸心源《皕宋樓藏書志》，《續修四庫全書》第 929 冊，上海古籍出版社 1996 年版，第 488 頁。

〔註 57〕 （清）陸心源《皕宋樓藏書志》，《續修四庫全書》第 929 冊，上海古籍出版社 1996 年版，第 113～114 頁。

十九首，今皆亡矣。近世謂紹述文之存者僅一卷，亦未之見也。惟《絳守居園池記》獨傳艱深險怪，殆不可讀，豈紹述之文盡若是，而此篇以拔乎萃而能久邪？以獨奇而爲志怪者所寶，反得久邪？往年余得是文而讀之，強爲之句，而多所未解。及觀吳居正傳補正、趙氏注釋，始得究其名義，然徐而誦之，意若猶有異者，因重句之而疏其說於右方，將復正於吳君焉。愚嘗謂六籍之下，盡文章之妙，正無過於孟子，奇無過於莊周。周雖外於聖人，而其學則自有所本，汪洋自恣之辭，皆以明道，是豈徒尚奇倔而已哉？紹述之辭深已，探其本或未也。雖然，亦豈易至哉？其間有精到之語，皆蕩滌塵滓，採掇菁華，可但以險怪目之乎？文章之法，固不在是，但取其怪以資笑談，亦過矣！延祐庚申四月十日，金華許謙書。

### 78.《讀書叢說自序》

按：文載《欽定續文獻通考》卷一百四十六〔註58〕，錄文如下：

自堯至襄王凡六十五君，堯元年至襄二十八年歷年一千七百三十四，而惟十八君之世有之，以亡書考之，亦惟沃丁、太戊、仲丁、河亶甲、祖乙，五君之世有書十篇耳。自此二十三君之外，其餘豈無出號令紀政事之言？蓋皆孔子所芟夷者。緯書謂孔子求帝魁之書，迄於秦穆，凡三千二百四十篇。雖其言未必實，然有書者不止二十三君則明矣。愚嘗謂聖人欲納天下於善，惟示之勸誡而已。於《春秋》嚴其褒貶之辭，使人知所懼，於書獨存其善，使人知所法。羿浞之篡，夏幽厲之滅，周略不及之此，則聖人之意可見矣。

### 79. 張與材（25／467）《跋梅宛陵干越亭送君石祕校詩》（文題自擬）

按：文載北宋梅堯臣《宛陵集·附錄》〔註59〕，錄文如下：

聖俞詩名爲歐蘇所重，後之人不容覆議矣。獨翰墨見於世者少。其八世孫叔章，能珍藏之。今觀其筆意瀟散，有高人逸士風度。此豈汲汲於聲利者？心畫正爾，豈特坐詩窮耶？

### 80. 王德淵（28／60）《讀書岩亭記》

按：文載明代李汛《嘉靖九江府志》卷十六《詩文志》〔註60〕，錄文如下：

〔註58〕 《欽定續文獻通考》，四庫全書本。

〔註59〕 （北宋）梅堯臣《宛陵集》，景印文淵閣四庫全書第 1099 冊，臺灣商務印書館 1986 年版，第 438 頁。

〔註60〕 （明）李汛《嘉靖九江府志》，《天一閣藏明代地方志選刊》，上海古籍書店 1962 年版。

　　夫古蹟之傳世，因大賢而得名奕世之後。廢興顯晦之不可必，幸與不幸繫焉。幸者如謝公之墩，值荊公而名愈彰。不幸者如李靖家廟鞠，爲楊氏馬廄，遂泯滅矣。彭澤縣尉廨後之讀書岩，其亦幸矣乎？始者前宋時眉人石振字興宗作尉於此，攜其三子就岩讀書。黃太史訪興宗，遂爲親書三字，曰「讀書岩」。當時名鄉賢士大夫題詠旁午，珠璧交映，自宋迄今，兵火不知其幾，遂使弦誦之地委於榛莽之墟。今縣尉和公仲寬來蒞茲境，入居廨舍，按圖經尋勝蹟，剔刷苔蘇，芟刈蕪塞，復舊觀而一新之。又構六角亭於岩之前，志復古也。仲寬廣平儒者，用孝廉舉，起踐仕途。退公之暇，挈其子游憩岩亭，口吟手披，不知老之將至云耳，時年七十四矣。其與興宗、石君異世同符，氣類感召，夫豈偶然也哉。予適奉使弭節，龍興仲寬達書請文其新建之碑。予竊思惟，上行下效，風行草偃，和尉父子既已朝夕讀書，而不敢犯法，人倫明而盜賊息矣。終之犬足生氂，訟庭多草，綠林無警，赤捧不施者，岩亭之功爲不細矣。予又聞古有大人先生，亦有讀書岩，仲寬知之乎？以雲霄爲亭，以星月爲燭，以彭蠡爲硯池，以匡廬爲幾格。卷其帙則爲閉藏之冬，舒其帙則爲發生之春，不敢高誦，恐驚天下之耳；不敢多傳，恐駭天下之目。大小雖殊，其言似誇，無是事而有是理果若是，宜其不然。君其問諸子虛，不識可得一首肯否？恭承來命，作文已竟，又附之以銘，曰：彭澤尉司於江之湄，於山之隈。維石巖巖，讀書有龕。魯直字鑱，前有興宗，後有和公，臭味則同。韜刃卷旌，盜賊清寧。文化大行，後來者誰。修葺爲宜，勿荒勿嬉。江山變遷，亭碑屹然，芳名永傳。

## 81. 趙穆（28／68）《歸潛志跋》（至大辛亥，1311 年）
按：文載陸心源《皕宋樓藏書志》卷六十四〔註61〕，錄文如下：

　　孫正憲公之孫諧，和伯其字者，來訪予曰：「鄉先生劉神川，宏博衍大之士，倡明道學，會金亂，投跡於趙、楊、雷、李諸子之間。厭服名義，守素不仕，以衛中州之氣。文章議論一出於正，遭亂後於鄉有居以自容，扁曰『歸潛』。默然靜學以休息其心，竟抱忘未施而設。生平述作既多，其弟歸愚已嘗編類就帙，曰《神川遯士文集》廿二卷鋟木於世。」先君文莊公分序後進，嘗收先生所著《歸潛志》十四卷藏於家，蓋其言論談笑時事見聞戒勸規鑒，足以備採擇之錄。諧欲繡梓以垂其名於不朽。噫，神川一代偉人，世爲賢獻

---

〔註61〕　（清）陸心源《皕宋樓藏書志》，《續修四庫全書》第 929 冊，上海古籍出版社 1996 年版，第 36～37 頁。

之門，其所志窮理盡性以至於命。進則以斯道濟當時，退則以斯道覺後世，以永聖脈。一時士大夫尊師之人文之盛，實所賴焉。孟子謂：「君子所以教有成德者，有達材者，有私淑艾者。」神川私淑之徒，成德達材，彬彬輩出，懸身雖沒而道不沒也。道寄於文，文傳於世，世傳其文即傳其名矣，夫何憾。茲嗟世道升降，人物盛衰，遼金之間，殆數百年。太史宜有論載，而舊聞闕逸，後有述者無考訂子斯邪。先生諱祁，字京叔，渾源人，神川其自號也。至大辛亥夏五月，盧龍趙穆識其後。

## 82. 陳儼（28／88）《跋梅宛陵干越亭送君石祕校詩》（文題自擬）

按：文載梅堯臣《宛陵集・附錄》〔註62〕，錄文如下：

宛陵公去世二百餘年，今觀遺墨二詩，猶旦暮遇之也，或以爲平淡，或以爲枯槁，惟具眼能識之。惟公生而卒，以詩窮死，然世愈遠而愈增重，雖與日月爭光可也。視當時烜赫者，溘然泯默，不復知爲何人，相去蓋有間矣，亦可謂一世之屈百世之信者歟？寥寥遺響，子其嗣之。

## 83. 揭傒斯（28／383）《何先生集序》（元統二年，1334 年）

按：《全元文》（28／540）錄其《何先生墓誌銘》。尚有《何先生集序》一文，文載何中《知非堂稿》卷首〔註63〕，錄文如下：

何先生諱中字養正，號太虛，撫樂人。父天聲、伯時，皆擢進士第，仕宋稱能官。先生傳綜經史百家，研窮鑽究，不盡通不已。少同郡翰林學士吳先生十七歲，其學常不肯下。吳先生所著《易類象》、《書傳補遺》、《通書問樵訓》等書，皆與吳先生更相發者也。而其書該明廓深，亦後進楷模。其爲詩精深雅粹，可與唐貞元、元和間諸人雁行。其爲文義博而辭達，可遠追作者，早爲翰林學士承旨程文憲公、翰林學士元文敏公所知，而不及薦。最後江西省平章全公能禮而起之。而不及用。以至順二年六月年六十八，先吳先生一歲卒。其門人潘戀以其所著《易類象》二卷、《書傳補遺》十卷、《通鑑綱目測海》三卷、《通書問》一卷、《叶韻補遺》十卷、《六書綱領》一卷、《校補六書故》三十二卷、《知非堂稿》十七卷、《知非堂外稿》十五卷、《樵訓》五卷、《揢頤錄》二卷、《薊丘述遊》一卷，合而題曰《何先生集》。刻傳之而

---

〔註62〕 （北宋）梅堯臣《宛陵集》，景印文淵閣四庫全書第 1099 冊，臺灣商務印書館 1986 年版，第 438 頁。

〔註63〕 （元）何中《知非堂稿》，《北京圖書館古籍珍本叢刊》第 94 冊，書目文獻出版社 1998 年版，第 417 頁。

屬予序。予豈足以知先生哉。觀戀之心，可以知先生矣。元統二年十月，揭曼碩序。

## 84. 虞槃（28／562）《二程遺書後序》

按：文載《二程文集・附錄》〔註64〕、陸心源《皕宋樓藏書志》卷一百一十三〔註65〕。錄文如下：

　　周、二程、張、邵書，予以晁昭德《讀書志》校之，《周子通書》一卷、《明道中庸解》一卷、《程氏易》一卷、《書說》一卷、《詩說》兩卷、《論語說》十卷、《孟子解》十四卷、《伊川集》二十卷、《程氏雜說》十卷、《張子正蒙書》十卷、《漁樵問對》一卷、《信聞紀》一卷、《孟子解》十四卷、《易說》十卷、《春秋說》一卷、《橫渠崇文集》十卷、《邵子皇極經世》十二卷、《觀物篇》六卷、《擊壤集》二十卷，凡十九部，一百五十四卷。所謂《程氏雜說》十卷者，疑即朱子所謂諸公各自爲書，散出並行之一者也。而《遺書》所錄，不見其目，朱子因其先人舊藏，益以類訪，爲《遺書》二十五卷，又爲《外書》十二卷。益多雜說數倍，而雜說固不傳。合晁氏所記，與今所傳續，蓋可見矣。然今所傳本，皆家藏。故書數十年前所刻就，令刻板具在，意且漫漶廢棄不少矣。清廟雅樂，姑以備數，而鄭（《藏書志》作「□」）衛之聲人爭愛之，則此日少而彼日多者，亦其勢然也。近年始有新刻《邵子書》，聞風而起者，或誚爲迂闊且笑之。宜黃譚善心、同邑傅君友諒之同人也，奮然不顧，取《二程遺書文集》刻之，且將考訂《程氏經說》，以次鋟木。槃託中表之好，乃得預聞其說，喜其事之有成，而學者得以傳（《藏書志》作「□」）讀先儒之遺文而不倦。其卓然之見，良有（《藏書志》作「□」）可取。故題其後，以勉同志之士云。蜀郡後學虞槃。

## 85. 王好古（28／596）四篇

### 《祭神應王文》

按：文載《陰證略例》文首〔註66〕，錄文如下：

　　竊以濟世須醫，去疾先藥，論江方海，眩目駭心。人皆於此泥小技作當

---

〔註64〕　（北宋）程顥、程頤《二程文集》，景印文淵閣四庫全書第 1345 冊，臺北商務印書館 1986 年版，第 757 頁。
〔註65〕　（清）陸心源《皕宋樓藏書志》，《續修四庫全書》第 929 冊，上海古籍出版社 1996 年版，第 588 頁。
〔註66〕　（元）王好古《陰證略例》，江蘇科學技術出版社 1985 年版，第 1 頁。

塗，視大經爲何物，及其臨診，莫知所措。況夫病者虛實互見，寒熱交分，氣運加臨，脈候不應，苟或圭黍之差，已有雲淵之失。故有者甚而無者生，輕者危而重者斃，夭橫盈效，冤枉舉世。每憐孑孑之幽魂，誰聽嗷嗷之夜泣，痛矣如斯，心乎不已，耽嗜數年，裒成此集。總前聖之嘉言，爲後學之法則，雖治傷寒，獨專陰例，列古於前，評今於後，區別餘三十條，收拾過二萬字，不必泛天風、徹海波，盡在乎耳目矣！優而柔之，使自得之；厭而飫之，使自趨之。深有望於好生之君子。於戲！欲廣當世，敬以先神，伏冀鑒輝，庶幾綿歷。王好古惶恐頓首謹言。

## 86. 《陰證略例序》（壬辰，1352 年）

按：文載《陰證略例》文首〔註67〕，錄文如下：

聖賢所言陰證，如岐伯、阿衡、仲景、叔和，故已備矣；活人、許學士、韓祗和、成無己，又甚詳矣。後人尚有採擇未精，覽讀有闕，予所以從而次第之；然今之病者，得之有內外之異，或不與經符，合之有色脈之殊，或不與方契，形候相若，似是而非，眾所共疑，莫之能辨，取其如此者，又從而比類之。非簾視壁聽，髣髴未眞也，陰陽寒熱，如辨黑白矣。使醫者不動聲色，蠲去疾痾，免橫夭以無辜，皆康寧而得壽，予所願也。每慮淺識，或有所遺，敬俟來賢，幸爲改正。壬辰歲夏四月初十日，海藏老人古趙王好古序。

## 87. 《湯液本草序》（戊戌，1358 年）

按：《全元文》據四庫本《湯液本草》錄其序。《東垣十書》本《湯液本草》尚有一序〔註68〕，錄文如下：

世皆知《素問》爲醫之祖，而不知軒岐之書，實出於神農本草也。殷伊尹用本草爲湯液，漢仲景廣湯液爲大法，此醫家之正學，雖後世之明哲有作，皆不越此。予集是書，復以本草正條，各從三陰三陽一二經爲例，仍以主病者爲元首，臣佐使應次之。不必如編類者，先玉石，次草木，次蟲魚，以上中下三品爲門也。如太陽經當用桂枝湯、麻黃湯，必以麻黃、桂枝爲主，本方中餘藥後附之；如陽明經當用白虎湯，必以石膏爲主，本方中餘藥後附之；如少陽經當用三禁湯，必以柴胡爲主，本方中餘藥後附之。如太陰、少陰、厥陰之經所用熱藥，皆仿諸此。至於《金匱》祖方，湯液外定爲常制，凡可用

〔註67〕　（元）王好古《陰證略例》，江蘇科學技術出版社 1985 年版，第 1～2 頁。

〔註68〕　（元）王好古《湯液本草》，人民衛生出版社 1987 年版，第 7～8 頁。

者，皆雜附之。或以傷寒之劑，改治雜病；或以權宜之料，更療常疾。以湯爲散，以散爲丸，變易百端。增一二味，別作他名；減一二味，另爲殊法。《醫壘元戎》、《陰證略例》、《癍論萃英》、《錢氏補遺》等書，安樂之法，《湯液本草》統之，其源出於潔古老人《珍珠囊》也。其間議論，出新意於法度之中，注奇辭於理趣之外，見聞一得，久弊全更，不特藥品之成精，抑亦疾病之不誤，夭橫不至，壽域可期，其《湯液本草》歟。時戊戌夏六月，海藏王好古書。

## 88. 《湯液本草後序》（戊申，1368 年）

按：文載《東垣十書》本《湯液本草》〔註69〕，錄文如下：

　　劉禹錫云：《神農本經》以朱書，《名醫別錄》以墨書，傳寫既久，朱墨錯亂，遂令後人以爲非神農書，以此故也。至於《素問》本經，議者以爲戰國時書，加以補亡數篇，則顯然非《太素》中語，宜其以爲非軒岐書也。陳無擇云：王叔和《脈訣》，即高陽生剽竊，是亦後人增益者雜之也。何以知其然？予觀劉元賓注本，「雜病生死歌」後，比之他本即少八句，觀此八句不甚滑溜，與上文書意重疊，後人安得不疑？與本草朱書雜亂，《素問》之補亡混淆，何以異哉！宜乎識者非之，繼而紛紜不已也，吾不知他時誰爲是正。如元賓與潔古詳究而明稱，其中凡有所疑而不古者削去之，或不復注而直書本文，吾不知爲意易曉不必云耶？爲非聖賢之語而辯之耶？二者必居一於此。又啓玄子注《素問》恐有未盡，以朱書待明者改刪增益，傳錄者皆以墨書其中，不無差誤。如《刺熱論》注五十九刺，首云王注，豈啓玄子之自謂乎？此一篇又可疑也。兼與《靈樞》不同，以此經比之《素問》八十九刺何者爲的？以此觀之，若是差別，勞而無益，學者安所適從哉！莫若以《金匱》考之，仲景所不言者，皆所不取，則正知眞見定矣。盧若論血枯舉《太素》云：此得之年少時大脫血而成。又舉子死腹中穢物不消，又舉犯月水入房，精與積血相射，入於任脈，留於胞中，古人謂之精積。元豐中雄州陳邦濟收一方，治積精及惡血淹留，胞冷絕娠，驗者甚多，其意與《內經》相近。烏賊魚骨本治漏下與經汁不斷，茹去淹留惡血，古人用此，皆本草法。予觀方注條云，古人用此皆本草法一句，何其知本哉！以是知軒岐之學，實出於神農也，又知伊尹湯液不出於軒岐，亦出於神農也，皆之一字，至甚深廣也，豈獨烏賊斷汁之一法哉？故知張伯祖之學，皆出於湯液，仲景師而廣之，迄今湯液

---

〔註69〕　（元）王好古《湯液本草》，人民衛生出版社 1987 年版，第 7～8 頁。

不絕矣。晉唐宋以來，號明醫者，皆出於此。至今大定間，潔古老人張元素及子雲岐子張璧、東垣李杲明之三老者出，想千百載之下，無復有之也。何以知其然？蓋當時學者雖多，莫若三老之實絕也。時戊申仲夏晦日，王好古書於家之草堂。

## 89. 滕賓（31／9）二篇

### 《題趙參軍模晉千文》（文題自擬）（延祐庚申，1320年）

按：文載明代汪砢玉《珊瑚網》卷一，錄文如下〔註70〕：

趙供奉所書千文，如謹敕士，不敢毫髮自縱，在繩束外。至今見者為之，斂衽退步。及觀困學翁跋，則如神龍天馬，殆不可羈其間，法度出於自然。噫！此筆亦不可多得矣。我輩何敢仰望下風，因乘興效顰，值子玉千文卷錄以還。延祐庚申夏，五玉霄滕賓拜手。

## 90. 《題宋李公麟畫維摩不二圖》（文題自擬）

按：文載清代張照等編《秘殿珠林》卷九，錄文如下：

天地萬事歸於一，事歸於一萬事畢。佛法如是我如是，德惟一動罔不吉。前翰林滕賓贊。

## 91. 方榗（31／70）《餉吳良貴》

按：文附於其父方鳳《存雅堂遺稿》卷三《牘》（續金華叢書本）〔註71〕。文題下注「輯《吳溪集》」。錄文如下：

壽介艾年，期先桂夕。瓊樓玉宇，翫清影之高寒；羽扇綸巾，想雄姿之英發。於焉胥慶，勿爾獨醒。某末託葭聯，勝欣彩舞。遐祝願齊於崧嶽，微忱式薦於瀟污。仰覬泰包，俯垂謙受。買臣謂五十當貴仕，固有時；莊生以八千為椿，老宜益壯。瀆崇賈戾，原亮是祈。

## 92. 段輔（31／120）《平原阡表》

按：文載明代胡謐《成化山西通志》卷十五〔註72〕，錄文如下：

〔註70〕 （明）汪砢玉《珊瑚網》，景印文淵閣四庫全書第818冊，臺灣商務印書館1986年版，第11頁。

〔註71〕 （南宋）方鳳《存雅堂遺稿》，《叢書集成續編》第132冊，新文豐出版公司1988年版，第578頁。

〔註72〕 （明）胡謐《成化山西通志》，《四庫全書存目叢書》史部174冊，齊魯書社1996年版，第566～567頁。

　　《平原阡表》者，顯考聞過先生大參公卜歲於斯，而其子輔之所立也。嗚呼！輔生十有四歲而孤，又三十年而失所恃。明年，合葬於祖塋之平壟原。又十七年，而輔由吏部授中奉大夫湖廣等處行中書省參知政事。未幾，輔除陝西諸道行御史臺侍御史，乃得遇家拜平原、表神道焉。惟我段氏居晉，世以學行又聞。輔不敏，起家應奉翰林文字三臺，爲御史，凡六除至國子司業，顯考得贈奉議大夫驍騎尉河東縣子，妣魯氏河東縣君。由司業判奉常又三除爲吏部侍郎，顯考進贈中順大夫禮部侍郎上騎都尉，追封河東郡伯，妣河東郡君侍郎。又五遷爲尙書，推恩二代，顯考進贈嘉議大夫禮部尙書上輕車都尉侯，妣京兆郡夫人。祖考亞中大夫東平路總管輕車都尉，追封京兆郡侯，妣梁氏、樊氏並京兆夫人。及輔有湖廣之命，顯考加贈中奉大夫河南江北等處行中書省參知政事護軍，追封京兆郡公，妣京兆郡夫人。祖考贈嘉議大夫禮部尙書上輕車都尉，追封京兆郡侯，妣至京兆郡夫人。口累四封，追榮二代，善積必報，理則然也。輔筮仕始立，年今踰耳順。數十年之所蒙賴，蓋皆先公之教訓，而先澤之所被及也。輔聞先公考而廉內而醇誠，嘗有績參五十斛卻之。四川王運使鼎者遺僮奴二供□圾，又郤之。鼎歎曰：「眞廉士哉！」大父邅菴君蚤逝，哀毀如成人。幼學於叔父菊軒君，菊軒沒，致哀如邅菴。每時祭器用必親拭挫，牢必手薦，曰：「致敬於生前，寧怠於沒後耶？」親在定省，怒言不斥，狗矧敢加僮僕耶？惟恐其不怠也。貌恭言從，心平氣和，道德薰陶，遠近嚮慕，誨人不倦。傾倒篋笈，或語時政，則謝不知。外雖恂恂，中實有守。毫髮非義，確乎不可幹也。族姻鄉鄰，禮意周洽，稱人之善，覆獲其短。成悅服稱，先生不敢。自小犯義，必愧悔，先生得無知乎。家貧，損衣節食，市書萬卷，固而樂之，曰遺子孫是足矣。卒之日，闔郡赴弔，市爲之罷，還葬，執紼千餘人。爲位而哭者，相屬於塗。輔追惟先公嘉言善行不盡傳，而其言可聞、行可見，殆已無幾人之見，輔如見先公。愛輔者，蓋推先公遺愛之及。顧小子輔空空何所知，而蒙賴若此哉。緝先訓之緒，導先澤之流耳。爰卷斯阡，仍圖譜系，刻之碑陰雲。

## 93. 張昱（31／160）《壽聖禪院記》

按：文載《成化杭州府志》卷五十二《寺觀》〔註73〕，錄文如下：

　　西距縣郭五里，俗謂之東庵蓋。雪峰禪師嘗憑此，身光發見，遠近望之

〔註73〕 （明）陳讓、夏時正纂修《成化杭州府志》，《四庫全書存目叢書》史部第175冊，齊魯書社1996年版，第738頁。

以爲回祿，馳往救撲，至則無有，因號爲光明菴。後稍益，謂之光明禪院。熙寧元年，始賜今額。菴後大樹徑數十圍，柯枝蚴蟉，皆南引以覆菴。雪峰手植物也。樹傍古井甘洌，大旱猶供百人，亦雪峰所鑿。然院屋纔數楹，卑陋隘迫，莫能立眾。天聖以來，居無掌人。元符間，僧俗以近縣無禪剎，四方雲遊蔑口袍之所。乃啓官，請仲淵長老主之。淵乃爲之負米乞食，以供緇徒。禪侶雲集，而無精舍止息。積十餘年，始能造像構殿，立三門，建方丈，敞大法堂，增廣庭廡、廚庫、僚舍。造供具創，几榻口用無不備者。華屋、巨梁、修廊、奧室，皆突起輝煥列於泥途草莽，巍然華口，一大伽藍矣。予兩年不至東菴，今日偶復遊之，睹其壯麗宏大，崇廣富備，恍然如化，非復前日東菴也。寺僧雲淵師募檀施口集材植積久告口，乃始經營，故能成以百日，予驚歎賞覽久之，因謂浮圖之祠遍天下，雖三里之域、十室之邑，罔不有窣堵蘭若者。然要之必其山水雄深，林木秀茂。形勝地利既勝，則能華侈廣大，緇徒眾多。不爾，亦荒涼卑陋，名存實亡。余惟白茅黃莞榛棘灌莽，豈有山川形勝地勢風水使然？而淵師特以道力彌興起之，彼所在荒剎弊寺亦豈無僧而榛棘頹圮者。人之不能勝天致然也。今不特山川形勝而獨能宏麗壯大者，天於人欲亦每從之之謂歟？余既嘉淵師之能復年雪峰聖蹟。初無記載。故爲之紀，其本始廢興於方丈之北壁。

## 94. 程文（31／446）二篇

### 《玩齋集序》（至正戊戌，1358 年）

按：文載陸心源《皕宋樓藏書志》卷一百〇五〔註74〕（亦載四庫本《玩齋集》卷首），錄文如下：

方今士大夫號稱文章家，多推宣城貢氏，而泰甫其尤秀出者也。蓋幼聞先翰林公過庭之訓，早受業太學博士，在朝又得與虞、揭、歐、馬諸名賢遊。爵位通顯，故其文章爛然，宏博靡麗，卓邁儁偉，高者可以追配古人，非當時流輩所及也。蓋嘗有《友迂集》，余左丞廷心公序之；又有《玩齋集》，黃太史晉卿公序之，美矣詳矣。今又有《東軒集》焉，徵序於余。夫以先生之文，當時所推重，將不賴二公之序以傳，二公之文章固高一世，猶不賴以傳，況如余之昧昧者乎。是以低佪畏避，而不敢也。雖然，先生脫吳門之難，樓

〔註74〕 （清）陸心源《皕宋樓藏書志》，《續修四庫全書》第 929 冊，上海古籍出版社 1996 年版，第 500～501 頁。

－582－

遲海上者三年，益得肆其學問之功。及丞相迫起之，不得已爲西浙運使，才志又不得以大展，則抑遏隱忍以就筆硯之末，載其道於書，故其陳義之高、屬辭之密，深厚爾雅，又非前日《友迁》、《玩齋》之比矣，是不可以不知也。太史之襧虞卿、韓昌黎之論柳子、東坡海外之文，少陵夔州以後之詩，彼皆有所激而進也。余於《東軒》亦云。東軒在杭之校，蓋所寓也，余非敢序東軒之文也。因東軒之文而有感焉，故書之云爾。至正戊戌十月望，新安程文書於蜀阜僧舍（按：此句，四庫本作「程文序」）。

## 95. 《跋忠勇西夏侯穆爾古蘇公墓銘》（至正己亥，1359 年）

按：文載楊維楨《東維子集》卷三十一，錄文如下：

春秋引天下之譽褒之，賢者不敢私；引天下之義貶之，奸人不敢亂。余讀鐵史穆爾《古蘇傳》，信民之以爲賢賢之，民之以爲奸奸之，此鐵史之春秋也，臺憲者天子之法臣也。法臣不立法，而鐵史立之。嗚呼！悕矣！至正乙亥〔註75〕秋程文謹識。

## 96. 胡助（31／490）《群書會元截江網序》（至正四年，1344 年）

按：文載陸心源《皕宋樓藏書志》卷六十〔註76〕（亦載四庫本《群書會元截江網》卷首），錄文如下：

昔人嘗曰：文以載道，書以紀文。夫道之廣大，非文無以載；文之浩瀚，非書無以紀。故必載之文，則廣大者有所寓；紀之書，則浩瀚者有所歸矣。於戲！自羲皇迄於有宋，歷數千百世。紀事之書，汗牛充棟，欲遍觀歷覽，將不勝檢閱之勞。況窮陬僻壤，求之不得、見之不廣者乎？幸有志道者出，摭拾古今，分類纂集，名曰《群書會元截江網》。謂之會元者，以見其有會歸之地也；謂之截江網者，以見其無遺漏之虞也。嘻！所謂廣大而浩瀚者，一展卷，舉在目前，其惠後學不淺淺矣。惜乎成是書君子不著其名，愚不敢沒其善，故引於端云。至正四年龍集戊寅四月，前翰林國史院編修官東陽胡助識。

## 97. 宋渤（32／9）《跋梅宛陵干越亭送君石祕校詩》（文題自擬）

按：文載北宋梅堯臣《宛陵集·附錄》〔註77〕，錄文如下：

---

〔註75〕　按：至正無乙亥，當是己亥之誤。
〔註76〕　（清）陸心源《皕宋樓藏書志》，《續修四庫全書》第 928 冊，上海古籍出版社 1996 年版，第 660 頁。
〔註77〕　（北宋）梅堯臣《宛陵集》，景印文淵閣四庫全書第 1099 冊，臺灣商務印書館 1986 年版，第 437～438 頁。

前輩文章字畫，無不楷謹精密者，正若平生大節。余嘗見昌黎韓公福先寺下題名，歐陽文忠公《集古跋尾》，司馬文正公《日曆》，東坡《論語解易說》，皆起草時冊子。雖旁注細書，一一端正可讀，至圈改行間，悉可見其先後用意處。今觀梅屯田公自書詩兩章，校其同時諸人，若一軌轍。又用筆作方闊，法李西臺、蔡端明然。

## 98. 杜本（32／47）《松鄉集跋》

按：文載陸心源《皕宋樓藏書志》卷九十六〔註78〕，錄文如下：

右《松鄉集》者，四明任叔實甫所製。詩賦、記序、碑銘、傳贊、雜著之文，總若干卷。其嗣子良爲江淛行中書省理所案牘官，今杭州路太守。任公欲其文之傳於世也，就子良求其稿而刻之。子良謂其先人著述甚廣，而掇拾於散亡殘脫之餘者，未能畢見，其僅存者此爾。趙君仲德素與先人遊舊，故用意哀集繕寫如此，因拓以遺餘，且扶泣言曰：「先人與子夙有文字之契，懽愉憂戚未嘗不相與莫逆也。而先人墓上之木拱矣，始克粗成是集，子宜敘其顛末，以考其成，庶幾先人之志也。」惟叔實甫始自四明山中來杭，倡爲古作者，文辭一時驚猜疑愕怪笑非訕者往往喧雜。獨趙公子昂、鄧公善之、袁公伯長、周公景遠、張君錫、楊仲宏、薛宗海、吾子行、劉師魯交相推譽，以爲柳河東其人也。由是近遠求文著金石者，戶外之屨相接矣，往時怪笑非訕者亦隨以服。余時喜從故都遺老，承問往昔文獻，尤與叔實親善。又嘗從受中易之旨，蓋叔實粹美質直，愛好人倫，有志於當世，以興起斯文爲己任，嘗見其意於《送鄧善之赴史館序》矣。中書左丞郝公以事至杭，見其文之典則淳雅，而制行端實，薦爲安定書院山長，庶使講道，以淑來學，而竟以疾終。若趙公子昂、袁公伯長、鄧公善之繼登詞垣，使叔實而猶存，豈不能與時翁張，日昌其製作之思而相與爲高下耶？是其所謂渾厚博大溫潤清揚者，抑又有非人之所能爲者矣，而不使之鳴。夫國家之盛，乃獨多見於宮祠塔寺琬琰之間，其亦幸託斯文，以爲世雋永，又若謝翱《胡烈婦傳》，能使秉彝好德之心，千載著明，是豈徒作者哉？趙公之銘之辭，所謂木折於山，玉碎於璞，尤知德之士所以深嗟而痛惜也。京兆杜本序。

---

〔註78〕 （清）陸心源《皕宋樓藏書志》，《續修四庫全書》第 929 冊，上海古籍出版社 1996 年版，第 403～404 頁。

## 99. 干文傳（32／67）《嘯堂集古錄跋》

按：文載陸心源《皕宋樓藏書志》卷五十三〔註79〕、倪濤《六藝之一錄》卷十六，錄文如下：

景春沈君居樂圃坊，與余同里閈，且嘗同遊可村賀先生之門。一日過景春所居，出《嘯堂集古錄》見示。嘗試觀之，由秦以前三代之器，若敦槃尊彝鼎鍾甬權之屬，無所不有，每列一器，必摹其款識，而以楷書辨之。刻畫甚精，殆不類刊本。讀之者文從字順，如遊商周之庭而寓目焉，可謂奇矣。坐客皆喑喑稱歎，予謂景春平生寡嗜欲，酷好收書，有別業在閶門，西去城僅數里。景春昔嘗居之，人有挾書求售者至，必勞來之，飲食之，酬之善價，於是奇書多歸沈氏，《集古錄》其一也。昔人有以千金市馬者，得駿骨與五百金，逾年而千里馬至者三。今景春嗜書，與昔之嗜馬者何以異哉。吳中多好古博雅君子，將以載酒肴、問奇字者踵門而來，景春不寂寞矣。曰然，請書之。元統改元十一月廿又六日，吳郡干文傳題。

## 100. 李倜（32／101）《跋梅宛陵干越亭送君石祕校詩》（文題自擬）

按：文載北宋梅堯臣《宛陵集·附錄》〔註80〕，錄文如下：

樊宗師苦心琢句，非韓公不能見知於世。梅都官之於歐陽公亦然，何異世而同軌也耶？仍孫奕芳持公《干越亭》並《送君石祕校》二詩出示，亦可想見其風度矣。諗藏之勿墜。

## 101. 程端學（32／139）《陵陽集序》（至順二年，1331年）

按：《全元文》（32／165）錄程端學《牟清忠公奏議序》。牟清忠公即牟巘，其子牟應復所編《陵陽集》，程端學亦有序。文載四庫本《陵陽集》卷首、陸心源《皕宋樓藏書志》卷92〔註81〕。今據《皕宋樓藏書志》錄文如下：

文者，言語之精華也，因吾道以有傳。然古者文以道傳，後世道以飾文。古之人有是道，然後託於文以達之。道若斯，文亦若斯，故其言約以實，是謂文以傳道，《易》、《詩》、《書》、《春秋》、《論》、《孟》是也。後世不必皆以

---

〔註79〕　（清）陸心源《皕宋樓藏書志》，《續修四庫全書》第928冊，上海古籍出版社1996年版，第580頁。
〔註80〕　（北宋）梅堯臣《宛陵集》，景印文淵閣四庫全書第1099冊，臺灣商務印書館1986年版，第438頁。
〔註81〕　（清）陸心源《皕宋樓藏書志》，《續修四庫全書》第929冊，上海古籍出版社1996年版，第359頁。

其道，亦欲爲文以自見道。若斯文不若斯，故其言支以虛，是謂道以飾文，文士之文是也。然則終不復古乎？復古有道，道弸乎中，不得已而有言，文斯復古矣。故周、程、張、朱數君子者出，而《太極圖說》、《西銘》、《易傳》、《語類》諸書，不在《中庸》、《孟子》下。誰謂文不可復古乎，亦在實之而已矣。西漢之文，道雖不醇，大略言由事發，猶近古也。自餘隨其人品以爲重輕，若諸葛孔明、陶元亮、杜子美、陸敬輿、韓退之、歐陽永叔、蘇子瞻、曾子固數子者，其忠義直諒，磊磊落落，有以自顯於世，而其文亦可相爲不朽。至如司馬相如、揚雄、柳宗元、王安石之流，其聲音步驟蓋亦無媿乎數子。然予不知讀其言者，視其人何如也。由是觀之，傳道之文與天地悠久，其次與其重輕下，此猶榮華飄風，而殫一世之力而爲之者惑也。故元初陵陽先生牟公巘博學實德，爲時名卿天下之書無所不讀，古今典禮無所不考，其源出於伊洛，其出處有元亮大節，故其發於文章，淵源雅淡，從容造理，其法度之妙，蓋有與歐曾並馳而其實則吾道之言也。天下後世當有慕其人而愛其文，誦其文而想見其人者矣。端學自史院歸田，於鄞公之次子、浙東帥府都事應復景陽甫在鄞，出公詩文若干卷，將鋟諸梓，屬端學序引。自惟庸陋生晚於公，無能爲役，其敢贊一辭，然亦嘗登公之堂而識公之容，亦嘗誦公之文於學者所傳，且得交於景陽。悉觀公之著述，非幸歟？敬附一言，以誌予之幸。若公之德業文章，則不待贊也。至順二年八月朔，從仕郎前翰林國史院編修官程端學序。

## 102. 錢良右（32／223）二篇

**《跋宋榻東方畫贊洛神賦二帖》**（文題自擬）

按：文載明代汪砢玉《珊瑚網》卷二十，錄文如下：

右王右軍東方畫贊，唐人歐陽率更得其筆法而自成一家者。大令洛神賦，間以章草，柳誠懸嘗謂子敬好寫是賦，人間合有數本，此其一焉，似不誣矣。故鄉先生海粟王君舊有此二帖，未及裝潢，而先生沒。其仲子東，字起善者，得諸故篋，即成軸以襲藏，是亦以手澤之氣所存，匪特爲古人翰墨之寶也。蘇人錢良右敬題。

## 103. 《元柳道傳貫行書虎丘詩跋》（文題自擬）（至正二年，1342年）

按：文載明代李日華《六研齋二筆》卷二〔註82〕，錄文如下：

---

〔註82〕　（明）李日華《六研齋筆記》，鳳凰出版社 2010 年版，第 123 頁。

至順四年四月六日，侍御王公叔能放船具酒肴，以邀常博柳先生遊西丘，盤桓金氏圓覺院，必待日入而歸。余與遂昌鄭明德實從詩，吾往嘗和之。侍御公歿後數年，先生有待制之命，復由此而北，未久終於官。於是萃其遺，並為一卷，異日其子孫見之，庶知予於先生不忘也。時至正二年十二月廿九日，錢良祐誌。

## 104. 鄭奕夫二篇（32／272）

### 《子淵詩集序》（至正丙申，1356 年）

按：文載陸心源《皕宋樓藏書志》卷一百〇四〔註83〕（亦載四庫本《子淵詩集》卷首），錄文如下：

> 昔唐杜子美於開元大曆間以詩鳴，其忠君愛國之心（按：「其忠君愛國之心」，《藏書志》字闕）一形於言，故後以詩史稱焉。余識同里（按：《藏書志》作「予□□□」）張君子淵於童丱中，知其明敏嗜學，蚤孤，事母以孝聞。後十年，余教授徽饒間，子淵亦漫遊湖海，正諸有道，以擴其所蘊。故其詩章累帙，凡愛親之誠，形之於言。當代清要轉聞於朝，而旌其門。吁！子淵可謂共為子職者矣。然詩之為詩，豈徒然哉。自風雅頌而降，楚漢、魏、晉沿於唐宋，體制不同，各言其志，莫不有揄揚風刺之道焉。今子淵之詩拳拳不忘乎親，志形於言，自有不能已者。子淵雖未能拾一第、承一命以榮其親，獨能以詩彰其母之志節，亦榮矣。然詩之馴駁，固未暇論。其愛親之誠，較子美忠君愛國之心，庸有二哉。觀子淵之詩者，各能興起其愛親之心，則於名教信不為無補也。嗟夫！采詩觀風，其職已廢，他（按：「采詩」以下九字，《藏書志》字闕）日有求忠臣於孝子之門者，捨子淵其誰歟。會稽王君（按：「其誰」以下六字，《藏書志》字闕）良與鋟梓，以廣其傳，余既服子淵之孝於親，又嘉良與能樂道人之善。故書以弁其篇端。至正丙申春三月庚寅，四明安晚後人鄭奕夫景尹（按：《藏書志》作「□」）父序。

## 105. 《跋績溪汪處士屬續所賦如夢令詞後》

按：文載汪晫《康範詩集》後附《康範實錄》〔註84〕，錄文如下：

> 新安康範先生汪公以言行表於鄉，桓圭袞冕之貴，金穴郿塢之富，不可

---

〔註83〕 （清）陸心源《皕宋樓藏書志》，《續修四庫全書》第 929 冊，上海古籍出版社 1996 年版，第 492～493 頁。

〔註84〕 （宋）汪晫《康範詩集》，景印文淵閣四庫全書第 1175 冊，第 593～594 頁。

加乎其身，清矣！不易乎世，不成乎名，而道自達，和矣！終老丘園，守死善道，門人諡之，當代名公卿誄之，謂清不絕物，和不失己，信矣哉！後世名節不朽，子孫保之，唯德之是尚矣夫！鄞川鄭奕夫拜手。

## 106. 馮福京（32／275）二篇

### 《請修昌國州圖志疏》（大德二年，1298 年）

按：文載陸心源《皕宋樓藏書志》卷三十二〔註85〕，錄文如下：

照驗所在路州縣府，皆有圖經，獨本州未曾有作。兼舊縣志板亦無存，其民戶所藏之本已兩次蒙上司搜訪去。訖近本州判官廣行物色牒發到一本，亦將腐壞。若不敦請本州耆儒，因此重行編撰，遂成闕典。除指揮吏房將合照用文卷應副及官吏，各裒清俸，召募工匠，刊造外，須至疏請。即望諸儒，早行撰述，謹疏。大德二年七月日，登仕佐郎昌國州判官馮福京、敦武校尉同知昌國州事張世榮、武略將軍昌國州知州趙伯元、武略將軍昌國州達魯花赤阿魯吏目劉侕祖疏。

## 107. 《昌國州圖志跋》（戊戌，1298 年）

按：文載陸心源《皕宋樓藏書志》卷三十二〔註86〕，錄文如下：

《昌國州志》成於是鄉儒而耆者之編，視舊志寓詳於約，有是事則有是辭。凡異時荒唐繆悠之載，悉皆刪去，而其良法美意則謹書之。子曰：「殷因於夏禮，所損益可知也；周因於殷禮，所損益可知也。」猗歟盛哉！聖朝本三代之仁，是用車書混一，統綱制度以漸舉行。觀是集者，亦粗可知是州之所損益也。志之成，實達魯花赤阿魯□□□□□之力，皆可書。戊戌之秋八月，告朔馮福京跋。

## 108. 馬祖常（32／363）《萬壽橋記》

按：文載明代何喬遠《閩書》卷二《方域志》〔註87〕。錄文如下：

福建平海頭陀，王姓，法助其名。世泉南農家。年十二，為沙門，研窮內典，洞了佛乘，日發猛勇，以畢至願。嘗見濟江之舟，慇惻先知，曰：「是必及難。」止之弗聽。暴颶卒起，舟尋以溺，師又麾娶，縮潮海濱，埭田得

---

〔註85〕 （清）陸心源《皕宋樓藏書志》，《續修四庫全書》第 928 冊，上海古籍出版社 1996 年版，第 353 頁。

〔註86〕 （清）陸心源《皕宋樓藏書志》，《續修四庫全書》第 928 冊，上海古籍出版社 1996 年版，第 355 頁。

〔註87〕 （明）何喬遠《閩書》（第 1 冊），福建人民出版社 1994 年版，第 42～43 頁。

不餂齧。粵閩會城，三面距江，水下自高，亂石錯出，迅湍回沴，旁折千里，匯爲南臺。昔之濟水，浮舟爲梁，連以大緪，洪潦驟漲，緪絕舟裂，民多溺死。師將橋江，以利涉者，命弟子吳道可奏聞。天子褒嘉，詔師成之。於是大姓割財，小夫奏力。閩鹽轉運使王某率屬合治，乃爲墩二十八，植木礱石，腹而基之。工未告竣，師已化去，徒實終卒之。長百七十丈有奇，仍積其贏資，及故端明殿學士王君某捨田歲入，岸南北爲寺。卿史中丞曹公，名橋曰萬壽，寺如其橋名。

## 109. 俞希魯（33／19）二篇

### 《郭天錫文集序》（至正十五年八月既望，1355 年）

按：文載清代陸心源《穰梨館過眼錄》卷十一〔註88〕、端方《壬寅銷夏錄》、《古學彙刊》本《郭天錫日記·附錄》，錄文如下〔註89〕：

　　吾友郭君天錫之子啓，一日捧巨□口門，而告余曰：「此啓先君子文集也。惟不幸棄諸孤時，啓方孩提，未有知。今二十餘年矣。平生著述詩文散失之餘，搜羅箱篋殘編斷簡，僅得若干首，釐爲若干卷，繕寫成帙。而碑陰先友惟先生，倘賜觀覽而敘冠其端，俾得以傳世，則先君子爲不朽也。」余老矣，停雲之思日切於懷，其忍爲君執筆乎，然誼不可辭。吾父韋齋翁與君之父義山先生爲道義交，往來款密，有通家之好。先生年且七十，母夫人尚無恙。余每住堂下，必殷勤話舊相慰籍，壽九十二乃終。君少於余一歲，童丱相從，意氣已相得。然惟以學問相濯磨，戲言相、狎態未始一形於聲音笑貌也。弱冠同試藝憲司，而貢於大府，各版授教官。自是避宦朔南，或出或處，會合之日少，而乖違之日多。故雖居同里閈，而詩歌倡酬見於集中者無幾焉。君身長八尺餘，美鬚髯，善論辯，通國語，倜儻略邊幅，堂堂然偉丈夫也。王公大人見之，莫不竦然起敬，且長於書畫。吳興趙公子昂、漁陽鮮于公伯機、薊邱李公仲賓、房山高公彥敬、曹南商公德符，皆相與頡頏碌碌，余子於眎之若無人。而喜與方外之士遊談空覈玄，往往挫其機鋒，抉其徼妙，山林清餽，踵接於門，一時名聲籍甚。江浙行省嘗奉旨擇能書者，楷寫《大學衍義》以進，君與其選。飲酒有鯨吸之量，醉墨淋漓，信手揮灑，當其得意，脫幘卻立，咄咄自嗟賞，曰：『此不減古人也。』尺縑片楮，得者寶之。延祐甲寅

〔註88〕 （清）陸心源《穰梨館過眼錄》，清光緒吳興陸氏家塾刻本。
〔註89〕 （元）郭畀《郭天錫日記》，繆荃孫、鄧實編《古學彙刊》第 6 冊，廣陵書社 2006 年版，第 3415～3417 頁。

之秋，科舉肇行，君以經明行修，賓興於鄉。次場試《太極賦》，日方午，盤桓場屋間。時憲使佟公伯起實監試梓闈中，望其狀貌魁梧，遣吏召之前，問鄉貫姓名，且曰：「汝賦已就乎？」曰：「已納卷矣。」曰：「汝能倍誦乎？」君應口誦無疑，音吐洪暢，聽者屬耳。曰：「汝能更賦秋暘乎？」君曰：「唯唯。」即授簡，援翰立就疊，疊數十韻，多奇峭語。佟公大奇之，曰：「取士得如此，足矣。」洎揭榜，而君名弗與，蓋考官辟嫌也。繇是文譽益振，後累舉皆不赴。吁！今復有若人者哉！余嘗讀劉賓客《柳河東集序》，謂「三光五嶽之分合，繫乎文章之高下」，誠哉是言也。我朝奄有四海，蟠天際地，悉主悉臣，光嶽之合，亙古莫京。英才碩彥，宜乎出於斯時，使之作為文章，以鳴國家之盛。君生於混一之後，而卒於承平之世，發揚蹈厲，大肆厥辭。氣完而聲淳，調高而格正，煥乎斧藻之彰施，鑒乎金石之考擊，泰和渾厚之氣，藹然溢乎簡冊，誠治世之雅音而盛時之傑作也！惜乎天不假之年，仕不稱其志。使其躋清華，承著作，周旋乎道山延閣，翱翔乎西掖北門，得以闡鴻猷，鋪景鑠則，其可觀豈止如是而已乎？君先世洛水人，宋靖康中避地於茲。自其高、曾、大父，四世相傳，終鮮兄弟。其祖母禱於神，而得君。故其名畀，而字以天錫也。晚年號思退，以自抑其兼人之過。方其教授吳江，辟掾丞相府，人謂駸駸要途，將自此升，而竟弗克壽，年財五十六耳。豈造物者豐其賦予而嗇其設施耶？豈豐嗇有定數而造物者無所容其心耶？抑偶然耶？莫可得而詰也。君三子，曰永、曰肇、而啟其最幼者也，乃能掇拾遺文，汲汲乎思有以傳後世，而光先業，亦可謂賢也已。序而歸之，姑以寓夫朋友之誼云爾。若曰君之詩文藉是以傳，則非余之所敢當也。至正十五年八月既望，儒林郎松江府判官致仕俞希魯謹書。

## 110. 《曾子全書序》

按：文載《曾子全書》卷首〔註90〕，又載汪晫《康範詩集》後附《康範實錄》〔註91〕，錄文如下：

孔子之道，曾子得之而為《大學》。曾子之旨，子思子述之而為《中庸》。道統之傳，於焉攸繫。而《漢志》所載《子思》二十三篇、《曾子》十八篇，今皆不存，後世乃間取大、小二《戴禮》文以相傳會，要非本書也。然二子之嘉言善行，雜出於傳記諸書，寥寥千載，未有能裒而集之、表而出之者。

---

〔註90〕　（宋）汪晫編《曾子全書》，景印文淵閣四庫全書第703冊，第457～458頁。
〔註91〕　（宋）汪晫《康範詩集》，景印文淵閣四庫全書第1175冊，第594～595頁。

新安康范汪先生與晦庵朱子生同時，學同道，肥遯丘園，篤志師古，乃始搜羅匯萃，以成二編，藏於家塾。迨其孫夢斗始獻諸朝，而未克頒行於天下。今其五世孫疇蓋將鋟梓廣傳，以昭先世之潛德，使後學得以稽夫道統之傳，而不惑於世儒之陋。其用心公且溥矣。方今朝廷表章聖學，二子光被綸綍，載建上公，加諡宗述，是編之行，將與《大學》、《中庸》相爲表裏，其於治道豈小補云。俞希魯序。

## 111. 朱象先（33／105）《文始真經出世紀》（至元十八禩，1281 年）

按：文載陳顯微《關尹子文始真經注》〔註92〕，錄文如下：

道行乎教，非文不宣，蓋將以詔眾而傳遠也。故教託文顯，道因教明，三者相須而不可偏廢也。然文有隱見，教實與焉，所以關乎道之興替也。孔子著六經以明道，天下宗之，教已行矣。秦皇出，而儒書焚，文既隱，而教遂熄。漢出屋壁而列之，文既彰，而道乃行。是知文之隱見，即道之晦明也。故夫子有斯文喪未之歎。一皆推之於天，信非人之智力所能及也。我玄元道祖，當周室之衰，將有事乎西征，而關令尹望雲氣知天真至於是，預期齋戒以俟。應兆既至，乃延而師之，受《道德》五千之言。及乎得道，乃祖玄述妙，致大盡精，而著爲是經，將以擴明其教也。按：劉向言：「《關尹子》『隱德行，人易之』」，蓋當時潛德不耀，而教不大行。今以《莊》、《列》二書，考之列子，則見而師之，故多請問之辭；莊子則聞風悅之，遂稱之爲古之博大真人。以二子之高致而推尊如是，其道蓋可知矣。逮秦漢之交，有蓋公者，方異之人，曹參嘗師事之，事見於史。以是書授參，參既用其道，及薨，與書俱葬。孝武復得於方士，又爲劉安匿之。吁！玄聖之書，何鬱多而通鮮邪？豈得之者懼夫漏神泄道，寶秘而爲獨善之計邪？自劉向表進之後，獨見於葛稚川之序目，茲以後，是書遂秘。由晉而來，修文輔教，如陶、寇、王、尹、李、吳、馬、杜諸大師德，所著子集見於藏室者，不啻千餘卷，終未有一言及於是書。

有宋碧虛先生，教法中博贍者也。其注《老》、《莊》，引證百家，無所不至，爲《道德纂微序》，乃曰今之《西升經》，即《關尹子》書也，又《莊》、《列》所引之句是也，或有之而亡也。緣世亡其書，《道藏》失載，故斯億度也。徽皇御極，大弘玄教。政和中，雕鏤藏經九，兩詔天下，搜訪道門隱書，甚至督責郡縣，入進者加以賞。所獲雖眾，而此書竟不出。金源大定初，重

〔註92〕　（宋）陳顯微《關尹子文始真經注》，明萬曆二十七年汪廷訥環翠堂刻本。

陽祖師自秦抵海，倡起全眞，追三代之淳風，續無爲之古教。長春嗣教，詔赴龍庭，陳先王之道德、慈儉、好生之諫，切切而進，妙沃聖心，大加開納，繇是清靜之化，雷動風行，化洽華夷，玄門大啓。長春上仙之後，清和典教，名師高德輔玄翼德者，珠聯玉耀於一時。通都大邑，宮觀相忘，星弁肩摩，霞裾武接，以至深山岩谷，十百爲居，草衣木食，怡然有巢許之風。雖髫童樵汲者，亦皆進德業，談道性，无妄語。一時自教風之盛，自三代而下，未有如此時也。

歲癸巳，有羽客張仲才南遊回，詣寶玄堂，求見於宗師。炷禮畢後，笈出一書，將獻之眾師，目之，題簽曰《關尹子書》。眾猶率然不爲意，取讀之，義奧文古，詞徑閟澀，猶車行螳蛭，觸途皆硋，乃相與鉤索，漸得所指，類推不已，義大昭彰。意至聖而言至希，輕輕然，冷冷然，使人如登虛無之景，遊廣漠之世，不知心跡之俱超也。眾師驚喜曰：「然則古有是書，何絕世無聞？今何從而出？」詰之，則曰遊之楚，得於採山之人，蓋如李筌得《陰符》於石室也。眾乃拜於宗師，訴以得經之由。宗師漠然久之，曰：「時哉！時哉！斯文之出，其天意乎！是書不行於世，蓋千年矣。今天元啓瑞，道化興行，而是書出世者，是其時也。在吾門者，宜自幸自慶生斯時，值聖教探討，服行以致其妙，則聖人雖千古之遠，遇之猶理暮也。」嗚呼！盛哉！非天所畀，其孰能與於此？

是書之出，其異者蓋有三。全眞之教，千百世間，然一出也。此經秘絕亦千年矣，今眞教方隆，秘經隨出，不先不後，同時相值，是一異也。清和典教，蓋三傳矣，不出於前師，如有所俟。正清和典教之年，翻然而出，是二異也。既出，張君即得之，自楚之燕，踰二千里，都無迂墜，直獻於師，如有所使者，是三異也。噫！千載之前之尹書，付千載之後之尹氏，惠然自至，如芥投針。以斯三者而驗焉，蒼蒼之意不遠矣。昔者河出圖，洛出書，六經出於壞壁，故先王之道明，聖門恃之爲高抬貴手。今聖書出於道隆之世，其萬世玄門之高抬貴手乎！

繼而披雲天師刊鏤藏經，即補入藏室，稱爲《文始眞經》，遵太上之命號也。眞常眞人，開置玄學，才俊聚焉，朝講夕演，多及是經。然其詞旨敻異，自成一家，略無《莊》、《列》寓言、駕辯、乘風、夢蝶、傲世等語。自《宇》至《藥》，分次篇目，極有奧旨。章章義異，皆不失篇題。自有書契以來，未有如此書之淵奧也。通玄而致命，知天而盡神。剖五常百行之精微，超六籍

名言之跡；演四句百非之要義，異聲牙詰曲之辭。窮益深，測益遠。若履横杖而浮大海，躡飛葉而遊太虛。葛仙翁模象之語庶幾近之。屢有時彥探微索隱，作爲箋解，然跋前疐後，反爲書玷。抱一子謂咸備天、神、至、聖四者之道。如女嬰龍虎之語，丹道之妙也；鐘鼓舟車之語，禪者之機也；精水神火之語，造化之秘也；小隙小蟲之語，人事之詳也；我寓道寓之語，無言之言也。後學知其一者，不知其二；達其常者，不達其變。明乎空宗，或昧於鍊養；有無俱燭，復疏於治文。故解之者，未名有管中窺豹之誚也。

象先昨遊浙右，得抱一先生所著《言外經旨》。其道眼高明，學問富贍，注文不爲正經文字所束，鼓舞變化，指妙意於詞章之外而不失本旨，故曰《言外經旨》。所謂四者之道，皆盡之矣。其跌宕超詣，出神入天，亦足以超關尹於千載之下。是注也，惟曉於上智，非訓詁之設也。夫是經，大教中不可闕者也；抱一之注，又是經中不可闕者也。經旨既明，則使玄聖之道昭昭乎如天日在上，有眼目者俱得瞻依，所謂教託文顯，道因教明，豈不信歟？

終南山樓觀宗聖宮，即眞人受經結草之地也。人世雖更，山川良是。象先未瞻靈境，心醉聖風，遊之泳之，不知在數千年之外也。因結夏是宮，就出抱一之注，札而傳之，冀乎若道若俗，若智若愚，因經悟道，因道度世，亦不辜大聖慈惠天下後世之心矣。復慮得之者昧知其來，不知尊敬，故敘出世之因，使知爲希有之遇，而不自棄也。凡我同志，其勗之哉！

時至元十八襝歲在辛巳重陽節日，茆山道士朱象先稽首敬拜書於古樓觀之說經臺。

## 112. 宋本（33／214）《普應國師道行碑》

按：文載《西天目祖山志》卷四《碑記》〔註93〕，錄文如下：

禪自少林指心單傳，十一傳而爲臨濟玄，玄十七傳而爲雪巖欽。欽當宋之季而其道明睿光潔，嗣其法者夥矣，而獨得一人焉，曰高峰妙公。妙于欽諸子得法最先，而其道最爲卓絕。後登天目山之西峰，見其山高林深，便卓錫巖石下，書石作「死關」而居之，閱暑寒十七年，不跬步出關外。方是時尊教抑禪，欽由江右召至錢塘授密戒，妙方遺世孑立，身巢巖扃，目瞪雲漢，何止空四海於一睫也哉。十大弟子得兩人焉，一曰斷崖義公，一曰中峰本公。義嗇其用以推揖於本公，故公獨以其道爲東南末法偈。

---

〔註93〕 （明）釋廣賓《西天目祖山志》，《中國佛寺史志彙刊》第 1 輯第 33 冊，明文書局 1980 年版，第 257～262 頁。

公示寂之十二年，當元統二年，天子賜號「普應國師」，仍以師所著書日日《天目中峰和尙廣錄》三十卷，賜之入藏，敕詞臣序於書之首。其徒狀事礱石請於余曰：吾師身棲巖谷，名聞廟朝，仁宗皇帝嘗製衣降詔，一再遣使入山致禮，賜號「佛慈圓照廣慧禪師」。其愛業師子院改升師子正宗禪寺，敕翰林學士承旨吳興趙公撰碑以賜。英宗繼明寵齎如之。逮文宗臨御，師已入寂，賜諡「智覺禪師」，塔曰「法雲」之塔。塔之銘詩並序文，今奎章閣侍書學士青城虞公奉敕撰，恩言寵數可謂至矣。然吾大僧自唐以來有封國師者，降及五季，亦有尊之爲其一國之師者。至於宋有區域，幾四百祀，僧之顯者班班輩出，然未有尊封國師者。今吾師遭遇聖明，遂膺曠典，自非總其實如唐名僧道行碑，則將何以章殊恩、顯異數？敢叩首以請。余謂：名山卿其歿則有碑，蓋因公室禮得用碑以葬，子孫因宜而不去，遂以銘其德行焉。今大沙門尊封國師，其葬雖無竁穴，而其名行勒之金石，孰曰不宜？

謹按《行錄》：師諱明本，錢塘人，姓孫氏。母娠師時，夢無門開道者寄籠鐙其家而生師。師生有至性，既不好弄，而好歌梵唄，結趺坐。年十五，輒然臂持戒誓向空寂。因而閱《傳燈錄》有疑，志在參訣，遂登死關。妙髮長不剃，衣弊不易，孤峭岩冷，未嘗一啓齒而笑，亦未嘗親爲其徒剃落，獨見師便歡然欲爲祝髮，蓋已知爲大器焉。久之，誦《金剛經》，恍若聞解者，師自謂識量依通，雖於義趣無不貫解，然非悟也。已而剃染，給侍死關。天目於東南諸山最高寒，廩粟屋材，非飛挽不能至其上，師晝服力役，夜事禪定，十年脅虞不沾席，後於妙言下機旨洞契。妙以其克肖，書偈付之，俾眾歸之，師益自晦，未嘗肯以師道自任也。然而玉在山，珠在淵，其光氣自不可掩，況審之以諮訣，重之以記莂哉。

至元間，松江瞿霆發，施田建寺於蓮花峰，號大覺正等禪寺。妙將遷化，以寺屬師，師辭。師每謂：住持者必無上大道，其力可以開明人天；夙植福緣，其力可以蔭結徒眾；明智通變，其力可以酬酢事宜。故凡住持，必道爲之體，而緣與智爲之用。有其體而缺其用，雖或化權不周，事義不備，猶之可也。使無其體而徒倚其用，則雖處眾而眾歸，制事而事宜，亦不足言矣。況三者並缺，而冒焉屍之者，其於因果能無懼乎？於是五山缺主席，宰相大臣拜致書幣屢以爲請，師皆力辭。至於窮崖孤洲，草棲浪宿，屏遁其跡而避去之。然而四方學者，北殫龍漠，南極六詔，西連身毒，東窮榑桑，裹糧躡履，萬里奔走，而輻湊赴師者逮無虛日。南詔僧玄鑒，素明教觀，辯博英發，

每日：吾聞大唐有禪宗，使審是耶，吾將從其學；使或未當，吾將易其宗旨而俾趨教觀。由其國來，一聞師言，便悟昔非，洞法源底。方圖歸以倡道，而歿於中吳。鑒之徒畫師像歸國，像出神光燭天，南詔遂易教爲禪，奉師爲禪宗第一祖。

至治三年春，天目山木稼，其徒之老異之。秋八月癸酉，師遂入寂，即山之西岡塔其全身。未歿前一日，遺別其外護並法屬，一一皆師手書。歿之日，白虹貫山。師於是世壽六十一，僧臘三七有七年矣。

余嘗使江南，聞師所至，四眾傾慕，香茗金幣拜禮供養，悉成寶坊，而師一衲一單衣未嘗屬目，人念其豐肌署月臈腐，奉葛衣以絏袢者，師一不以近其體，他可知己。師雖屢辭名山以自放於山林江海，解縢履脫包笠在處結茅以居，一皆名曰幻住。蒲團禪板，晝作夜禪；規程條章，井井森列；儀架愼嚴，如臨千眾。至於激揚提倡機用翕霍，嬰之者膽喪，聞之者意消，而其大致則深。惟世降道離，諸方禪者裨販佛祖，爲可痛心，每謂其教傳佛心宗，單提直指，惡有所謂授受哉，惡有所謂言語依解哉。故師於其教法，欲救其弊而藥其病，師皆以身先之。故師之於物洪纖高下，緩急後先，拒之而不遺，應之而不攜，人徒見其發於悲願眞誠，而不知其一一以身教，而匪事夫空言也。以故當世公卿大夫，器識如敬君威卿，清愼如鄭君鵬南，才藝如趙君子昂，一聞師之道固已知敬，及接師言容，無不歆慕終其身。江浙丞相脫歡公最號嚴重，讀師法語，便斂袵望拜。高麗沈王以天屬懿親，萬里函香，登山拜禮，起謂人曰：吾閱人多矣，未有如師福德最勝者。獲師開示，涕淚感發。於戲！師躬己以究其道，豈有毫髮於世意哉。然而其名不行而至，不道不言而信，自非行解相應，聲實一致，允克當於師之位，永久益章而弗昧者，抑亦何以致此哉。乃爲銘詩，傳之其徒，昭示不朽。若師所著書，其目見塔銘，茲不書。詩曰：

天目於山擅弘賁，兩峰高盤帝青雲。孤禪行坐虎豹群，延敵死關駐孤軍。禪機觸著身火焚，濯以甘露洗垢氛。有幻一人奪鼓旗，正令一下千驪馳。定目不睹轅門麾，摩尼寶王焰輪持。如日始出榑桑枝，光雲照耀千須彌。崩騰轇赴無中邊，百舍重趼走莫前。來者駴汗命發縣，幻以爐錘烹金鉛。其出躍治流炎煙，不缺則折非龍泉。乃復煆鑄而煉烹，奚肉爾骨死以生。醍醐上味投寶鉢，蕊香珠幢帝綱纓，一一芬馥而光明。問師何由執神樞，一切入一亦無餘。陰裨國程鞏皇圖，天子南面味道腴，五朝恩光鬱扶輿，號尊國師章異

恩。賜書入藏開蒙昏，揭若日月行崑崙。又如大海涵乾坤，俾人盡證毗耶門。
正宗的的萬子孫，億劫師言應長存。

### 113. 吳師道（34／1）《絳守居園池記後序》（至順三年，1332 年）

按：《全元文》（34／111）錄吳師道《題樊紹述絳守居園池記後》一文。吳師
道另有《絳守居園池記後序》，見錄於四庫本《絳守居園池記》、陸心源《皕
宋樓藏書志》卷七十〔註 94〕。今據《皕宋樓藏書志》錄文：

　　泰定丁卯，予在宣城得趙氏注《園池記》刊本。大德中，知晉州日，翰林
徐公琰閣公復所爲序引者，讀之與向所見抄本多異。凡予所欲補正者，往往增
改，而猶恨其有未盡也。因以其本復加刊定。篇中諸亭名，元注未之考。向略
考見其端。而許君按據文勢，辨正條理，悉以圈抹著之，皆與今改注合。竊伏
精鑒，俾存而弗削焉。吁！自予始校此文，逮今二十年。參之見聞，屢經竄易，
計今尚未得爲定稿也。區區者猶若是，況乎聖經賢傳之奧，而欲以一見了之，
不亦舛乎？並書以自儆。至順三年歲次壬申十一月二十二日，吳師道識。

### 114. 許善勝（35／150）《中州啟劄序》（大德辛丑，1301 年）

按：文載張金吾《愛日精廬藏書志》卷三十五〔註 95〕、陸心源《皕宋樓藏書
志》卷一百一十七〔註 96〕，錄文如下：

　　古者奉咫尺書，所以達萬里之心也。故書謂之簡，簡謂之畢，初非耀文
貢佞之具。觀先秦《答燕》、《上秦》二書，西漢《賜南粵》一書，明白惻至，
洞見肺腑，要是去古未遠，風氣使然。是時豈有作書之法哉？逮及前輩，猶
能倣傚古意，上貽書於下，下獻書於上，非言古今理亂之故，治道翕張之機，
則相與切切。然圖當時之務不，專以頌也。朋友尺牘之酬酢，必口義理修齊
是究，以至親戚音問之交往，直述父兄安好冠昏喪祭等事，無綺語，無泛辭
也。流俗日靡，士大夫從事書札，扶疏茂好以爲巧，裁穠翦纖以爲工。高者
自謂陳言之務去，卑者直欲盡平生之諂，以希分寸之進。昔止稱「啟上」者，
輒「再拜」，昔止稱「再拜」者，輒「百拜」，繁文縟節，未易毛舉，於是書
不復古矣。噫！昌黎公上宰相三書，猶不免好議，論者責備，況其他乎？江

---

〔註 94〕 （清）陸心源《皕宋樓藏書志》，《續修四庫全書》第 929 冊，上海古籍出版
　　　　社 1996 年版，第 114 頁。
〔註 95〕 （清）張金吾《愛日精廬藏書志》，上海古籍出版社 2014 年版，第 725 頁。
〔註 96〕 （清）陸心源《皕宋樓藏書志》，《續修四庫全書》第 929 冊，上海古籍出版
　　　　社 1996 年版，第 632～633 頁。

西省檢校掾史吳君仁卿裒中州諸老往復書尺類爲一編，凡若干卷，輒己俸鋟梓，徵余言。余曩綴僚翰苑，於玉堂制草中獲睹諸老所作，每起而曰：「此穀粟布帛之文也，豈後進所可窺其藩。」若今仁卿所編，則未之見。一旦盡得而讀之，體制簡古，文詞渾成，其上下議論，率於政教彝倫有關，五雲體何足言哉？當諸公作書時，不過抒吾情，達吾意，豈計其文之傳後。而後之觀者，如見諫議面，於數十載之下，風流篤厚，典刑具存，矯世俗之浮華，追古風於邈遠。然則仁卿此編，豈曰小補？仁卿，名宏道，金臺蒲陰人也。歲在大德辛丑四月朔，承事郎江西等處儒學副提舉許善勝序。

## 115. 周應極（35／274）《疊山先生行實》

按：文載謝枋得《疊山集》卷十六〔註97〕。又載平步青《霞外攟屑》卷六《玉樹廬芮錄》，稱「不言何人所撰」。今據《疊山集》錄文如下：

　　謝枋得，字君直，號疊山，信州弋陽人。登宋寶祐丙辰第。甲子，校文江東，發策十問詆時政，安置興國軍。乙亥，除江東提刑。累遷至江東制置使。土（按：《霞外攟屑》作「吐」）軍攻饒，拒戰安仁，敗。宋德祐元年冬十一月任江西招諭使，知信州，又敗，棄家入閩。丙子二年春正月，元兵入信，鏤銀榜根，捕執枋得之妻李氏二子一女送江淮行省，拘於揚州獄中。母夫人以老病得免，李氏不屈死於獄中，惟二子熙之、定之得還。元至元戊子二十五年夏四月，召宋故臣謝枋得，力辭不至。時帝訪求南人有才者甚急，御史程文海、承旨留夢炎交章薦之，尋有書上程雪樓。秋九月，參政魏天祐執枋得北去。先是枋得由建陽唐石山轉入蒼山等處，朝遷暮徙，崎嶇山谷間，竟得脫。至元甲申，黃華平大赦枋得，乃出得還，自寓於茶阪，設卜肆於建陽驛橋，榜曰依齋易卦，小兒賤卒亦知其爲謝侍郎也。至是，天祐朝京將載枋得。後車遣建寧總管撒的迷失伴召枋得入城卜易，逼以北行，以死自誓。知不可免，即不食。有上魏容齋書。己丑二十六年夏四月，故宋江西招諭使知信州謝枋得至燕死之。初，參政魏天祐逼枋得之北行也，與之言，坐而不對，或嫚言無禮，天祐初甚容忍，久不能堪。乃讓曰：「封疆之臣，當死封疆。安仁之敗，何不死？」枋得曰：「程嬰、公孫杵臼，二人皆忠於趙。一存孤，一死節。一死於十五年之前，一死於十五年之後，萬世之下皆不失爲忠臣。王莽篡漢已四年，龔勝乃餓死，亦不失爲忠臣。司馬子長雲死有重於泰山，

---

〔註97〕　（宋）謝枋得《疊山集》，四部叢刊續編景明本。

輕於鴻毛。韓退之云蓋棺事始定。參政豈足知此？」天祐曰：「強辭。」枋得曰：「昔張儀語蘇秦舍人云：『當蘇君時，儀何敢言？』今日乃參政之時，枋得百口不能自辨，復何言？」枋得不食二十餘日，不死，乃復食。將行士友餞詩盈幾，張子惠詩云：此去好憑三寸舌，再來不直一文錢。枋得會其意，甚稱之，遂臥數月，困殆。四月初一日，至燕京。初五日，死於驛。子定之護骸骨，歸塟於州。枋得平生無書不讀，爲文章高邁奇絕，汪洋演迤，自成一家，學者師尊之。所著有《詩傳注疏》、《易說》、《十三卦取象》、《批點陸宣公奏議》並《文章軌範》行於世。

## 116. 李存（35／283）二篇

### 《薈蕞叢述序》（延祐丁巳，1317 年）

按：文載張金吾《愛日精廬藏書志》卷六〔註 98〕、陸心源《皕宋樓藏書志》卷十〔註99〕錄文如下：

異時經義聲律之學之盛，凡一題之出、一卷之入，則主司舉子將相與角其藝於拔新領異之域。彼以難窮人，此以巧應敵，日長月盛，顧亦安所底止哉。一變而閣束者四十年，亦其勢之所必至者也，晦翁固言之矣。嗟乎！自表章之詔下，而《四書》之天定矣。自吾幼時亦惟聲律是習，方其汲汲於斯也，日不暇給，於《四書》乎何有？當是時，爲子弟而十五六之問，弗此之成也，則父兄觖焉，朋友弗齒之矣，此豈有《四書》歲月哉？余於是愧焉多矣。今余以場屋陳人，儌幸昔者之一試而得與渝之士遊也，亦天也。爲妍爲傑，往往於季課間得之，如月西蕭君南金，蓋妍傑之迭見者也。及盡觀其平日所爲經疑類，皆簡明峻潔，本乎朱說，而以己意貫之，蓋邃於《四書》者也。而他文稱是，其用心亦勤矣。且吾聞君甲寅賓興之初，嘗貢於鄉，既而以漏字黜，識者憾焉，君獨益自屬弗替。嗟乎月西！吾何足以知君，吾所知者有《四書》之天在。延祐丁巳中秋前三日，長沙李（《皕宋樓》作「季」）存〔註100〕謹書。

---

〔註98〕 （清）張金吾《愛日精廬藏書志》，上海古籍出版社 2014 年版，第 99 頁。

〔註99〕 （清）陸心源《皕宋樓藏書志》，《續修四庫全書》第 928 冊，上海古籍出版社 1996 年版，第 121 頁。

〔註100〕 瞿鏞《鐵琴銅劍樓藏書目錄》卷 6 著錄舊鈔本《四書待問》二十二卷，云「元蕭鎰編並序。又李存序。鎰，字南金，事蹟未詳。所著又有《薈蕞叢述》，即見是書中」，亦稱李存。（上海古籍出版社 2000 年版，第 159 頁）

## 117.《薈蕞續抄序》（至治新元，1321 年）

按：文載張金吾《愛日精廬藏書志》卷六〔註101〕、陸心源《皕宋樓藏書志》卷十〔註102〕錄文如下：

余在渝，蓋嘗讀月西之文而寄吾意於編末矣。又三年，月西書來長沙，復徵余敘言其續稿。嗟乎！月西其以余眞足以知君哉。自聖門稱顏子問寡、問不能，而後世之學者知義理眞無窮、物我眞無間，而爲學之律令格例始定，此其爲百世之師也。月西其聞風而興者歟？吾愧君多矣。淮陰侯功蓋一世，而北面師其人，此亦人道之常，顧今人弗能耳，吾何敢以爲月西多？自吾少時，嘗有志於上下四方，弱冠之際，先老猶多在，而荏苒歲華，怵惕世故，自墮其身於空荒晻靄之域，以至此幽閟無聊。薜荔可者一笑，則撫髀浩歌，擊壺欲缺，反成狂疾，亦徒爲旁觀怪驚而已。吾知月西善學，不以功名有無動其心，惟知天理之當盡；吾知月西眞能學顏子之學，而爲僕者當虎帥以聽；吾知月西用意千載之上，而（此處，《愛日精廬》闕十字、《皕宋樓》闕九字）者，不足貴月西之文，固當自有知者。余之卷卷斯言，所以表君意之古，而凡學者當如是也。至治新元上巳，邵陵冷掾李（《皕宋樓》作「季」）存謹書。

## 118. 張天英（35／316）四篇

### 《至正石塘記》（至正七年，1347 年）

按：文載明代張國維《吳中水利全書》卷二十四〔註103〕，錄文如下：

吳江居具區上游，昔吳郡也。其地濱太湖，故築堤塘以爲保障。唐穆宗朝，刺史王仲舒爲橋以達其道路。宋紹定間，提刑吳淵命、知縣李椿重修之。自版圖入國朝，以民眾升州，又五十餘年矣。州長諾海公至州之明年，乃謀諸僚友曰：「爲政莫大於安民，安民莫急於水。患絫長橋，而南至於平望，延袤四五十里，風濤衝激，日夜無休。時置郵慮危，官具修以數則，民多蒙其害，予甚欲然。將築以厚完之，必鎭之巨石，然後可。」對曰：「斯塘之爲民害也久矣。或巨浸颶風，小石皆爲之漂蕩，官日修治，因循塞責，朝壘夕傾，皆虛其費。自省郡及州之官屬，往往有志於斯，卒無成議。今賢侯爲吾父母，

---

〔註101〕（清）張金吾《愛日精廬藏書志》，上海古籍出版社 2014 年版，第 99～100 頁。
〔註102〕（清）陸心源《皕宋樓藏書志》，《續修四庫全書》第 928 冊，上海古籍出版社 1996 年版，第 121～122 頁。
〔註103〕（明）張國維《吳中水利全書》，景印文淵閣四庫全書第 578 冊，臺灣商務印書館 1986 年版，第 906～907 頁。

有子民心，以化其下下之人。曷敢不竭忠以報？方今朝廷弛佛者力，役使出財，以助里胥，眾皆義公之為，願盡輸其財，以樂成公家事。使我子孫將為無恐矣。」公大喜。知州孫公嗣遠聞之，亦喜，而贊相曰：「嘗聞佛者以善誘人，而信從者眾；以官府使民，民勞而功半。」公然之。遂招致空山、小山、清溪、獨芳四僧至堂上議，皆稱善。命胥三人曰謝珍、俞立、陸文彪，掌其財用之出入；吏二人曰何宗善、劉景泰，掌其工事材器之名物，而書其數。凡日成月要及執事者，以聽於四大士焉。明日，祭白龍祠下，卜人占之，曰：「吉。」即經始，實至正六年四月也。昔公治湖州事，知彼官有餘石，乃聞於省府，命給與之，凡三千餘版。於時天無淫雨，水不揚波，五穀亦大熟，況吏廉而司會計者公無私。四人又篤行其道，不避寒暑，與百工分其勞，市價傭值，均給無少損，是以群公無不盡其心力者，總其費為鈔八千餘錠、石之工五萬四千，佐其役者倍之。塘基崇文其廣丈四尺有奇，其修一千八十丈，相其地勢輒城水竇，以疏橫流，凡為竇一百三十有六。眾皆驩然曰誠亙古未之見也。既訖工，復搆室道周，曰丁亥安居有道，行者以守置田若干畝，歲積其入，以為後人營繕計，令不費官，不役民，農不違時，有司不煩其政，田裏人不知有隸卒，而大事克成，以為長久之利，使人人履坦道而躋春臺。微明公善政，何能致若是哉？七年春二月落成，立石門於南浦亭之南。鄉表之曰：至正石塘，所以識年號，從民望也。是日，公大宴賓客，官屬與百執事百工賞，與有差文武奔馳咸歌詩獻酒，以為公壽。且曰：天將成一代之偉績，必生一代之偉人，吳江公偉人也。上世高昌氏，父祖皆社稷臣。公自中書舍人，提點資乘庫，出治中興郡，今為是州。烏乎！石塘萬古，當與吾侯之名同萬古也。咸願刻石，以彰厥美，而繫之以歌曰：震澤之陽兮吳江之州，雍熙之世兮逢此賢侯。受天之祿兮憂民之憂，視民如子兮爰始爰謀。易險以正固兮周道孔修，行道之人兮罔弗悅懌。民今無患兮繫吾侯之力，蛟龍在淵兮母齧我石，垂千萬歲兮纘禹之績。至正七年，開城州判官張天英記。

## 119. 《白雲稿原序》（癸未，1343 年）

按：文載朱右《白雲稿》卷首〔註104〕，錄文如下：

《白雲稿》者，朱君伯賢之所作也。伯賢，天台人，名右，父母具在，日望親舍白雲，託於賦詠，故因有所稱焉。伯賢幸臨，既坐定，出一編授余。

---

〔註104〕 （元）朱右《白雲稿》，景印文淵閣四庫全書第 1228 冊，臺灣商務印書館 1986 年版，第 2〜3 頁。

盡讀之，《弔賈生》瑰奇類賈生，《利澤碑》、《震澤賦》，雄健有西漢風。讀詩感興，當不在魏晉下。至若讀史論議，雖當世宿學，弗過也。乃今得知君之學，有所師，皆合乎古之道。凡古之道，不得以行於今者，亦足以傳於後，今信然。數稱譽於人，曰：「吾欲以博學識字，求若伯賢者蓋鮮，況其德操風裁，又孰與伯賢齒。竊爲有司惜之。」知者謂然，不知者反相謂曰：「方今以明經取士，爲儒者先字且不暇識，何暇工古文辭爲？朱君明經士也，古之道其果能之乎？」余曰不然，是非而等所知也。昔者周制教民三物，三年興其賢與能者，漢因之，舉孝廉、舉茂才。至唐乃有明經、進士、宏詞等選，選寖多而儒道寖以湮沒。然而自古聖人賢士教人爲爲己之學，何嘗教人爲學以爲廩祿哉？吾聞道窮則變，物盛則衰，譬猶漢之文章、晉之字、唐之詩，此固其時也。顧亦在乎人之去處何如耳。余始居吳，見伯賢鄭宗魯所。宗魯善伯賢，溫雅有持，吾已存諸胸中矣。是後伯賢復如建業，從李季和遊，留歲餘，周覽故都名山大江之勝，其所與接盡薦紳先生。余益以奇之。此二人者，吾友也。鄭君死，季和歸，老其家，吾亦將隱矣，又及與伯賢友。蓋亦有所自歉。尙章協洽歲孟夏，清河張天英序。

## 120. 《湖光山色樓記》（己丑，1349 年）

按：文載元代顧瑛編《玉山名勝集》卷下〔註105〕，錄文如下：

前十載秋八月，余嘗登群玉之山，遠見太湖西南下，繞陽山海虞麓流，東匯爲陽城湖。湖之上有大林壑，神秀融結，是爲界溪，隱君子顧仲瑛氏居之。是時，余一至焉。今八月，又一至焉。會稽外史出蕭客爾（按：爾，四庫本作「延」，點校本失校），客入，坐小東山。未幾，由西階過別墅，上芝雲堂。主人與客道故舊，歡甚。坐定，作而曰：「吾有湖光山色樓，欲得子文以記之久矣。子今來毋容讓。」於是外史進客樓上，見所居三代漢唐禮樂之器，典墳經史諸子百氏之書，有古人氣象。至若草堂、書畫舫、浣花之亭，與夫山玄水蒼之石，皆列之左右前後。其地宜植物，異卉珍木，樹之無或不良。麋鹿羽鱗之屬，罔不畢致。日與賢士大夫宴遊其上，憑高四望，清氣逼人，三山十湖，宛收在目。余謂：「凡爲天地間得其氣之清（按：清，四庫本作「盛」）者，莫山水若也。水生於天，天氣又與山接，亦未始不因人而得之

---

〔註105〕 （元）顧瑛輯，楊鐮、葉愛欣整理《玉山名勝集》，中華書局 2008 年版，第192 頁。（按：點校本以明代朱存理校補鈔本二卷爲底本，此文見錄卷下。四庫本錄於卷三。）

者也。宋蘇文忠《西湖詩》作，而湖山之氣益清，安知後五百載湖山之勝不在彼在此矣。」客既醉，屬余歌，以爲壽。歌曰：山蒼蒼兮水溶溶，月皎皎兮群玉之峰。仙子不來兮吾將曷從，仙子既見兮我心則降。歌既畢均，請誌之於石。是年蒼龍集屠維赤奮若。外史爲神仙中人，姓於氏。余則承華書客、清河張天英也（按：『是年』至文尾，四庫本作「清河張天英書」）。

## 121. 《吳江州官題名碑記》

按：文載明代錢穀《吳都文粹續集》卷九，錄文如下：

張天英在昔官府書聯事之姓名者，所以記歲月、識臧否、重黜陟、垂不朽也。凡爲天子，吏天下之民，休戚繫焉。吏循則民安，吏酷則民病，吏廉則民阜，吏貪則民窮且敝。吁！可畏也哉。元貞朝，制升吳江縣爲中州，秩正五品，官六人。當是時，已嘗樹題名之石於廳事矣。五十餘年，人物同異，千古之下，毀譽隨之，昭昭然其不可揜也。夫有官守者，可不愼與？高昌諾海公長是州，有德政，官當遷，乃伐石刻名如前人故事，俾來者知所勸懲云。至正七年四月吉旦，清河張天英記。

## 122. 張起岩（36／73）《崔榮墓碑》

按：政協章丘市文史資料研究委員會編《章丘文史集粹》〔註106〕有《崔榮墓碑》一文，中載清道光十三年《章丘縣志》載：「元延祐七年，大水，壞田廬。張林市（今張家林）崔榮捐粟六百四十斛賑災。」故而崔榮死後，張起岩寫此碑文。當時張起岩任翰林待制、奉議大夫兼國史院編修官，書於「元泰定二年歲次乙丑夏四月庚辰朔日」。碑文云：

居士諱榮，字壽甫，爲人慷慨，敏達有斷。書不甚讀，不事文章之藝。論及吾道異教之辯，談鋒伺隙銳進，紛紜盈座。居士旁觀默默，若無意於可否者，然每終講無倦色。又語人曰：「吾聞同庚語，雖不解，心喜之。」余與居士同日生，先八時也。一日，疾病，日已夕，集裏人有年德者列坐。命長子公綽前立，目有年德者，強出聲曰：「吾病不起，此兒性怯少斷，諸君幸扶之，無爲兒女子誤。方今暑甚，不可諱時，不可如世俗傲，衣服盡被吾體，單衣、布衣各一襲足矣。浮屠老子氏其徒勿延致。」目公綽曰：「如違，即不汝容。諸君實見之。」語甚厲，語訖，弟通甫至，目之曰：「吾聲不可出，諸君代余言。」通甫受迄，進曰：「謹諾，敢不敬遵吾兄命？」居

---

〔註106〕政協章丘市文史資料研究委員會編《章丘文史集粹》（上冊），第350～351頁。

士又目有年德者曰：「諸君實見之。」明日平旦卒。吁，居士可謂特立獨行者也。人之際死，往往有乞憐欲生之意，不惟二氏之法、人之過敬淫祀之至，鄙者亦時禱之，惟恪焚楮，贊薦羊豕，傾貲無惜，欲庶幾萬分之一，猶免此世俗之見，如洪河下注，無僅之之日。欲斯民知為善，所向難矣哉。人心斷喪，風俗澆偽，德兆凍餒，日甚一日，職此之由，使賈王傳知之，其為太息，痛哭者何如？居士乃能屹立於下注橫流之中，可不貴乎？號為士大夫者，無書不讀，僅不能拔出世俗之見，不能如居士之斷，聞居士之風能不有感於心乎？居士始病，不肯飲藥，語親友曰：「吾病不可起。」諸君弟觀之。餘脈之，亦為居士憂。居士知死無所畏，不作可憐之態，謂於吾儒之道無所見，可乎？昔李初平先生年老不能讀理書，日聽濂溪夫子說，乃聞道。余與諸生自誦朱子注述、周程之言，居士每聽之有契於心乎？然則讀書之法不貴多，所貴得其要領者也。居士其庶幾，人皆可以為舜堯，可不信諸？公綽治喪一遵朱子家禮。家人信俗議，力欲異之。公綽感父言大慟頓絕，仆地，家人始從公綽議。居士可謂賢父，公綽可謂孝子，余故表而出之。居士考諱聚，妣趙氏、耿氏，生子男五人。長諱成，字國瑞；次諱順，字善甫；次居士；次名顯，字通甫；季諱璋，字潤甫。居士娶張氏、施氏、王氏，生子男四人。公綽、公愷（御史臺知班）、俱張出；公儀施出；公恪王出。孫男四人，守訓，樞密院宣使。余幼女二人，長適前衛親軍副都指揮使張公之子元矽，余幼裏繫之詳具於翰林學士承旨劉榮祿大夫中庵先生塋記。居士席先世業，以勤節自勵，增厚性長者有父風，周窮郵匱旁及疏遠。潤甫先卒，撫養遺孤三人如己出。既冠，婚娶如禮。里閈貧者有喪，輒捐楮鏹濟之。負楮鏹數千緡者襄甚，久未償。居士偶至其家，負者惶懼，居士即笑曰：「吾之來，非責償也。」負者稍安，歸即壞其劵，其餘負不能償者皆然。延祐七年大水，壞民田，山東乏食，部使者督州縣勸施，巨室皆難之。居士慨然有出粟六百四十斛，輸有司賑之。有司為之薦名於朝，表其門閭。居士綽然孔北海之風，客過無虛日，燕飲達旦者為常事。家人化之無倦色。泰定改元夏五月十日卒牖下，享年六十九歲，八月初八日葬於所居張林市西里許先塋。余銘之，俾公綽刻石於阡云。銘曰：凜凜之決兮大丈夫，視死如歸兮心古儒。淫祀畏死疾兮盍鑒諸。

### 123. 貫雲石（36／190）《道隆觀記》

按：此文見載元代袁桷《延祐四明志》卷十八《釋道考》〔註107〕。羅忼烈先生曾撰文《貫雲石的佚詩佚文——補〈貫雲石作品輯注〉》論及〔註108〕。茲錄文如下：

聖朝元仁大德，撫四方，興三教，各有恆致，以不失所爲上。至元間，河西祝髮氏楊永福總攝江南僧政，而其玩服子女飲食起居，悉簠諸僧之罄而越取。凡唐宋所額宮觀，稍似豐厚者，以己力經爲佛寺，梵其士，金其像，火其額，不下千百所。嘗又羅織入罪，繆道士凡三四人，由是此流背玄門趨金教者甚眾。永福坐法後，前所額宮觀歸其教者，纔一二耳。余嘗觀諸所在，既歸而復爭者，蓋不得其官；既安而不葺者，蓋不得其人。所不葺者乃人，鄙所復爭者乃官貪之故也。延祐第四禩春三月，余遊海上，艤舟昌國之頃，搜奇訪古，惟以進士倅是郡。干文傳偕余遊此，環觀所謂聖母池者再，復登後之翁山，周而視之，雲水互碧，明晦交錯，唯意在而身亡也。壯哉觀！余又不捨而勤顧，似非老氏室，亦非浮屠。嘗試問之有道士蔣君明善，起而應曰：「始自汴宋哲宗元符三年，前祠東嶽聖帝，後以道院奉朝昏。徽宗宣和初，是邦守樓異請額於朝，賜道隆觀。皇朝至元二十又六年，道士陳可尚附楊炎，斷髮緇衣，亦歸佛氏，遂以觀爲寺。至大四年春，明善愬之有司。天道好還，復仍其舊，扶顛補弊，規制粗立。今先生之來，可謂大遭也。願爲文記之。」余求郡志按之然，就官僚詢之然，即耆宿審之然。嗚呼！變其人而道存，取其物而理在。昔也彼以人勝，吾以物奪，非奪吾之吾也；今也吾以人還，彼以物棄，亦非棄彼之彼也。老子貴無爲，尙清淨，吾與彼其有辨邪？其無辨邪？且吾聞是州浮屠之居溢三十，老氏僅一區，使胥而爲浮屠，則老氏之教不幾息。明善清修強敏，能事其事，其不葺固非吾憂。後之官守能不貪，則能使無煩其不爭審矣。自今焚修不懈，祝聖壽之無疆，明善勉之哉！

### 124. 彭寅亮（36／340）《元嶧州牧蔡公碑》（天曆三年，1330 年）

按：據《光緒嶧縣志》卷二十四《碑碣》錄文〔註109〕：

---

〔註107〕（元）袁桷《延祐四明志》，景印文淵閣四庫全書第 491 冊，臺灣商務印書館 1986 年版，第 647～648 頁。

〔註108〕羅忼烈《兩小山齋雜著》，中國和平出版社 1994 年版，第 224～226 頁。

〔註109〕（清）周鳳鳴修，王寶田纂《光緒嶧縣志》，光緒三十年刻本。

　　泰定三年冬十月望，封奉訓大夫益都路嶧州知州，飛騎尉臨沂縣男蔡公卒，既葬，其子奉訓大夫度支監丞受益爲書，□弟走京師求文碑於予，謹敘而銘。

　　諸蔡氏之先譜，亡不可考。自公高祖天祥，世居陝州，曾令金長水縣，曾祖妣屈氏。逮祖辛，考璋，祖妣賈氏，母吳氏，值河南北新刱於兵，歲壬辰歉饑，遷嶧州，因家焉。迄今爲嶧州人。公有叔四人，志明學老□□□□□道正□闓椿，俱隱居不仕。

　　公諱榮，字榮之。生十七年而父卒。嗜學讀書，及冠。從軍伐宋，屢有勞績，擢吏萬戶府軍法出伍□□□□公□治□薄其責，人咸德之。宋平，改充建康路淘金提舉司都目，再爲饒州路提控案牘，皆以能稱。歲餘，不樂遊宦，解職歸侍其母。□□□清之恭□怠，甘旨修髓之奉恆備。母年七十寢疾，必親湯藥，朝夕侍側，衣不解帶，如是者一期，未嘗少變。及亡，哀戚動人，葬祭遵□。

　　公天性樂易愷悌，好施與。人有假貸，貧不能酬者，悉折券靡責報。能值生產，資雄鄉里；理家教子，繩繩有規。爵命榮封，用監丞貴也。壽八十□。內有□子之稱，外有善人之譽，誠可謂巨德長者。

　　妻王氏，賢淑莊靜，封臨沂縣君。四子一女，女嫁名族邱珙。孫男女十餘人，尚幼。子即天祐、景益、子益，俱有才學末仕。受益於倫次爲第二，爲人偶儻，重然諾，辨博有文。始吏檢校，吏部徽政院積三考，除會福院都事，以選入掾中書，再轉太醫院都事，改主兵部事，復遷今職，舉以干集聞。朝廷材其爲，欲任之於劇。一日，與同官議不合，白宰相，願退養親，適公病，以書來，竟歸。比至，公已亡矣。初，預告死期，是日月時。已而，果然沐浴衣冠，悠然而逝。遺頌有「八十年來如一夢，飄然歸去趁清風」之語，明瞭不亂，類有道者，非平居素養內有□□而能臻此耶？詒謀諄諄，宜有嗣慶，諸郎卓越樹立，將繼起家，於是知蔡門之隆可翹望而俟也。

　　銘曰：□猗歟蔡公，秉德之純，既孝於親，又義於人。維先播遷，承家再立，世次暨公，載營以力。□□阡陌，寢碩而豐，凡善樂爲，叢祉於躬。八秩引年，益綏福履，生享官福，歿濟世美。貴因賢嗣，顯仕熙朝，恩制□頌，家聲孔昭。□儒後人，敦勉學問，克孝克忠，賢出庭訓。臨終之頌，觀化爲明，□□夢如，斯言可徵。□□前知，實哲且慧，嘉遁弗耀，垂裕厥裔。道行於家，行著於鄉，以永令聞，視此銘章。

天曆三年季春□日奉訓大夫度支監丞玄孫蔡受益等立石。碑陰蔡氏宗派之圖。彭寅亮撰，虞集篆額，逮松書丹。

## 125. 舒叔獻（36／344）二篇

《題二王墨刻》（題目自擬）（至元二年，1336 年）

按：文載明代趙琦美《趙氏鐵網珊瑚》卷一、郁逢慶《書畫題跋記》卷三、汪砢玉《珊瑚網》卷二十、清代倪濤《六藝之一錄》卷一百六十三，錄文如下：

由籀而篆、篆而隸、隸而楷，楷至二王蔑以加矣。此東方畫贊洛神賦，確乎見重於後世也。近攻隸書者，自負軼出江左，追蹤漢氏。凡稍涉永和法者，則訾之曰此晉字也。使誠知晉字爲六朝唐宋之冠，則無是語。惟其未見二王妙處，輒於似晉者而輕肆雌黃之口，而於二王其何傷於日月乎？王起善家藏二帖，雖是碑刻精神韻度，自是絕塵。他日有訾晉字或一見之，豈不愧汗浹背乎？至元二年丙子歲夏五八日，天台舒叔獻書。

## 126. 《題元人畫莫月鼎像》（題目自擬）

按：文載清代張照等編纂《秘殿珠林》卷十九〔註110〕，錄文如下：

月行虛碧，太陰之精，鼎鍊鉛汞，九轉乃成。世有莫君，以號代名，厥義伊何，匪形其形。默運陰陽，以時降陞。內鑒已瑩，猶月之明。眞藥已結，猶鼎之凝。以茲自表，昧者駭聽。善推所蘊，妙闖厥靈。吐音爲祝，春雷忽鳴；縱筆爲符，秋鷹聿興。喜而開霽，怒而轟霆。仙瓢所至，天河爲傾。潤澤之功，契彼鈞衡。非仙而人，火食以生；非人而仙，駁風以行。昔也往矣，遊神蓬瀛；今也見之，寄質丹青。髮怒可數，顏赭非醒。可肅流俗，精爽英英。不忘者存，於茲可徵。我歌以詩，匪頌匪銘。赤城舒叔獻。

## 127. 李棨（37／8）《四書箋義序》（泰定元年，1324 年）

按：文載朱彝尊《經義考》卷二百五十三〔註111〕、陸心源《皕宋樓藏書志》卷十〔註112〕，錄文如下：

---

〔註110〕（清）張照等編纂《秘殿珠林》，景印文淵閣四庫全書第 823 冊，臺灣商務印書館 1986 年版，第 693～694 頁。

〔註111〕（清）朱彝尊撰，林慶彰、蔣秋華、楊晉龍等點校《經義考新校》第 9 冊，上海古籍出版社 2010 年版，第 4537 頁。

〔註112〕（清）陸心源《皕宋樓藏書志》，《續修四庫全書》第 928 冊，上海古籍出版社 1996 年版，第 114～115 頁。

讀書之法，必先通訓詁、曉文義，而後可以通聖人之意。譬如（《經義考》作「諸」）泝大江，必涉其流，而後可以達其源也。《四書》至文公盡矣，無用更加注腳。然其書中凡所引援（《經義考》作「援引」）證據，或有考於注疏音義，或有取於名物度數，務從簡明，不復該載，讀者猶或病之。南昌鐵峰趙君，博學多聞，授徒之暇，搜輯經傳子史百家之書，作爲《箋義》，鉤元提要，本末兼備，要皆羽翼文公之說，非有異於文公也，趙君之用心亦勤矣。是編一（一，《經義考》作無）出，使家素乏書者得之，則免借癡之誚；牙籤富蓄者得之，則免檢閱（《經義考》作「勘」）之勞，其有益於學者亦多矣。雖然，趙君之箋是書，蓋欲學者由是而知文公之說，由是而通聖人之意而深造（《經義考》作「造於」）聖人之道，非務爲博洽而已。苟惟（惟，《經義考》無）用心於枝葉，而不究其本，則先儒買櫝還珠之說，可不戒哉？而亦非趙君箋（《經義考》作「之」）書之意也。泰定元年甲子九月望將仕郎撫州路崇仁縣丞番陽李粲拜手書（《經義考》作「泰定元年甲子九月」）。

## 128. 俞鎮（37／9）《嘉興路重建水驛記》（至元六年，1340 年）

按：《嘉興路重建水驛記》碑於 1998 年發見，文載《嘉興歷代碑刻集》〔註113〕。
錄文如下：

江以南綫潤至於杭七百里，爲驛凡十有四，嘉禾西水其一云。驛當城西□□□□□□，左□鴛湖，右挹苕雷。後接平望，前迓皁林。水道平夷，無風雨悍激之虞。江湖□間□議□□□□□天子之廷。

天子之使徵令，錫予播告。東南之區省臣、臺臣、憲使、間帥按部行縣，與□有□□事□□□□□午錯沓必此焉。經往者，捨騎而舟，□行中河，偃仰眺矚，息掉軥之勞，以曠心怡神。□□□□□僚屬胹勞致飭必恭，壺漿廩糈必豐，供張儀衛必嚴，篙楫帆檣維繫之屬必堅。□□□□□□，有一不當意，則將疾乎大呵，箠督胥史，辭及長吏。郡之毀譽、榮辱繫焉。

西驛之館□□□□□雖歲葺之，循習簡陋日甚。至元五年己卯歲夏四月，郡守法忽魯丁嘉議公至，覽□□□□□細故哉。乃集僚佐定議，檄下海鹽州，得州之富民十有二人詣郡廳，命即招工□□□□□□史葛德明董之，撤舊宇而更新焉。閣本臨河，便舟是迎，至門外闢蕭使□□。中□□□□□□立東

---

〔註113〕嘉興市文化廣電新聞出版局編《嘉興歷代碑刻集》群言出版社 2007 年版，第
554～555 頁。

西之廳兩庭耳。附軨軒翬飛，湖光野色，蕩摩心胸，燠室風亭，惟意是通，奉神有祠，庇□□廬，庖湢庫廩，諸物悉備。

是歲六月興事，不愈月而成焉。若監郡也列不幹、同知閭兒、治中馬合馬、府判小雲失海牙、推官劉好禮、陳惟一、經歷項文質、知事馬皋、照磨馬原道，又□□□□□用贊其猷，且徵余言以紀之。

余曰：夫驛之廢興，關於郡政之弛張。政之弛張，關於□□□□工。人其境，視驛則知政，知政則知其人矣。昔余校文武昌，辟掾洪省，□命江□上，計□□□□□天子之都。浮汶涉濟，絕江淮而南，驛傳所歷，無慮百數，廢者固不復遁數。其能大作新者，□□□焉。其一，潯陽問其守，則曰狄侯也。其二，鬱孤問其守，則曰馬侯也。其三，姑蘇問其守，則曰□侯也。今歸吾邦，繼三郡而作者，復得吾嘉議公焉。故余樂為之記。噫！後之人睹公之政而服公之能，其亦有所興起也。

夫明年春二月既望　將仕郎　建德路總管府知事俞鎮記。

## 129. 陳旅（37／219）《江月松風集序》（至元戊寅，1338 年）

按：文載張金吾《愛日精廬藏書志》卷三十四〔註 114〕、陸心源《皕宋樓藏書志》卷一百〇七〔註 115〕、《文津閣四庫全書》本《江月松風集》卷首〔註 116〕。武林往哲遺書本、《清風室叢書》本《江月松風集》卷首亦有此序，題為《錢思復詩序》〔註 117〕。今據《皕宋樓藏書志》錄文如下：

錢塘錢思復好學而有才，當壯盛之年，未嘗有紛華之悅。予見其詩，益知其為人，思復知予之知之也。悉出其生平所著者以示予，何其妥適清蒨、娓娓乎有唐人之遺風焉。夫詩本於性情之微，觀其音響韻致可以知其蘊於衷者。苟同於利欲而受變於世故之糾紛，雖飾其言以為詩，固不能逃乎識者之目矣。思復養於內者完，而接於外者不雜，故其發於言者若此。嗚呼！詩豈可強為之哉！予蚤歲亦嘗有志於是，顧為貧所驅，奔走埃壒之塗，蓋久矣。

〔註 114〕　（清）張金吾《愛日精廬藏書志》，上海古籍出版社 2014 年版，第 687 頁。
〔註 115〕　（清）陸心源《皕宋樓藏書志》，《續修四庫全書》第 929 冊，上海古籍出版社 1996 年版，第 517 頁。
〔註 116〕　楊訥、李曉明編《文淵閣四庫全書補遺（集部）》（第 4 冊），北京圖書館出版社 1997 年版，第 786～787 頁。
〔註 117〕　（元）錢惟善《江月松風集》，《叢書集成續編》第 136 冊，臺灣新文豐出版公司 1988 年版，第 563 頁；《叢書集成續編》第 110 冊，上海書店出版社 1994 年版，第 352 頁。

安得從思復日襄羊於雲煙水石間，以陶寫吾之所得於天者乎。至元後戊寅正月十日，陳旅序。

## 130. 張樞（38／576）《絳守居園池記後序》

按：文載陸心源《皕宋樓藏書志》卷七十〔註118〕，錄文如下：

辭尚質，質則氣完。輕重高下疾徐之節安，則喜怒哀樂愛惡之情展。夫惟知道之士，含和而吐華，辭盛致腴，不煩繩削，而正奇可師也。故唐虞君臣之言渾渾如也，夏商周之言皎如也，秦漢之言振振如也。雖粹駁清厚之氣，人有不同，因其才之所至皆，足以自名一家，本乎質故也。漢中葉以降，辭益落，爰始滔爲浮輕側纖，拘爲俚俗，矯爲陷囏，辭人人殊，去古日遠。氣卑則言不振，質不足故也。唐繼古制，世平而聲和。在貞觀、永徽時，則岑文本、魏徵、虞世南、褚遂良滌其源；在垂拱、開元時，則陳子昂、張說、九齡、蕭穎士、李華導其流；在大曆、興元時，則獨孤及、梁肅、權德興揚其波，辭稍振矣。然去秦漢人所次猶遠，蓋其力僅僅及是，犇趨赴則僵。至貞元、元和時，韓愈氏作，大放厥辭，力復於古。雖正奇迭用，而一本乎質，用能奄有秦漢、追商周而睨之，辭乎復此其始也。時有河東柳宗元辭，始今古犬牙，廁陳張梁權間。洎左官，牢愁思，益專辭，益振破，觚斷雕窈，眇回鬱傑，然與韓辭相上下，唐世言文章者稱韓柳焉。於時隴西李翺慕愈而効之，振策而驅之，然不敢異之也。故史稱翺爲文尚氣質，卒得與韓同諡。贊皇李德裕作文論，亦言文主氣，質辭雖未至，識則精詣不群。南陽樊宗師與韓柳氏亦同，時又相好也，視二氏之逸駕，絕足瞠乎，若恐後之將掉鞅，爭先則力之不能及，欲頻仰襲沿則恥爲之下。於是瘁心竭液，恢詭險僻，務奇以掩之，此誠不可陵出其右而祇喪厥質氣不完者，其辭弊固其所也。宗師之辭夥矣，惟《絳守居園池記》獨傳，怪之尤者。然其形墜名物，足以辨方考志；清言雅趣，足以摹寫光景。好古博雅之士存之，而不廢也。其辭義句讀不可易知，自宋以來作訓故者數家，往往探討疲而乖舛眾。金華吳君正傳始取趙氏注，補其闕而正其訛。白雲先生高陽許君益之，又從而審辨之，繇是文義明而句讀別。夫二君之於學，窮六籍之菁華，明百氏之邪正，時其整暇而遊豫屬之，豈《大章》、《咸池》、《桑林》之舞既高張，宮庭餕聞而慨繹之，而夷侏之音、巴渝之曲亦充備下陳者與。且樊氏之失二君，既掊而明之，其

---

〔註118〕（清）陸心源《皕宋樓藏書志》，《續修四庫全書》第929冊，上海古籍出版社1996年版，第114～115頁。

間可採摭如鄉予所云者，亦不忍遽棄也。古也有志，君子之取善也博以周，予於二君見之矣。東陽張樞云。

## 131. 宇文公諒（39／206）《說文字原序》（至正十五年，1355 年）

按：文載張金吾《愛日精廬藏書志》卷二十三〔註 119〕，錄文如下：

文字之原，昉於卦畫，世代既邈，科斗古文再變而爲二篆。秦火蕩滅，所存無幾，學者所知，惟許慎氏《說文》而已。然掇拾殘缺，類多舛鑿，苟不稽其原而辨析訂別之，則六書之旨無由而明，又惡能精其義以達其用哉？翰林直學士鄱陽周公伯溫甫續學有年，考核貫穿，立論證據經史，下筆追蹤姬嬴，流俗所昧，一歸之正。至正初，皇上建宣文閣，開經筵，公時爲授經郎，奉詔大書閣榜。知遇既隆，名重天下。公嘗以暇日著《說文字原》、《六書正譌》二編，敘舛篇章，發明音義，萃叢眾美，折以己見，深得古人造書之意，可謂集書學之大成而會其至者也。都水庸田使康里公溥修尋究群書，一見推服，因屬平江監郡六十公於約、郡守□□德基，遂相與命工刻梓於校官，以永其傳。其有功於後學，不亦大乎！噫！字書之譌，非周公莫能正，而二書之傳，非三君子亦莫能廣也。公諒繇吳興赴召，道經平江，適刻梓訖工，獲盡閱成書而袪素惑，謹題於端，以諗來者。至正十五年龍集乙未三月既望，奉直大夫國子監丞京兆宇文公諒敘。

## 132. 朱文霆（39／271）《聯新事備詩學大成序》（至正己丑，1349 年）

按：文載林楨輯《聯新事備詩學大成》卷首〔註 120〕，錄文如下：

詩家者流，自三百篇始，其間風賦雅頌之體具備，而又多識鳥獸草木之名，則詩之事料不可以不悉，而其體制不可以不知也尚矣。然作詩者自漢晉而下，惟唐與我朝爲近古，其餘則駁雜殊甚，學者苟能擇善而從之，則不爲他歧之所惑，而庶乎可企於三百篇之義矣。三山林君以正銳於詩者也，乃欲編集以正其傳，而擇取古今名公佳句，以比附於後。比之舊編於事類，則夫其泛而益其切者，於詩語則玄其未善而增入其善者，口之曰《詩學大成》。蓋欲示學者□□庭而使不爲他歧之所惑□□□從是而進焉，其幾於古□□□□書市劉君衡甫錄諸□□□□□之序，余嘉其意而□□□□□□□□□□□□□

---

〔註 119〕（清）張金吾《愛日精廬藏書志》，上海古籍出版社 2014 年版，第 384 頁。
〔註 120〕（元）林楨輯《聯新事備詩學大成》，《續修四庫全書》第 1221 冊，第 305～
　　　　306 頁。

□□□□□□□□□□□□□□□□□□□□□□益，於是乎書。至正己丑首夏，奉訓大夫建寧路甌寧縣尹兼勸農事朱文霆敘。

## 133. 范文英二篇（45／109）

### 《歲寒堂刊政府奏議跋》（元統二年，1334年）

按：文載范能濬編集《范仲淹全集》〔註121〕，錄文如下：

先文正公《奏議》十七卷，韓魏公爲序。在昔板行於世，雖不復存，其《政府奏議》二帙，卷中不載，茲得舊本，惜多漫滅。將繕寫鋟梓，而鄉士錢翼之見焉，樂爲之書。於是命工刊置於家塾，期世傳之。元統二年甲戌九月，八世孫文英謹識。

## 134. 《歲寒堂刊文正公尺牘跋》（至元再元，1335年）

按：文載范能濬編集《范仲淹全集》〔註122〕，錄文如下：

先文正公《尺牘》，舊刊於郡庠，歲久漫漶。今重命工鋟梓，刊置於家塾之歲寒堂，期與子孫世傳之。至元再元丁丑正月甲子日，八世孫文英百拜謹識。

## 135. 翟思忠（45／110）二篇

### 《復修練湖記》（泰定元年，1324年）

按：文載明代張國維《吳中水利全書》卷二十四〔註123〕，錄文如下：

水在天地間，爲利甚大。利不興，害不除，民之生奚以遂；陸不通，淺不濟，水之利奚以興？京口漕運迤邐，夾岡勢卬，微奔牛呂城，閘堰之捍瀉不日矣。南去數百里，皆無水源，仰給練湖，自長山八十四汊，流爲辰溪，瀦而爲湖，不有疏鑿，則有壅淤；不有隄防，則有奔沖。丹陽金壇之田袤廣，勢下微湖之，承匯有年矣。若夫春淫夏亢，瀦之泄之，此湖得用而河得濟也。歲遷月改，淤之澱之，此湖必疏而河必濬也。隨勢上下，中埂一，爲湖二函，礔斗門，一一有法，旱不乾，枯澇不潳沒。湖水放寸，運河注尺，其功如何哉。郡當南北要衝，貢賦之輸運，聘介之往來，蠻商、蜀賈、荊航、吳楫，

---

〔註121〕（清）范能濬編集《范仲淹全集》，鳳凰出版社2004年，第1419頁。
〔註122〕（清）范能濬編集《范仲淹全集》，鳳凰出版社2004年，第1420頁。
〔註123〕（明）張國維《吳中水利全書》，景印文淵閣四庫全書第578冊，臺灣商務印書館1986年版，第904～905頁。

泛閩浙，上京師者，無虛日至。泰定元冬，湖河淺塞，牽夫頓繭，進不能趨，車挽肩輸，公私病之。浙省平章政事拉哈光祿暨僚屬僉謀委前都水任少監路總管毛公計工程，適平章政事元布達拉榮祿赴召，旋得上聞。命行省參知政事董中奉、行臺侍御史和托拉察噶奉親臨之，兼司副使管本巴、奉議僉事華善奉議董督之，省鎮撫會立萬戶警巡之。凡募五郡夫萬五千二十二人，工六十日，郡廢錢六十二萬七百二十緡，米萬八千九百餘石，皆出於官，由程公壩抵浦河口百二十里，深濬四尺，廣上五尺，廣下三尺，畚壤培岈，霖潦不復灌，河底半高置函管五十四，一利舟漕，一利田溉。於是河流瀰漫，大艘小舫，悉得通行，無膠澀之厄。又役三千人、舟千隻、工九十日、郡廢錢二十七萬緡、米八千一百石，以南湖泥茭根植，淖不可厲，錣止求土，漕堤埂為斗門一、石礎六、石函十有三，一備啟閉，一借（按，疑為「備」）蓄泄，於是湖波瀲灩，官漕民田悉得灌溉，無旱澇之虞，時泰定甲子春也。噫！昔漢開南山渠，鑿褒斜道，唐門三山門，鑿廣運潭，今國家舉河之重役，民忘其勞，興湖之大利，民賴其便，是非天休涵濡，省臺贊襄，安能奠此大功？姑記其實，俾來者有所考云。

## 136. 《曾子全書原序》

按：文載汪晫《康範詩集》後附《康範實錄》〔註124〕，錄文如下：

章章乎聖人之言，如日月之在天上；洋洋乎聖人之道，如江河之行地中。垂萬年而不翅，亙萬世以無窮。天下之人，明其道者成其德，遵其言者成其行，況當時親炙之者乎？曾子嫡聖人之傳，述聖言以作《大學》。子思紹曾子之學，闡聖道而作《中庸》。此曾、思言行之成書者也。千載而下，程子為之發揮，朱子為之集注，曾、思之學於是乎天下大行。然曾思之言行，又有見於他經者，學者漫漶而失稽，新安康范汪先生輯成二帙而為之說，曾思之言之行於是散而得合，其向曾思之心亦厪矣。向曾思，所以向道也。五世孫疇追思久而湮沒，壽諸梓以行諸世，曾思之忠臣也，康範之孝孫也。翟思忠敘。

## 137. 吳當（46／39）《六書正訛序》（至正十二年，1352 年）

按：文載陸心源《皕宋樓藏書志》卷十六〔註125〕，錄文如下：

---

〔註124〕 （宋）汪晫《康範詩集》，景印文淵閣四庫全書第 1175 冊，第 595 頁。
〔註125〕 （清）陸心源《皕宋樓藏書志》，《續修四庫全書》第 928 冊，上海古籍出版社 1996 年版，第 175〜176 頁。

古者小學以六藝爲教，則六書之義人所通習也。後世宿儒碩師鮮或知之，何邪？俗書行世，迷其文字之本原，而譌謬相承，歷數千年，孰能悉正之哉。邃古之初，倉頡有作取物之形而象之，見者其識也。因形而指其事，合體而會其意，亦不待智者可知也。衍之爲轉注、爲諧聲、爲假借，而字之義廣矣。史籀始變古文，謂之大篆李；斯又變籀法，謂之小篆。雖古法浸異，然其體猶未甚遠，而其義固可考焉。隸興於秦，而人情樂其簡捷，流而漢、晉，篆法悉廢，人文幾泯矣。夫文字之生，所以傳經載道，述史紀事，治百官，察萬民，其所關係豈小哉。始皇衡石程書，命邈爲隸，取便官府。隸者，隸輩所書爾，固非士所宜習也。矧由是姿媚，轉而爲楷，率略降而爲草，則大失眞矣。奚復可究六書之義乎？後漢許叔重氏爲《說文解字》，頗存古訓，然專用小篆，其間失之鑿。唐三百年，以篆名家惟李當塗而已，於六書之旨無聞焉。宋初，徐騎省兄弟始宗許氏之說，考辨推廣。其後夾漈鄭蒠仲明其類例，發其歸趣，多所補正。然亦見其大略，未能甚悉也。近年永嘉戴氏父子之書行，於六書之義爲詳，讀者惟病其辭之繁，亦可謂之成書矣。翰林直學士監察御史鄱陽周公伯溫，博聞明識，精於辭藝，侍講之餘，潛心古學，舉筆作篆，妙絕一世，乃著《說文字原》，以辨昔之鑿而補其闕。又於世俗通行之字，正其點畫、偏旁、音義、訓詁之譌，使不繆於篆籀六義制作之本旨，名曰《六書正譌》。於乎！六書不明，則訓詁名義不得而精矣；訓詁不精則五經聖賢之言亦從而晦矣。玩味二書，究古文之原，正俗書之失，豈惟遊藝者有補，而同文之治深有賴焉。其啓發後學，不亦盛乎？當嘗待制翰林爲僚屬，聞公之論，尊公之書而不敢忽也。謹以所知者，敍於左方。至正十二年歲在壬辰九月，承德郎中書禮部員外郎臨川吳當述。

## 138. 李齯（46/48）《勤齋集序》（至正丙戌，1346 年）

按：文載陸心源《皕宋樓藏書志》卷九十九〔註126〕（亦載四庫本《勤齋集》卷首），錄文如下：

齯未冠時，聞關中蕭先生名，人稱之者不容口。其時想像先生，以爲負才尙氣，落落不羈，如秦漢間豪傑之士，加以辨博之學而已。厥後遊上庠，聞諸巨公道先生之高風雅德，眞學實踐。然後知先生之名聲，有自齯得之於

---

〔註126〕（清）陸心源《皕宋樓藏書志》，《續修四庫全書》第 929 冊，上海古籍出版社 1996 年版，第 442～443 頁。

傳聞者非其眞也。恨鬴也生後，不得拜先生几席，以遊其門。至正五年，走以事留揚。其年多京兆同州王君仲方由樞府判持憲東淮，因出今集賢學士國子祭酒蘇公伯修前侍御西行臺時所哀先生文稿十五卷，刻之郡庠，屬鬴序之。且曰：「先生一代偉人，僕忝鄉曲之末，每以其言之未傳也，衷懷耿耿，莫之敢忘，今幸得其遺文之不泯者十之四三，不有以廣之，是宿昔之念終不得而伸也。」鬴自維晚生，淺學曷足爲輕重，若兩公之不忘先進，思益後人之意，誠可尙矣。蓋天下學者仰先生之名，未得其實，俍俍然如走之向來之狀，一旦盡得覽觀先生平昔著述，所謂披雲霧而睹青天者，豈不快哉。文八十篇，詩二百六十首，樂府二十八篇，蓋先生立志，篤制行高，其處心正，其識趣遠，其力學充積華贍，一以洙泗爲本，濂洛考亭爲依。其發於辭章，所謂有德者斯有言，未宜以文人才士律之也。夫聲實相須，猶形影相依，桴鼓相應，先生規行矩步，躬蹈實踐，眞積力久，大節凜凜，終身不少奪，所以享大名於天下。朝廷重之，士林仰之，而天下知之。區區專辭翰之末，而無實行者，能之哉？走因感夫名之所從來者，蓋在此而不緣彼也，因序及之。至正丙戌春，賜進士及第奉政大夫前江西等處行中書省左右司郎中國子監丞汝陰李鬴謹序。

### 139. 程徐（46／56）《諫罷先師釋奠禮》（題目自擬）

按：明代焦竑《國朝獻徵錄》卷四十四輯有雷禮所撰程徐傳記。傳載「洪武二年，上以孔子釋奠止令行於曲阜孔廟，天下不必通紀。徐上疏諫曰」。錄諫書如下〔註127〕：

臣徐伏睹今春上丁先聖先師釋奠之禮權且住罷。人心惶惑，士氣銷沮。臣徐愚戇，亦切疑懼不知所裁。以爲陛下崇尙儒術，篤意教養，惟恐人民不學綱常之或壞，必不肯廢孔子之祀以慢聖人之道也。聖意必有所在。然臣竊以爲不可。何則？祀事之典，所以崇本始，報功施也。古今之祀典多矣，而獨社稷三皇與孔子通祀於天下者，豈無故哉？社稷者生民之本，三皇者開極之主，而孔子者萬世之師也。曠古以來，帝王之治天下，教養二字而已。民非社稷三皇則無以生，非孔子之道則無以立。斯二者，在國家、在天下、在萬世不可一日或廢者也。故有國者敬而祀之，必徧天下，以及後世。無非維

---

〔註127〕　（明）焦竑《國朝獻徵錄》，《續修四庫全書》第 527 冊，上海古籍出版社 1996 年版，第 307～308 頁。

持人心世道之計，而示人以崇本始報功施之典耳。三代而上，若堯舜禹湯文武周公皆聖人也。然而發揮三綱五常之道，載之於經，以之儀範百王，師表萬世，使世愈降而人極不墜者，孔子之力也。孔子以道設教，其心未嘗一日而忘天下。天下祀之，非祀其人，祀其教也，祀其道也。天下一日不可無孔子之道，則其教不可一日廢；天下一日不可無孔子之教，則其祀不可一日廢。今使天下之人，必讀其書，由其教行其道而不得通祀焉，豈可以崇本始報功施也哉？夫社稷三皇孔子，其澤施於人也同，天下之所賴以生立者同，得通祀於天下而百代不改者又同。一旦廢不祀，甚非所以維人心、扶世教之道也。天下後世，其謂之何？後生晚進，何所師法？凡父兄之教其子弟，及大學之肄業於庠序學校者，皆將謂我國家滅裂孔子之祀，忽略聖人之道，其肯勉致力於教、於學？則人才何由而成綱常？何由而正？臣竊爲聖明之朝惜也。若曰孔子非如佛氏之千百化身，不可一日間赴天下之祀而遂廢其禮，則三皇后稷亦皆生爲人、而歿爲神，又安得享天下之祀於一日之內乎？蓋孔子以身載道也。孔子之道，即綱常之道。斯道所在，如天之無不覆、地之無不載，如家至而日見之也，非可方體而求之也，非可以一念之靈視之也。其道通於天下，則其祀亦宜通於天下。以故臣愚不知忌諱，妄謂陛下欲稍革前代之文，以正祭祀孔子之禮。宜於春秋仲月上丁，遣使致祭於曲阜林廟，仲丁致祭於京師廟學，令天下府州縣於季丁通祀焉。如是，則既有等殺之節無褻瀆之過。其於祀神之禮，根本之誠，開示正學之方，扶持世道之計，可謂曲盡而無遺矣。臣徐亡國逋臣，遭逢聖主，既令宥其罪，復寵錫以官，報效弗稱，夙夜祗恐，不懼斧鉞，借竭衷忱。臣不勝激切屏營之至。

### 140. 林泉生（46／66）《安雅堂集序》（至正辛卯，1351 年）

按：文載陸心源《皕宋樓藏書志》卷一百〇二〔註128〕（亦載四庫本《安雅堂集》卷首），錄文如下：

文章與世道升降，稽諸往昔則較然矣。蓋自帝王之渾灝，逮宣尼之刪述，萬世不可尚已。三代以下，唯西漢之治近古，故其文雄閎雅奧，儒者宗之。東都浸漓，魏晉以下，靡靡無足觀矣。中唐至韓柳而復古，宋至歐蘇王曾而復古，此數子者皆生唐宋盛時也。迨其季世，非無人焉。浮漓碎裂，索索不可整，則氣運爲之也。元興，以質治天下，國初之文之盛不十年，而眾仲之

---

〔註128〕（清）陸心源《皕宋樓藏書志》，《續修四庫全書》第 929 冊，上海古籍出版社 1996 年版，第 474～475 頁。

文滿天下矣。然天下知其文者，未必知其人也。予嘗謂眾仲學博而通，識高而敏，使之裁繁理劇，有兼人之能，或者處危制變，有濟時之智。惜夫，用弗克究而人所知者眾仲之文也。況稱其文者，又未原其學歟。貫綜該洽，人見其富也；精彩振發，人見其麗也；天機之敏，人以為巧；法度之周，人以為密。乃若眾仲之學，則封殖深厚，發無不茂，有本者如是也。君之子籲裒輯成書，吾友張仲舉既序之矣。籲復求予言，予以眾仲之文不患不傳於後世，患知之者未盡其蘊。因籲之請，遂附予言於仲舉序後。至正辛卯夏，同郡林泉生清源。

## 141. 李桓（46／88）《論孟集注考證序》（至元三年，1337 年）

按：文載陸心源《皕宋樓藏書志》卷十〔註129〕，錄文如下：

《論語》、《孟子》之書，六經之外、聖賢之遺言皆在焉。自漢以來，儒者為之訓解，專門名家者固已眾矣。微辭奧旨猶或未著，蓋至於集注之作而始明。自朱子之有《集注》，而門人高第以及私淑之徒又皆為之疏義，蓋黃氏之《通釋》、祝氏之《附錄》、蔡氏趙氏之《集疏》、《纂疏》相繼而出，極其旨趣而敷繹之，然至於考證之修而後備。按朱子之後四傳而為仁山金先生，先生承師友之淵源，博記廣聞，講貫真切，積其平日之所得，萃為此書。其於集注也，推其意之未發，佐其力之不及，以簡質之文，達精深之義，而名物度數古今事之詳，一皆表其所出。後儒之說可以為之羽翼者，間亦採摭而附入之。觀之時若不同，要則期乎至當。故先生嘗自謂「朱子之忠臣」。夫忠臣者，固不為苟同，而其心豈欲背戾以求異哉，蓋將助之而已矣。斯則考證之修，所以有補於集注者也。先生既歿三十有五年，得其學者惟許謙益之，每以師說講於諸生。而藏其書於家，躬自讎正，以俟知者其傳於時也，要自淛東憲司經歷張公而始。初公既獲其書於許君，覽而善之，以為不可以不傳，惟鋟諸梓則其傳也廣而遠。婺學者，先生之鄉校也，既嘗刻其通鑒前編之書矣，因以畀郡侯管者思監使並刻之。侯乃率其僚屬，割俸貲以共費不足，則繼之以學廩之贏，越三月而板成。夫見善而知以為善鮮矣。知其善恐其泯沒而不傳者為尤鮮。不私諸己，汲汲焉思廣於人以為務，孰能若是乎？繼自今以往，是書大行，學者讀而有得焉，皆公之賜也。公名仲誠，字信卿，為人廉直剛正，敬尚儒術，而篤意於風化。凡事之害於學校者，必深疾而力去之；

---

〔註129〕 （清）陸心源《皕宋樓藏書志》，《續修四庫全書》第 928 冊，上海古籍出版社 1996 年版，第 114～115 頁。

苟有益焉，又樂爲之如此。嗚呼！豈獨是書之幸，斯文之幸也，並誌之以爲序，至元三年歲次丁丑孟秋吉日，文學掾中山李桓謹序。

## 142. 余謙（46／201）《文獻通考序》（後至元五年，1339 年）

按：文載張金吾《愛日精廬藏書志》卷十九〔註130〕、陸心源《皕宋樓藏書志》卷三十五〔註131〕，錄文如下：

鄱人宋相子馬端臨述《文獻通考》於家，泰定元年江浙省雕置於西湖書院。越十有一年，予由太史氏出，統學南邦，因蒞杭，閱究其文，或譌或逸，版咸有焉。時端臨既沒，厥婿楊元長教於東湖，乃俾造厥嗣志仁，詢取先文，用正斯失。至則就俾元偕西湖長方員率學者正之，踰年而訖，將圖正於梓，未諧。又踰年，中書遣太常陳氏來訪求典籍於茲，行中書以其棄惟予是任，乃克遂舊圖，俾儒士葉森董正梓工，且足於不逮，必予復省，功乃已，幸獲底於備可觀。烏呼！《考》之述繼世而成，歷代而行，踰十年而徵，又三年而明，匪易匪輕，可戒於德之不恆。至元又五年三月朔，江浙等處儒學提舉余謙敘紀。

## 143. 楊敬德（46／218）四篇

### 《范文正公書伯夷頌》（泰定丙寅，1326 年）

按：見載明代趙琦美《趙氏鐵網珊瑚》卷二、清代卞永譽《式古堂書畫匯考》卷九、倪濤《六藝之一略》卷四百〇四。今據《趙氏鐵網珊瑚》錄文：

先正范公，文武忠孝，親親仁民之德充周穹壤。是以尺素寸楮，觀者斂袵。曹操、王敦、桓溫，未嘗書不佳也，至今見者唾之。公所書《伯夷頌》流入秦檜、賈似道家，緣賈遂沒入官。宋亡，出於燕趙間復，歸吳范氏，世所共貴重者有在也。熙寧以來，見者必著姓名，豈欲託以不朽耶？苟不知觀感興起之微，求公之心，希公之德，徒珍玩是誇，亦秦、賈耳，不幾於狎大人乎？凡我同志，相與勉焉。泰定丙寅七月十九日，天台後學楊敬德書。

---

〔註130〕（清）張金吾《愛日精廬藏書志》，上海古籍出版社 2014 年版，第 301～302 頁。

〔註131〕（清）陸心源《皕宋樓藏書志》，《續修四庫全書》第 928 冊，上海古籍出版社 1996 年版，第 386 頁。

## 144. 《跋文正公許下帖》（至順壬申，1332 年）

按：見載明代趙琦美《趙氏鐵網珊瑚》卷二、清代卞永譽《式古堂書畫匯考》卷九、倪濤《六藝之一略》卷四百○五。今據《趙氏鐵網珊瑚》錄文：

右文正聞子弟過省答友人書，若固有之，視利達爲何如哉。與常人外餙遜避之辭，中懷僥倖之意，不可同日語。覽者默識於詞意之表，亦足以感發矣。天台楊敬德拜觀謹識，時至順壬申人日。

## 145. 《跋宋韓琦尺牘》

按：文載《石渠寶笈》卷 30。今據以錄文：

其一〔註132〕（至順癸酉，1333 年）

右魏公眞跡也，蕭元帥北野相君藏矣，未嘗出以示人。以誠之敦厚長者，特還以合浦之珠，克獲舊物，豈不爲韓氏慶乎？噫！自古及今，初不借才於異代。人苟自勖，求所以稱元帥遺故家手書之意而勉於功名，則我元豈無名臣哉？古語有之，公侯之子孫，必復其始，斯爲元帥期待之盛心。至順癸酉六月四日，石塘山人楊敬德謹書。

## 146. 其二〔註133〕

誠之作餉，爲禮甚盛。話及魏公眞跡，乃繼祖四年前所遺誠之之物。談經道舊之餘，敬德適在坐，援筆識之，舉不忘其所親，明道先生之不欺也。元帥公命書之，不敢辭。敬德再拜，謝不敏。

## 147. 胡一中（46／220）《詩童子問序》

按：文載《經義考》卷一百○八〔註134〕，錄文如下：

《詩童子問》者，潛庵輔傳貽先生所著，羽翼朱子之《集傳》者也。自三百五篇穿鑿於小序，傅會於諸儒，六義之不明久矣。至朱子一正聖人之經，微詞奧旨，昭若日星。先生親炙朱子之門，深造自得，於問答之際，尊其師說，退然弗敢自專，故謙之曰《童子問》。既具載師友粹言於前，復備論詩序辨說於後，俾讀詩者優柔聖經賢傳之趣，而鼓舞鳶飛魚躍之天，豈不大有功

〔註132〕（清）乾隆敕撰《石渠寶笈》，景印文淵閣四庫全書第 825 冊，臺灣商務印書館 1986 年版，第 187 頁。

〔註133〕（清）乾隆敕撰《石渠寶笈》，景印文淵閣四庫全書第 825 冊，臺灣商務印書館 1986 年版，第 187 頁。

〔註134〕（清）朱彝尊撰，林慶彰、蔣秋華、楊晉龍等點校《經義考新校》第 5 冊，上海古籍出版社 2010 年版，第 2011 頁。

於彝倫也哉。曩於檇李聞士夫藏是書如至寶，傳是書如秘術，殊有負傳述之本意。今閱建陽書市，至余君志安勤有堂昉得是書而錄諸梓，且載文公《傳》於上，而附《童子問》於下，粲然明白。作而喜曰：「昔私於家傳者，今公於天下後世矣。學者抑何幸焉。」志安徵序其端，敢不再拜盥手而敬書之。

## 148. 廉惠山海牙（47／50）《活幼心書序》（天曆己巳，1329 年）

按：文載張金吾《愛日精廬藏書志》卷二十二〔註 135〕，錄文如下：

育溪曾德顯，儒家者流，明小方脈，幼幼之心，不啻父母，仁人之用心也。余家有襁褓童子，感驚風疾，其父母者咸憂焉。德顯乃不憚煩暑，隨招隨至，一視之曰：毋慮。遂用對證之藥療之。藥未既而效已隨之，誠可嘉尚。原其平昔用心之勤，集諸方書之經驗者，著以成帙，目之曰《活幼心書》。夫心者，虛靈善應，神妙不測，主宰一身，應酬萬事者也。推廣此心，以及人及物，使顛連無告者爲同胞，癢痾疾痛者爲同體，乃刻諸梓，以廣其傳。非爲傳之今，亦且傳諸後。俾後人亦能推此心以及人及物，則活幼之心爲無窮也，豈曰小補哉。天曆己巳八月廿又一日，朝散大夫同知衡州路總管府事廉公亮引。

## 149. 林以順（47／324）《永春平賊記》

按：載於宋代盧琦《圭峰集·附錄》，題署爲「元奉政大夫同知福州路總管府事致仕林以順撰」〔註 136〕。錄文如下：

盧琦，字希韓，惠安人。登至正二年進士第，十二年稍遷至永春縣尹。始至，賑飢饉，止橫斂，均賦役，減口鹽一百餘引，蠲包銀榷鐵之無徵者。已而，訟息民安，乃新學宮，延師課子弟，月書季考，文風翕然。鄰邑仙遊盜發，琦適巡邑境，盜遙見之，迎拜曰：「此永春大夫也，爲大夫百姓者何幸之大乎。吾邑長乃以暴毒驅我，故至此爾。」琦因立馬，喻以禍福，眾皆投刀槊，請縛其首以自新，琦許之。酋至，琦械送帥府，自是威惠行於境外。十三年，泉郡大饑，死者相枕藉，其能行者皆老幼，扶攜就食永春。琦命分諸浮屠及大家使食之，所存活不可勝計。十四年，安溪寇數萬人來襲永春。琦聞，召邑民喻之曰：「汝等能戰，則與之戰。不能，我當獨死之爾。」眾皆感憤，曰：「使君何言？使君父母，我民赤子，其忍以父母畀賊耶？彼寇方將擄掠我妻子，焚爇我室廬，乃一邑深仇也。今日之事，有進無退。使君其勿

---

〔註 135〕　（清）張金吾《愛日精廬藏書志》，上海古籍出版社 2014 年版，第 366 頁。
〔註 136〕　（宋）盧琦《圭峰集》，景印文淵閣四庫全書第 1214 冊，臺灣商務印書館 1986 年版，第 757 頁。

以爲憂。」因踊躍爭奮，琦率以攻賊，大破。明日復傾巢而至，又破之。大小三十餘戰，斬獲一千二百餘人，而邑民無死傷者，賊大衄遂遁去。時兵革四起，列郡皆洶洶不寧，獨永春晏然，無異承平時。十六年，改調寧德縣尹而去。

### 150. 郭思貞（47／326）《貞觀政要序》（至順四年，1333 年）

按：文載陸心源《皕宋樓藏書志》卷二十四〔註137〕，錄文如下：

　　二帝三王之治，後世莫能及者，順人之道，盡乎仁義也。唐太宗以英武之資，克敵如拉朽，所向無前。天下甫定，魏鄭公力排封德彝之繆，以仁義進。雖太宗未能允迪其寔，有愧於修齊。然四年之閒，內安外服，貞觀之治，亦仁義之明效歟？史臣吳兢類爲《政要》，凡命令、政教、敷奏、復逆，詢謀之同，謇諤之異，所以植國體而裕民生者，赫赫若前。日事江右戈直集前賢之論以釋之，翰林草廬吳公敘其首，以屬於余。值拜奎章，召命道廣陵，謀於憲使日新程公，將有以廣其傳也。程公慨然，即以學廩之羨鋟諸梓。嗚呼！仁義之心，互古今而無間，因其所已然，勉其所未至，以進輔於聖朝，則二帝三王之治，特由此而推之耳。觀是編者，尚勖之哉。至順四年歲在癸酉正月辛卯，前中奉大夫江南諸道行御史臺侍御史奎章閣大學士郭思貞書。

### 151. 包希魯（47／330）《說文解字補義自序》（至正乙未，1355 年）

按：《續修四庫全書》收北京圖書館藏明刻本〔註138〕、清代張金吾《愛日精廬藏書志》卷七著錄清光緒十三年吳縣靈芬閣集字版校印本〔註139〕、陸心源《皕宋樓藏書志》卷十三著錄清光緒萬卷樓藏本〔註140〕，序文均不全。錄文如下：

　　（上闕）間，適際兵燹。既無文字可考，復寡師友相資。顛沛之際，作輟非一。離索孤陋，譌謬實多。然畏天命，悲人窮，亦希韓子之心者也。苟使扶持世教者，舉循聖賢之道，則人極豈不立，而人生豈不遂哉？此余之深感乎是者也，故其間多憤世之詞焉。雖然，其志則願人人之明乎此理，而其勢則千萬人不能見信於一二。以安於故習，溺於所聞者眾，又豈無徵不尊者之所能，變

---

〔註137〕（清）陸心源《皕宋樓藏書志》，《續修四庫全書》第 928 冊，上海古籍出版社 1996 年版，第 263 頁。

〔註138〕（元）包希魯《說文解字補義》，《續修四庫全書》第 202 冊，上海古籍出版社 1996 年版，第 263 頁。

〔註139〕（清）張金吾《愛日精廬藏書志》，上海古籍出版社 2014 年版，第 118 頁。

〔註140〕（清）陸心源《皕宋樓藏書志》，《續修四庫全書》第 928 冊，上海古籍出版社 1996 年版，第 146 頁。

其膠固也哉。矧生乎今之世，而欲反古之道，容可取及身之藏乎，唯藏於家以貽子孫，使習而察之，庶行之而著乎，憒無以求聞也。有求聞之心，即私欲也焉。有私欲而可爲聖賢之學者乎？至正乙未冬十一月日長至包希魯序。

## 152. 林興祖（47／392）三篇

### 《跋重刊四明尊堯集》（至元五年，1339 年）

按：據宋代陳瓘《四明尊堯集》卷十一錄文〔註141〕：

尊君，大義也。《書》曰：「爾有嘉謀嘉猷，則入告爾后於內，爾乃順之於外。曰：『斯謀斯猷，惟我后之德。』」王氏《日錄》，何其與乖悖，子雱尊其父，婿卞尊其婦翁。臣安石之不尊君何也？《四明尊堯集》，陳了翁忠憤至今，猶有生氣，視《合浦尊堯集》異矣。翁九世孫文綱重刊是集，天子南面之靈，春秋尊王之意，豈容撰《日錄》者之坐乎？其旁豈君拜於前而容其舊臣之坐乎其上？予讀重刊集，又喜其孫之能尊祖，故不避其僭，而書乎其端。歲在己卯後至元之五年夏六月十有二日，前奉政大兼勸農事三山林興祖拜手謹書。

### 153. 《陳了翁年譜序》

按：文載《陳了翁年譜》卷首〔註142〕，錄文如下：

了翁先生，意其才似寇萊公，而學術過之。不然，徐師川、范堯夫、游定夫、劉器之諸君子何獨許其當天下之重？《責沈》、《尊堯》諸作，家傳人誦，夫誰不知有先生。獨其家法相傳之要，不讀先生年譜，無以知之。事親以孝，事君以忠，爲吏以廉，立身以學，非惟可爲家法，直可爲天下後世法。而默堂請益龜山：伊尹之所覺、周公之所思、孔子之所貫、顏子之所樂，是四者裏聖賢所以立乎其身者也。立身爲體，孝也、忠也、廉也，其用。陳氏學述，遇寇遠矣。夢兆公爲閩縣時，廉訪使者怒曰：「汝何恃而敢然邪？」公曰：「孤寒小官，無可恃，所恃者潔己自守而已。」此其家法之一而可用爲法焉者，故及之。泰定丁卯中元前六日，承直郎、延平路總管府推官三山林興祖敬書。

---

〔註141〕 （宋）陳瓘《四明尊堯集》，《續修四庫全書》第 448 冊，上海古籍出版社 1996 年版，第 404 頁。

〔註142〕 吳洪澤，尹波，舒大剛主編《儒藏》史部·儒林年譜第 11 冊，四川大學出版社 2007 年版，第 521 頁。

## 154. 《治世高抬貴手序》（至正十二年，1352 年）

按：文載陸心源《皕宋樓藏書志》卷四十一〔註143〕（亦載四庫本《治世高抬貴手》卷首），錄文如下：

《治世高抬貴手》，中奉大夫江浙等處行中書省參知政事趙郡蘇公所編也。大綱凡六：曰治體、曰用人、曰守令、曰愛民、曰爲政、曰止盜。綱各有其目，誠前知之龜，不遠之鑒。有志於治者，宜無一之可遺，吾姑於六綱之目，各舉其一以例其餘。治體之目九，司馬公論牛僧孺而謂之誣今之論治體者必不至如牛僧孺之誣。用人之目十有四，歐陽公之論馮道，謂其無廉恥，司馬公以道爲姦臣之尤。今之用人者必不至用如是之人。守令之目有六，曰始造簿書備遺忘耳，今反求精於案牘而忽於人才，此張九齡歸重於守令者。爲守爲令，不可不此之思。愛民之目六，有謂弛茶鹽之禁，非所當先，此范文正公之言也。掌大計者，其可不思其所當先？爲政之目十有一，而漢建武之詔，所謂省減吏員者，豈非當今爲政之要歟？而其止盜之目八，舉夫子之言曰苟子之不欲雖賞之不竊，又豈非人之至簡而易行者歟？予於《高抬貴手綱目》，非有所去取焉。蓋各舉其一，而其餘無非可爲高抬貴手者也。蘇公著述之行於世者，有《名臣事略》、有《文類》，於《伊洛淵源錄》有序，皆嘗得而讀之。其明體適用之學，實得之魯齋先生許文正公云。至正十二年壬辰之歲良月吉日，三山林興祖謹書。

## 155. 釋廷俊（48／14）《重刻五燈會元序》（至正二十四年，1364 年）

按：文載《如來香》〔註144〕，錄文如下：

原夫菩提達磨，遡大龜氏、於於釋迦文佛眴青蓮目，而得教外別傳之旨之二十八代之祖也。既佩佛心印，於梁普通之初三東震旦：時學者方以講觀相高，乃曰：「吾不立文字，直指人心，見性成佛之爲宗。」六傳至曹溪大鑒：支而爲南嶽、青原：又分而爲雲門、臨濟、曹洞、溈仰、法眼五宗。支分派別，演溢於天下矣。

圭峰密公《禪源詮》曰：「禪之目爲五，曰外道禪，曰凡夫禪，曰小乘禪，曰大乘彈，曰最上乘禪。若古高僧之功用，與夫他宗之所謂禪者，則皆前四

〔註143〕（清）陸心源《皕宋樓藏書志》，《續修四庫全書》第928冊，上海古籍出版社1996年版，第451頁。

〔註144〕（清）唐時《如來香》，《四庫未收書輯刊》7輯第13冊，北京出版社2000年版，第169～170頁。（按：此序，中華書局點校本《五燈會元》未載。文末題署，《如來香》無，據朱俊紅點校本《五燈會元》補海南出版社2011年版，第3頁。）

種禪。惟達磨展轉相傳者，頓同佛體，迥異諸門，蓋最上乘禪也！」紫陽朱義公曰：「達磨盡翻窠臼，倡爲禪宗，視義學尤爲高妙矣。」又曰：「顧盼指心性，名言超有無。」用是知文公深明別傳之旨，要非言教所及。世之人徒見公衛道植教之語，而於吾氏未能窺斑嘗臠，輒肆詆訾。是不知公也。近時浙人黃氏，自負博洽，以教外別傳爲非佛氏之學，而別爲一學。吁！得稱通儒哉？是又朱子之罪人矣。

別傳之道，本無言說：然必因言顯道！顧雖明悟如釋迦文佛，亦由然燈記莂。故知祖祖授受，機語不得無述焉。宋景德間，吳僧道原作《傳燈錄》，眞宗詔翰林學士楊億裁正而敘之。天聖中，駙馬都尉李遵勖，爲《廣燈錄》，仁宗御製敘。建中靖國元年，佛國白禪師成《續燈錄》，徽宗作序。淳熙十年，淨慈晦翁明禪師，作《聯燈會要》，淡齋李泳序之。嘉秦中，雷庵受禪師作《普燈錄》，陸游敘。斯五燈之所由始，與藏典並傳。

宋季，靈隱大川禪師濟公，以五燈爲書浩博，學者罕能通究。乃集學徒，作《五燈會元》，以惠後學，恩至渥也。國朝至元間，於越雲壑瑞禪師作《心燈錄》，最爲詳盡，特援丘玄素所製塔銘，以龍潭信公出馬祖下，致或人沮抑，不大傳於世。識者惜焉。

《法華經》曰：「世尊放眉間白毫相光，照東方萬八千世界，慈氏發問，文殊決疑。」以謂日月燈明佛，本光瑞如此。《維摩經》云：「有法門名無盡燈。無盡燈者，如一燈然百千燈，冥者皆明，明終不盡。」昔王介甫、呂吉甫同在譯經院，介甫曰：「所謂日月燈明佛，爲何義？」吉甫曰：「日月迭相爲明，而不能並明。其能並日月之明，而能破諸幽暗者，惟燈爲然。」介甫擊節稱善。吾宗以傳燈喻諸心法，而相授受者，其有旨哉！

會稽開元大沙門業海清公，早參佛智熙公於南屏，既得其旨，復典其藏教。久而歸故隱，關一室以禪燕自娛。廣智欣公題之曰「那伽室」，而銘之，其鄉先生韓莊節公爲之記。公今年及八十，每慨《五燈會元》板毀，學者於佛祖機語，無所考見。於是罄衣缽之資以倡施者。惟是太尉開府儀同三司上柱國江浙等處行中書省左丞相兼知行樞密院領行宣政院事康里公，首捐俸資，而吳越諸師，聞而翕然相之。板刻既成，使其參徒妙嚴，徵言敘其瑞。予視清公蓋諸父也，嘗承其教誡，挹其高風。茲復樂公之所以爲惠來學之志有成，用不辭蕪陋，而序之云爾。至正二十四年龍集甲辰夏四月結制後五日，杭中天竺天曆萬壽永祚禪寺住持番易釋廷俊序。

## 156. 張翥（48／581）《傷寒紀玄妙用集序》（至元二年，1336 年）

按：文載陸心源《皕宋樓藏書志》卷四十七〔註145〕，錄文如下：

上都惠民司提點尚君仲良編次《傷寒紀玄妙用集》十卷，四十篇。方法整密，議論詳明，有前醫所未發。僕頂覽焉，乃述嘗聞君之說，與其書之大旨，爲敍於集端曰：予少雅嗜醫，客次錢唐，從鄮人張信之遊，熱不以未脫絮之爲酷，寒不以猶衣勔之爲單。敗席之枕，薄糜誁饞，矻矻窮日夜，心求口誦，自《本草》、《靈樞》，下逮古今之經方論訣，與其訓注，悉參而訂之，必精析其宜，及研索其旨趣，明辨其標本。居二十年，始粗通其要。搢紳君子歷試諸脈之難察、疾之罕愈者，遂見譽於時。用薦者徵，以至遭遇得五品服。而又提醫學江浙，亦云幸矣。今百念已息，惟活人之心弗息也。故取平生所用心於仲景金匱玉函活人明理等書，輯而成集。間附己見，非冀於傳世，姑備衛生朝夕之用，不廢後學繙閱之勞，且俟識者有以正之耳。君之自言如此。嗟乎賢矣！世之醫者，於倉卒小疾，雖百療之，百瘥無足異也。其或陰陽錯亂，氣血乖離，傳變差責，脈部隱伏，非灼乎其見，則惑於疾之疑似；非審乎其法，則妄於意之處置。以爲當損焉，而不知不足也；當補焉，而不知有餘也。視脈尺寸失，弗治；投藥腑腸誤，弗嗆。是脈生之，而醫斃之也。其重如是，而庸陋之徒，竊學者剽耳目，無術者肆胸臆，遂使聖賢之法不明，方論之功莫究。以人試焉，而天枉不幸者多矣。君子於此，所以必紀其玄而妙其用也。推君名書之旨，則君之心蓋欲使人廣而達之，而求與之同詣乎其極也。則夫讀是書者，亦必存君之心，知君之用功，然後其醫無所不售矣。庸可忽邪，庸可忽邪。至元二年龍集丙子六月一日，晉寧張翥著於廣陵寓齋。

## 157. 郭翼（51／74）《遊仙詩跋》

按：文載郭翼《林外野言》卷上〔註146〕（亦載明代趙琦美《趙氏鐵網珊瑚》卷九，郁逢慶《續書畫題跋記》卷七），錄文如下：

《遊仙詩》，遂昌其最優乎？貞居仙去，不可復得。清眞余君復初請余和之，以繼二妙之後，其知言乎？昔揚雄作《太玄》曰：「後世有揚子雲必好之」，蓋謂作者非難，知者爲難也。復初舊有能詩聲，余故喜之，遂爲賦此，但不可與不知者言耳。太原郭翼識。

---

〔註145〕 （清）陸心源《皕宋樓藏書志》，《續修四庫全書》第 928 冊，上海古籍出版社 1996 年版，第 523～524 頁。

〔註146〕 （元）郭翼《林外野言》，《叢書集成續編》第 168 冊，新文豐出版公司 1989年版，第 265 頁。

## 158. 高明（51／90）《跋宋放翁先生晨起詩卷》（文題自擬）（至正十三年，1353 年）

按：清代陸時化《吳越所見書畫錄》卷一有《宋放翁先生晨起詩卷》，備錄諸家題跋，高明跋云〔註 147〕（清代陶元藻《全浙詩話》卷十五《南宋》〔註 148〕亦《吳越所見書畫錄》載此跋）：

陸務觀詩大概學杜少陵，間多愛君憂時之語，如《題俠客圖》所謂「無奈和戎白面郎」，《示兒作》所謂「但悲不見九州同」，《壯士歌》所謂「胡不來歸漢天子」，其雄心壯氣可想見已。此詩意高語健，不以衰老自棄而欲尚友古人，不以蒿萊廊廟異趣。而所貴者道則其平生所志，又非徒屑屑於事功者。或者乃以《韓平原南園記》爲放翁病，豈知《南園記》唯勉以忠獻事業，初無諛辭，庸何傷？夫放翁不受世俗哀，而直欲挽回唐虞氣象於三千載之上，又安肯自附權臣以求進耶？至正十三年夏五月壬辰，永嘉高明謹誌於左方。

## 159. 劉玉（51／356）《石初集序》（洪武癸丑，1373 年）

按：文載陸心源《皕宋樓藏書志》卷一百〇七〔註 149〕，錄文如下：

文章之在古今，猶天地之元氣，未嘗一息閒也。論者謂文章繫乎世運，盛則盛，衰則衰，是未足爲知斯文者。世運盛，文章固與之俱盛。及其衰也，文章不與之俱衰，何也？盛而非文之用，不能以致治；衰而非斯文之未喪，何以扶當世之衰、後來之盛乎？蓋盛而衰，衰而復盛者，世運之常。文章與天地並，不隨世運也。是以文章顯而世運爲之盛，文章藏而世運爲之衰。顯，顯於天下；藏，藏於人心，藏其本也。故凡文章之顯於天下者，皆藏於人心者爲之，此乃人得之於天，所以合元氣以御世運者。世運豈得而盛衰之哉？然顯者，天下共知而尊之。藏，非知道之君子未易與語此也。烏乎！廬陵能文章者尚矣。近遭世亂，儒道幾墮。今英材輩出，各以其所能詩若文自高，而不知有應俗之慚，其將何以極之乎。同郡周石初先生績其世學，而介然自守。其爲文爲詩有古意，有奇氣，能使人讀之興起。而隱居深藏，不妄交，不求名，故雖老成，而人鮮識之者。余以爲，當此之時，得如先生數輩，以激昂後學，使有所法，庶幾鄉國有天下士，以鳴聖朝啓運之隆，而古文復倡

〔註 147〕（清）陸時化《吳越所見書畫錄》，《續修四庫全書》1068 冊，上海古籍出版社 1996 年版，第 42 頁。

〔註 148〕（清）陶元藻《全浙詩話》（上），中華書局 2013 年版，第 400 頁。

〔註 149〕（清）陸心源《皕宋樓藏書志》，《續修四庫全書》第 929 冊，上海古籍出版社 1996 年版，第 519～520 頁。

於茲，豈不足爲廬陵光。而未見有志之同者，豈天無意於顯者，而猶有待耶。然則先生之文與詩，何可使晦而弗彰乎。至是先生之門人晏彥文編錄爲集，且道先生之命，欲予爲之序。予昔雖嘗學於鄉先生之能文辭者未能，今又窮處而耄及，何能與於此。而先生獨不鄙夷之意者，天將復顯斯文與先生，其知我矣。於是述愚所見，附於集之末，以俟夫能古文而顯者以質其然否焉。洪武癸丑孟夏初吉，老友劉玉汝成之書。

### 160. 王充耘（52／69）《危氏世醫得效方序》（至元四年，1338 年）

按：文載《世醫得效方》卷首〔註150〕，錄文如下：

語云：「醫不三世，不服其藥。」醫何以貴世業也？謂其更嘗多，而險危劇易皆得之耳聞目見，較之臆決嘗試者，得失何啻倍蓰。且藥進醫手，而方傳古人，古方之行於世者何算，一證而百方具，將爲所適從哉。夫病者懸命醫師，方必對脈，藥必療病，譬之抽關啓鑰，應手而決，斯善之善有矣。若中無定見，姑徐徐焉取古方歷試之，以庶幾一遇焉。雖非有心殺人，而人之死於其手者多矣。醫所以貴專門，方所以貴經驗也。南豐危亦林，先世遇古名醫董奉遠孫京，受醫術，其後世業之。且遍參諸科，至亦林五業，而學益備技益工，所全活者益眾。乃取平昔所用古方，驗而無失者，並與其祖、父以來得之師授者，類萃成書，仿《聖濟總錄》以十三科編次，名目《世醫得效方》，將鋟梓以廣其傳。余觀世之人，得一方輒靳靳焉莫肯示人，往往以《肘後》、《千金》爲解。今危氏以五世所得之秘，一旦盡以公諸人，其過人遠矣。昔許叔微未達時，人勸以樹陰德，許念貧而樹德惟醫爲可，乃攻醫以活人，其後訖致顯宦，造物之報施如此。然余以爲以身種者有限，以書種者無窮。今危氏能公其術於人，使家有其書，即人無夭死，其所種者不亦多乎。陰德之報，在其身，在其子孫，余知其必有過於許氏者矣。後至元四年八月，承事郎同知永新州事王充耘與耕書。

### 161. 舒頔（52／189）《跋績溪汪處士屬續所賦如夢令詞後》（洪武戊申，1368 年）

按：文載汪晫《康範詩集》後附《康範實錄》〔註151〕，錄文如下：

古君子見稱者，以六德六行論，文藝次之。遯世不耀，抱道而行，非古

---

〔註150〕（元）危亦林撰、王育學等校注《世醫得效方》，中國中醫藥出版社 1996 年版，第 2 頁。

〔註151〕（宋）汪晫《康範詩集》，景印文淵閣四庫全書第 1175 冊，第 594 頁。

君子歟。伏讀康範先生汪公行實，或者惜其不見用於時，非也。志於道，不以利祿分。若曾、思二子，嘉言善行散諸經，先生哀而成書，非志道者然乎，奚其用？五世孫疇既經喪亂後，什襲弗墜，賢於伯魯矣。竹坡待制呂公述於前，宗家禮部尚書叔志公識於後，子孫保之。洪武戊申八月三日里生舒頔敬跋。

### 162. 詹天祥（52／522）《新編晦庵先生語錄類要跋》（大德壬寅，1302年）

按：清代楊紹和《楹書隅錄》卷三《子部》著錄元本《新編晦庵先生語錄類要》十八卷，云「卷末大德壬寅武夷詹天祥跋云」〔註152〕，今據以錄文：

右《文公語錄類要》十八卷，故考亭書院堂長澹斬葉氏手編之書也。堂長諱士龍，字雲叟。弱冠由括蒼來考亭，從勉齋遊，因家焉。學成行尊，臺郡迎致講說，其所著書有《論語詳說》二十篇，又文集若干卷。是編取《文公語錄》撮要分類，初題曰《語錄格言》凡十九卷。殿講徐公幾愛其簡切，更題曰《語錄類要》。內獨省去第十九卷。蓋不欲學者驟言兵也、近年兵燬，不復存。天祥家藏殿講手校本，乃重校刻之云云。

### 163. 傅定保（52／522）《黃四如文稿序》（至治三年，1323年）

按：文載陸心源《皕宋樓藏書志》卷九十三〔註153〕，錄文如下：

莆前一輩四如黃先生，為名進士，為經學老師，為詞章大家。數異時，艾軒翁以經學鳴，遭際阜陵，致身法從，莆士之談性理者，率皆其徒。二劉後人則有若樗庵翁，以詞章著穆陵眷之厚，當兩制躋文昌，莆士之工詞章者多師之。若四如翁則瓜山先生之嫡孫行，家庭師友究之經學邃矣。演迤而為詞章，汪洋大口，若記序，若碑銘，若題跋，蒼然之光，淵然之色，未嘗求合於古也，而制雅未嘗務去陳言也，而意新未嘗求異於人之說也，而自不能不異。蓋以《詩》、《書》、《禮》、《易》、《春秋》為之本，而旁推交通，若《國語》之博、《離騷》之幽、《太史公》之潔，無不備焉。昌黎所謂仁義之人，其言藹如者也。違世屏居，屋屢常滿，使其逢則旃廈扉垣，蓋先生券內物。惜乎兼經學、詞章之長，而卒不施宰物者，孰從詰之哉。吾又觀於莆，有夾

---

〔註152〕 （清）楊紹和《楹書隅錄》，《續修四庫全書》第 926 冊，上海古籍出版社 1996 年版，第 641 頁。

〔註153〕 （清）陸心源《皕宋樓藏書志》，《續修四庫全書》第 929 冊，上海古籍出版社 1996 年版，第 366～367 頁。

漈鄭漁仲先生，白首窮經，尤精於史學。鄉也雖以布衣召，而終老丘園爲可恨。四如翁不爲艾樗之顯，甘同漁仲之晦。然位雖不顯，而書則傳；身雖晦，而名則彰。《通志》之行，夾漈之顯也；文集之傳，四如翁之顯也。士君子患無令名之難，窮達顯晦不足計也。夫不在其身，必在其子孫。公之子子才，學世其家，而文彪於時，今爲長汀郡幙。以翁與予咸淳辛未歲聯榜帖，粹翁之文若干篇，將鋟而傳之，不鄙囑予敘。予於翁何能爲役。辭不獲命，乃喟然曰：翁之文傳，則湛輩亦託不朽幸也。遂忘其僭，而爲之敘云。元至治三禩清明後一日，前進士清源傳定保書。

### 164. 傳商俊（52／529）《重修城隍廟記》（題目自擬）

按：明代劉節《嘉靖南安府志》卷十一《秩祀志》載南安府城隍廟「元統間燬於火，同知黑的兒修建，傳商俊記。」〔註154〕茲據以錄文：

城隍神姓氏雖殊，忠烈則一，宮室器服同於王者。按《豫章志》，神姓灌，漢穎陰懿侯，南唐封輔德王。政和四年，勅號顯忠。《臨江廬陵志》亦云灌侯。然元祐庚辰，長樂林通作縣圖經於城隍廟，曰漢御史大夫周苛守滎陽，爲項羽所烹。高祖思苛忠烈，令天下州縣附城而廟之。今《南安志》故老相傳，言郡城隍，漢初紀將軍也，勅號顯忠輔德王。蓋紀將軍亦爲項羽所焚，其忠烈無愧於周灌二者，祠之宜也。南安城隍廟建於岳祠之東，淳熙甲午夏四月旱蝗，太守孫昌言禱於廟。一夕風雨歐，螟蟊槁積廟庭，歲大熟。廟之舊路緜左出入，無直道，限於民地。孫侯以公地疏築，四戶洞闢，刊木爲橋，以達康莊。擇地濬井，以濟民用。元統癸酉厄於回祿，廟堂門廡一炬成塵。監郡所都率邑人以成正殿，弗克完。至元後戊寅秋，奉訓大夫南安路同知黑的兒顧瞻廟庭，歸然獨立，垣墉頹辟，乃思增搆以妥神樓。遂捐己俸贊於同寅，愶謀捐貨以相其成。井庭門臺重門列祠，凡爲屋幾百二十楹。正殿龕座，後殿軒陛，像塑六卿，石甃、陽路、彤紫、文華、黼黻具備。會木石工役費若於門值青松欲其清蔽黝肅永格神休。經始於戊寅，告成於己卯。父老來謁記勒石。余曰：古者，土地之神，社稷而已。今以紀將軍祠於城隍，是教民以忠。治民事神，國有彝典。《書》曰：「鬼神無常享，享於克誠。」故有其誠，則有其神；無其誠，則無其神。凡祀典之祭分不□□以六廟從民志也。水旱疾疫必禱焉。捨是他求，則人心不正，浮僞日滋，不淪於虛空則委於茫昧，

---

〔註154〕　（明）劉節《嘉靖南安府志》，《天一閣藏明代地方志選刊續編》，上海古籍書店 1990 年版，第 479～481 頁。

神安在哉。惟智者能窮其理，以克其私，則人心正而神亦正。神受其享，官受其福，民受其惠，皆思紀將軍之忠而繼葺之，俾勿壞。董民役者，府掾周大祐、郡人王民、郭儀、孫王彧、周康伯也。

### 165. 杜禧（53／586）二篇

**《王朋梅奉教作金明池圖跋》**（題目自擬）

按：據明代張丑《清河書畫舫》卷六上（亦載卞永譽《式古堂書畫匯考》卷49）錄文：

古人以畫家十三科，山水爲第一界，畫次之。此圖極爲謹細，一時之所尚也。翰林編修官杜禧敬題。

### 166. **《元王孤雲墨幻角抵圖卷跋》**（題目自擬）

按：據清代高士奇《江村銷夏錄》卷一〔註155〕錄文：

魚龍百戲角觝之技，而舞綆、高擎、足蹋梯竿、甕釜，又吞刀弄丸等極爲巇嶮艱難，其餘諸技流莫能及也。故目之爲鬼百戲。是技也，方之精絕，唯鬼物可以能之。畫工因其名稱繪爲斯圖，蓋有取之也。至於山海有經、《楚辭·天問》所著，又燃犀牛渚朱衣異類之跡，皆稱其形貌。國史院編修官杜禧。

### 167. 譚觀（53／593）**《吳文正公外集跋》**（題目自擬）（元統甲戌，1334年）

按：清代丁丙《善本書室藏書志》卷三十三著錄吳澄《臨川吳文正公集》四十九卷《外集》三卷，稱「外集本四卷，今闕其一，止三卷，有學生譚觀一跋。」〔註156〕今據清乾隆丙子刻本《草廬吳文正公全集》中《外集》卷三錄文〔註157〕：

先生年十三而已厭舉子業，至十五六概然有志於聖賢之學，以探夫濂洛關岷之傳，即已見夫大意。年十有九，敘道統之傳，直以繼朱子自任，豈徒爲是虛言以自誇也與？噫！不幾於生知者乎。晚年從容道義，則安且成矣。是編起於宋咸淳乙丑，迄於咸淳辛未，時方二十有三，皆手自編次，定爲四

---

〔註155〕 （清）高士奇《江村銷夏錄》，景印文淵閣四庫全書第826冊，臺灣商務印書館1986年版，第498頁。

〔註156〕 （清）丁丙《善本書室藏書志》，中華書局1990年版，第550頁。

〔註157〕 （元）吳澄《草廬吳文正公全集》，清乾隆丙子刻本。

卷。今悉不敢亂。其第四卷雜詩闕，徽菴程先生嘗跋其後。觀往年受讀於先生之季子稟，今欲看先生之全集，則是編者乃先生為學之大方，進德之次第。有志於先生之學者，必由是而基焉。則詎可以為少年之作而遂湮沒之乎？今序次於支言之後，仍私錄之。名而自為外集云。元統甲戌三月既望，學生譚觀謹識。

## 168. 徐持敬（53／597）《立塑像祭文》

按：明代方中續輯《蛟峰外集》，卷三錄有徐持敬《拜觀先師蛟峰先生歷任歲月與平生著述有感詩》、《立蛟峰先生塑像記》、《立塑像祭文》。今據以錄《立塑像祭文》〔註158〕：

> 惟正氣蟠薄天地間，公得之而生。自魁天下而為名法，從其耿耿不死者，空山林下今猶若見之。爰立肖像，所以立人心之畏也。斯文之重，百世是依。敢告。

## 169. 張復（53／609）《詩學押韻淵海序》（至元庚辰，1340年）

按：文載《詩學押韻淵海》卷首〔註159〕，錄文如下：

> 詩以性情為體，言為用，韻乃言之音節也。其自《三百篇》以降，古詩猶叶韻，後世分四聲為韻書，至唐而詩之程度拘矣。流而為宋之省題，亦韻其弊之極者與？逮我聖朝，文教休明，過流劫密，四方作者迭興，各出一機杼，亦已盡矣。一日見梅軒蔡氏《詩學押韻淵海》，乃淥溪子仁嚴君所編。各韻摭群書而備韻料於前，選志集而類韻語於後。其收也富，其擇也精，詩家韻書是為詳備。然考觀歷代名家，其善押韻者，或穩而雅，如大廈桓楹，萬力莫推；或陰而奇，如仙山懸石，千古不墜。初善蹈襲陳語，而亦未嘗必其有末處，斯豈出於檢閱而成章也哉？蓋士必學詩，學韻至於是，而不能驟至於是，故為之鑒，論以備，其熟此而有以焉可。況乎賡歌用韻，舉世所尚，生之一唱百和，而較以應之敏鈍，押之工拙，讀不盡卷，焉得而不求益於是書也。雖然，道不古矣。古之詩，情性興而為辭，今之詩，辭每制於韻。既以穩而雅、陰而奇，又以得其情性之正，亦難矣哉。能於《三百篇》求其平易，以思古之道焉，是乃望於為詩者。後至元庚辰四月望日，前進士張復序。

---

〔註158〕（宋）方逢辰《蛟峰集》，景印文淵閣四庫全書第1187冊，臺灣商務印書館1986年版，第624頁。

〔註159〕（元）嚴毅《詩學押韻淵海》，《四庫全書存目叢書》子部第172冊，齊魯書社1995年版，第96～97頁。

## 170. 王理（54／1）《修辭鑑衡序》（至順四年，1333 年）

按：文載陸心源《皕宋樓藏書志》卷一百一十八〔註160〕，錄文如下：

文章之作尚矣。自書契始，古者積學而言成文，益降益壞，其法不傳。後之學者不得其術，尚辭者義虧，植意者事逸。義虧竭塞，事逸耗枯，皆不足以達辭輔理，於道則眊矣。文以載物適事，詩以言情道和。事適則行，情感則通，於政有稽焉。文至於華習，詩至於不近情，則幾乎息矣。《修辭鑑衡》之編，所以教爲文與詩之術也。文止於兩漢，而延及乎韓柳；詩止於漢魏，而延及乎唐人，所以難也。若話言之成文，俚誦之成詩，夫豈能之哉。琢玉者以磨礪，冶金者以鎔範。若玉不磨，金不範，則射可無習弓，御可無調馬矣。文豈異？監察御史東平劉君起宗始（以上四庫本闕〔註161〕）以歲貢山東廉訪司，爲其書吏，居濟南。故翰林承旨王文肅公爲濟南總管，固其鄉先生也。君以諸生事之，文肅教之爲文，出書一編，即此書也。劉君愛之不忘，俾刻之，理命李君晉仲、李君伯羽校之，釐正其次敘。論詩爲首，文爲後，四六以附，凡一百九十餘條，俾學者知其難焉。因命儒學正戚君子實掌板、鄭槑刻之於集慶路學。至順四年七月望日，文林郎江南諸道行御史臺監察御史王理敘（四庫本作「序」）。

## 171. 張采（54／12）《養蒙先生文集序》（至正六年，1346 年）

按：文載陸心源《皕宋樓藏書志》卷九十五〔註162〕（亦載四庫本《養蒙文集》卷首），錄文如下：

先公文穆在宋世，由童子科及第。逮事聖朝，復以詞臣錫封受爵。然不喜以藻翰自能，既沒無成稿，命男炯訪求遺逸，僅得若干篇，釐爲十卷。刊之右塾，使無忘前人之徽烈。其藏諸人，散於四方者未能兼收並錄，則中心之深歉也。至正六年正月望日，中議大夫河東宣慰副使致仕男采拜手謹識。

〔註160〕（清）陸心源《皕宋樓藏書志》，《續修四庫全書》第929冊，上海古籍出版社1996年版，第645～646頁。

〔註161〕《四庫全書總目》卷196《修辭鑑衡》提要稱「序文僅存末頁」。參永瑢《四庫全書總目》，中華書1965年版，第1791頁。

〔註162〕（清）陸心源《皕宋樓藏書志》，《續修四庫全書》第929冊，上海古籍出版社1996年版，第398頁。（按：《皕宋樓藏書志》著錄張伯淳《蒙養先生文集》。蒙養，當作「養蒙」。）

## 172. 謝升孫（54／30）二篇

### 《跋林和靖真跡》（元統甲戌，1334 年）

按：文載明代朱存理《珊瑚木難》卷 3、趙琦美《趙氏鐵網珊瑚》卷三、張丑《清河書畫舫》卷六下、清代卞永譽《式古堂書畫匯考》卷九、倪濤《六藝之一錄》卷三百三十七，錄文如下：

此和靖眞跡，聶衛公帥蜀時所得也。觀其筆勢遒勁，無一點塵俗氣，與暗香疏影之句標緻不殊。此老胸中深有得梅之清，故其發之文墨者類如此。當襲藏之，以爲珍玩。元統甲戌夏五，謝升孫書於南窗子順。

## 173. 《元風雅原序》（至元二年，1336 年）

按：文載《元風雅》卷首〔註 163〕、陸心源《皕宋樓藏書志》卷一百一十六〔註 164〕，錄文如下：

詩者，斯人性情之所發，自《擊壤》來有是矣。然體制隨世道升降，音節因風土變遷。以近代言唐詩，不與宋詩同，晚唐難與盛唐匹。我朝混一海宇，方科舉未興時，天下能言之士，一寄其情性於詩。雖日家藏人誦，而未有能集中州四裔文人才子之句，匯爲一編，以傳世行後者。廬陵孫君存吾有意編類，雕刻以爲一代成書，其志亦可尚已。吾嘗以爲中土之詩沉深渾厚，不爲綺麗語，南人詩尚興趣，求工於景意間，此固關乎風氣之殊，而語其到處則不可以優劣分也。編詩者當以是求，讀者亦以是觀，則得之矣。子其遍歷風騷之國而搜訪焉，庶乎是集可無遺憾。若夫可否去取，自有當今宗匠在。至元二年丙子三月晦日，旴江南窗謝升孫子順父敘。

## 174. 郭公葵（54／114）《朱右廣琴操跋》（題目自擬）

按：朱右《白雲稿》卷一《賦》錄有《廣琴操》十首，後附有郭公葵跋、天台劉仁本羽庭《讀廣琴操》詩。朱彝尊《明詩綜》卷六〔註 165〕、《靜志居詩話》卷二〔註 166〕評述朱右時，亦提及郭公葵之跋。今據四庫本《白雲稿》錄文：

---

〔註 163〕 （元）傅習、孫存吾編《元風雅》，景印文淵閣四庫全書第 1368 冊，臺灣商務印書館 1986 年版，第 2 頁。

〔註 164〕 （清）陸心源《皕宋樓藏書志》，《續修四庫全書》第 929 冊，上海古籍出版社 1996 年版，第 623 頁。

〔註 165〕 （清）朱彝尊《明詩綜》（第 1 冊），中華書局 2007 年版，第 221 頁。

〔註 166〕 （清）朱彝尊《靜志居詩話》，人民文學出版社 2006 年版，第 52 頁。

《古琴操》十有二，韓子去其二，而取蔡中郎《琴操》事蹟，作《十操》。予嘗讀而悲之，見韓子有志周孔，而惜夫時不值也。特著其辭以自表見，觀其託意命言，實邁往代。比讀朱君伯賢《廣琴操》，其所見又出人意表，非徒擬而作也。《將歸操》曰「九州博大兮將予遂之」，聖人待天下之心也。《猗蘭操》曰「子如好修，維我之求，道在躬也。子如不好，於我何郵，安於命也。」用行捨藏，誠在人而不在已矣。《龜山操》曰「周公上天，奈龜山何」，則國家之治否，實存乎其人。《拘幽操》曰「日月有明，容光弗留」，輔相之蔽也。《岐山操》曰「既有我土，毋戕我民」，太王之志也。《履霜操》曰「民生有知，以順天賦」，天下之爲父子者定矣。《殘形操》曰「日修爾躬，自天之祐」，君子唯自修而已爾。吁！茲非有以廣韓子之意與？先民有言文章不關世教不作可也，伯賢讀書力行垂三十載，著述甚盛，若《廣琴操》作於韓子之後，立言尤難，其宜與古人並傳哉。自予嗜學好修，每恨不得友天下善士，況上論世而友之乎。然予亦悲其志之不達也。《操》成，嘗過予，歌之嗚嗚，感慨不能禁，而辭則止乎義命者也。因志末簡，俾來者有考焉。汾陽郭公葵識。

## 175. 趙汸（54／292）《與宋潛溪書》

按：見載於明代唐順之《荊川稗編》卷十二《春秋二》，今據以錄文〔註167〕：

初嘗薈萃諸家說合經意者，作《集傳》，歲久未能脫稿，日月之說亦未定。始悟屬辭比事，欠精欠密。竊謂先王制禮，後王定律，事雖不同，然其倫理、分義、治體、法意，莫不在乎尊卑上下內外之間，緩急輕重大小之際。況《春秋》兼該禮法，事有常變，有經權。而學者乃爲一切之說以釋之，宜其不能通也。於是離析部居，精別其義類，而更以屬辭比事之法細推之，則凡滯礙膠結處，皆渙然冰釋，因之以考日月之法，亦昭若發蒙，如有神助矣。蓋屬辭比事之法，至是愈見其妙而，經之八體始定。既又思八體之名，雖不可易，汸出於一得之愚，若非匯別臚分使人一見了然，非惟觀者未易深察，雖吾書亦未必無矛盾也。乃分爲八篇而類釋之，名曰《春秋屬辭》。嘗謂聖人作經雖不可測，以今觀之，二百四十二年簡策如山，亦必屬辭比事而後可施筆削。所以學《春秋》者，若非屬辭比事，亦未必能達筆削之權。故其間紀綱義例，皆是以此法求之，於經的有證據，然後取先儒之說以實之，殊與臆斷無繩墨者不同，此屬辭之所以名也。第一篇與末論，即是黃先生之意，考之經傳，

---

〔註167〕（明）唐順之《荊川稗編》，景印文淵閣四庫全書第953冊，臺灣商務印書館1986年版，第240～241頁。

並不見筆削之跡。第二篇筆削之旨，乃本二傳陳氏，擇其所當存而補其所未備，第三篇至第六篇，間有先儒之說，而後傳之旨居多，或辨其所未然。第七篇發機於二傳、何氏及西疇崔氏，然黃先生日月例亦只守杜氏之說。嘗取林少穎論日月二篇置六經補注中，亦不甚取後傳，不全廢褒貶，所取三傳義例，今皆不能盡合，譬如適國都者，其道路行程軌轍一遵指授，至於宗廟之美、百官之富，只合據今日所見言之乃爲弗畔爾。

## 176. 劉性（54／568）二篇

### 《宛陵先生年譜序》（至元二年〔註168〕）

按：此文載於元代張師曾《宛陵先生年譜》卷首（亦載四庫本《宛陵集·附錄》），今據《年譜》錄文〔註169〕：

宛陵梅先生以道德文學發而爲詩，變晚唐卑陋之習，啓盛宋和平之音，有功於斯文甚大。歐陽文忠公知之最深，既題其詩稿，又序其集，又序其所注《孫子》，又銘其墓而哀之以文。蓋文忠公之知先生，猶子房謂沛公爲殆天授者，是豈容贊一辭哉。然昔之君子以言語文字爲天下後世所貴重者，必其出處語默之際，無或少悖於理，而後能垂世而行遠，此年譜之所爲作也。張君師曾叔興世爲宛陵人，著《宛陵先生年譜》，余得而讀之，愛其詞約而事備，論覈而理明，其多以歐陽子之書爲據依，已爲得書之體。至於辨魏泰、邵博之厚誣，使先生可作，亦自喜後之人爲能知己者，且尤有補於世教也。抑又考之，宋嘉祐二年詔修取士法，務求平澹典要之文。文忠公知貢舉，而先生爲試官，於是得人之盛，若眉山蘇氏、南豐曾氏、橫渠張氏、河南程氏皆出乎其間，不惟文章復乎古作，而道學之傳，上承孔孟。然則謂爲文忠公與先生之功，非耶？吾鄉周丞相定著《文忠公年譜》，學者賴之。此書當與之並行，宛陵文獻於是足徵矣。叔興以余誦習歐陽子之書，屬敍而刻之。不獲辭謝，爲識卷末云。至元二年丁丑八月既望，廬陵劉性序。

---

〔註168〕按：《全元文》小傳稱「劉性（？～1344）」。至元二年丁丑，記載有誤。後至元二年乃丙子年（1336），丁丑爲後至元三年（1337）。則所署時間「至元二年」或爲「三年」之誤。

〔註169〕吳洪澤、尹波主編《宋人年譜叢刊》第2冊，四川大學出版社2002年版，第815頁。（按：此文亦載朱東潤《梅堯臣集編年校注》下冊迻錄九，上海古籍出版社1980年版，第1169頁）

## 177. 《韋齋集原序》（至元三年，1337 年）

按：此文載於朱松（朱熹之父）《韋齋集》卷首、陸心源《皕宋樓藏書志》卷八十一〔註170〕，今據《韋齋集》錄文〔註171〕：

　　《韋齋集》十二卷，宋吏部員外郎新安朱公喬年之詩文也。河內傳安道爲之序，雲公嗣子南康太守刻諸江西。性，江西人也，而未始見之，蓋其板本亡矣。旌德新學告成之明年，性遣校官袁祥求書新安，時吳郡干文傳守婺源，廬陵曹汝舟爲之賓佐。性因寓書婺源曰：「朱文公之書在天下，所謂家傳而人誦之矣。獨《韋齋集》四方罕見，婺源文公故里也，必有藏此書者，其爲我購求之。」汝舟以書來報曰：「干侯之治婺源也，文公故宅與其先墓之爲豪右所奪者，侯皆取而歸諸朱氏矣。仍俾遠孫之居建安曰勳者來掌祠事，勳以《韋齋集》爲侯獻。侯聞子之求書也，亟以相授子，其有以廣侯之意乎？」性受書歎曰：侯以州政最江東，至於修復朱子祠宇、墳墓，則非俗吏之所能爲者。而爲之者，惟侯能也。而又不鄙我旌德之人士，幸惠茲文。性不佞，敢不承命？乃爲繕寫，刻之學宮。竊惟孔孟之道，至程子而復明，至朱子而大明。夫人有一行之善、一藝之美，未有不本於父兄師友者，而況於道有以參天地之運，學有以紹前聖之統者乎？程太中能知周子，故二程之學繼孟氏；韋齋能友延平，故朱子之學繼程氏。則韋齋之書，學者可不學乎？竊窺韋齋篤志於伊洛之學，其視游、楊、羅、李，孰敢議其先後。若文詞字畫，又於荊公、蘇、黃，皆取法焉，豈不以學之大有，既推源探本而極其端矣。至於曲藝小伎，亦莫不各有理，而盡其心焉。不專一門，而惟是之從也。文公集群儒之大成，紹周程之正統，而於熙寧、元祐諸公之是非得失則未嘗有所偏主焉。豈亦本於家學而然歟？《記》曰：「三王之祭川也，先河而後海，或源也，或委也」，此之謂矣。故書於篇目之末，以就正於婺源云。侯字壽道，延祐初進士高第，累歷州縣，所至有風績。汝舟字德川，以諸生推擇爲吏，與性同郡相好也。至元三年丁丑五月五日，後學廬陵劉性謹書。

---

〔註170〕　（清）陸心源《皕宋樓藏書志》，《續修四庫全書》第 929 冊，上海古籍出版社 1996 年版，第 237～238 頁。

〔註171〕　（南宋）朱松《韋齋集》，景印文淵閣四庫全書第 1133 冊，臺灣商務印書館1986 年版，第 427～428 頁。

## 178. 李惟明（55／102）《濬洸河記》

按：明代謝肇淛所編《北河紀》卷三《河工紀》有其《濬洸河記》，今據以錄文〔註172〕：

洸河閥祀久漸堙乎，汶沙底平，相較反崇汶三尺許。山水漲後，其流涓涓，幾不接會通。汶歲築沙堰堨，水如洸，堰尋決而洸自若，所在淺澀澀，漕事不邌。至元四年戊寅秋七月漲，潰東閘。閘司並上之分監，遣壕寨李讓相度，截斗際雪山麓石刺餘十有八里堙淤為尤，揆日較工，知監力濬不易，因言分監，倩有司贊翼功，庶可就監丞馬兀承德為覆。實備關內監稾中書允發泰安之奉符、東平之汶上，一縣夫六千餘期濬。五年春，創聞未遑。冬，監丞宋公伯顏不花文林分治會通，役先上源，酒掄豪寨，官嶽聚，統監夫千合二縣權輿。於六年仲春望日底闊五步，上倍之深五尺，濬如式。公以令史周守信奏，差不花驛來任之而聚也。勤敏厥職，監守者不廹，趨事者不緩，居者不擾，役者不勞，未閱月工畢，而深固堅完，水濟會通，漕運無虞。汶上尹王侯居敬輩狀其實，徵文以記。余忝部民義，弗獲辭。余聞論者謂堰壅沙以致堙洸河，是得其一，未知其二也。近年泰山、徂來等處，故所謂山坡雜木怪草盤根之固土者，今皆墾為熟地，由霖雨時降，山水漲逸，衝突沙土，萃貫汶河。年復若是，以致汶沙其浩浩若彼，而洸因以淤澱也。設無堙城堰，洸自爾，奚獨尤彼也。閘司不知虞，此直以水之盈縮、民之利害為節，而開閉之非知所先務矣。要之，洸河既濬，宜令閘司嚴飾閘板，謹杜閘口，絕塞沙源，勿令流沙上漫入洸，後撤堰石底流。又閘口漲落，扒去淤沙，不使少停，閘水益深，俾洸常受清水，以輸注南北。役閘似繁，濬洸實簡，此源潔流清而永益也。不然，以歲益無窮之汶沙，注新濬有限之洸河。數年之中，余恐淤澱有甚於今日矣，梗漕勘民，後將有不勝其淘濬之患。謹記。

## 179. 屠性（55／124）《數日不面帖》

按：文載《式古堂書畫匯考》卷十九〔註173〕（亦載倪濤《六藝之一略》卷三百九十七），錄文如下：

---

〔註172〕 （明）謝肇淛《北河紀》，景印文淵閣四庫全書第 576 冊，臺灣商務印書館 1986 年版，第 600～601 頁。

〔註173〕 （清）卞永譽《式古堂書畫匯考》，景印文淵閣四庫全書第 827 冊，臺灣商務印書館 1986 年版，第 869 頁。

性拜啓季實學士心契兄侍史：數日不面，極切馳情，賤足又苦瘡痍，不良於行，故不能上謁也。老溫筆四枝、香匕壺一事，副以絲帕，聊表微忱，得哂笑留，不勝幸甚。黃山去人已迴未？山童此時想已在道。旱氣甚高，盛莊稼田無大損否？病足俟稍瘳，即當請見，以盡不備。性拜啓。七月九日謹空季實學士心契兄侍史。屠性拜啓上謹封。

## 180. 朱公遷（55／127）《四書約說自序》

按：據明代孫承澤《元朝典故編年考》卷八《錄用名儒》條錄文〔註174〕：

博學而詳說之，將以反說約也。詳說之餘能反說約，則舉其概而無不盡矣。子朱子序《大學》則曰「古之大學所以教人之法也」，序《中庸》則曰「子思子憂道學之失其傳而作也」。二書之約如此，而《論語》、《孟子》則又不然。記錄之詞章各有旨，不能說約，雖詳何益哉，故必一一要其歸趣而言之也。雖然詳說有毫釐之差，則約說有千里之謬，詳說云乎哉，可不悉致其精乎？詳而必精，精而後約，則脈絡合於統體，其於講求也幾矣。

## 181. 王東（56／97）《方叔淵稿跋》

按：文載方瀾《方叔淵遺稿》卷末〔註175〕，錄文如下：

子厚得叔淵先生吟稿，手鈔五言詩見教。異日倘示示（按：疑衍「示」）以全集尤幸。是歲長至日晚生王東書於澹軒。

## 182. 盧熊（56／180）二十五篇

### 《歸巢稿序》

按：文載盧文弨《常郡八邑藝文志》卷五上〔註176〕、陸心源《皕宋樓藏書志》卷一百○七〔註177〕。又載《吳郡文編》卷二百二十六〔註178〕，錄文如下：

文章與時高下，昔人有是言也。有能處憂患顛沛之中，不為外物之所搖奪，形於言辭無蹙迫憤懣之病，有異於昔人之言者，惟君子為能之。吾於子

---

〔註174〕　（明）孫承澤《元朝典故編年考》，景印文淵閣四庫全書第 645 冊，臺灣商務印書館 1986 年版，第 825 頁。

〔註175〕　（元）方瀾《方叔淵遺稿》，《叢書集成續編》第 108 冊，上海書店年 1994 版，第 776 頁。

〔註176〕　（清）盧文弨《常郡八邑藝文志》，《續修四庫全書》第 917 冊，上海古籍出版社 1996 年版，第 553 頁。

〔註177〕　（清）陸心源《皕宋樓藏書志》，《續修四庫全書》第 929 冊，上海古籍出版社 1996 年版，第 519 頁。

〔註178〕　（清）顧沅輯《吳郡文編》第 6 冊，上海古籍出版社 2011 年版，第 375 頁。

蘭先生之文見之矣。先生蚤有俊譽，嘗爲舊（舊，《藏書志》作「□」）晉仲俞用中諸公所知。生平重然諾，勇於爲義。琭繹經史，作爲文章，咸有根柢。與人論辨，亹亹（亹亹，《藏書志》作「□□」）不少休。在鄉里時，請復鄒忠公墓。寓吳中，又請作顧元公廟。世俗恍於異端邪說，先生因取經傳之言，作《辨惑編》以警之。其襟度磊落，識見雅正，實爲士林所推重。洪武十年冬，先生元子林以郡府所舉至京師，先生以書誂熊，曰：某有舊作，學子王著願板刻之。乃爲摘數十篇，以從其請，子其序之，庶不爲醫蒙矣。曩先生避兵時，雖漂搖逆旅中，所至人欽其德望，延致恐後。築（築，《藏書志》作「巢」）室松江之旁，講授之暇，聊以詩酒自娛。熊託交十五六年，一時倡和，若楊維楨廉夫、倪瓚元鎮、顧瑛仲瑛，俯仰之間淪落泉壤。先生年逾八十，歸隱橫山，實爲後進之所企慕（企慕，《藏書志》作「□□」）。其所著述，有不期於傳而自傳者矣。吾友中書舍人閩人張至道評先生之詩，雅正純絜，法度整嚴，可與傅與厲相伯仲，識者以爲名言。熊竊窺先生養之厚，氣之充，言行卓卓如此，蓋喜聞而樂道之者，因以冠之篇端。先生姓謝氏，自號龜巢老人，故名其集爲《龜巢文稿》云。范陽盧熊序。

## 183. 《跋吳封禪國山碑》（洪武十一年，1378 年）

按：文載明代楊慎《譚苑醍醐》卷八〔註179〕，錄文如下：

右《吳封禪國山碑》，天璽元年立，東觀令史立信、中郎將蘇建篆，在常州宜興善權寺後古離墨山。邑人稱爲囷碑，高八尺，圍一丈，其形如鼓。刻字周繞其上，今大略可見者三十七行，每行二十五字，合有八百餘字。按碑云：旃蒙協洽之歲，月次娵訾，日惟重光，大淵獻，遂受玉璽。文曰：「吳眞皇帝乃天冊元年乙未正月辛亥。」又云：「柔兆涒灘之歲，月正革元，郊天祭地，紀號天璽。先行禪禮，紀勒天命，則歲在丙申矣。太尉璆即弘璆，曲阿人。祖諮，孫權外甥。璆官至中書令、太子少傅、大司空。□史雲兼司徒董□國史瑩覈即光祿勳薛瑩東觀令華覈史。」又云：「天冊元年，吳郡言掘地得銀，改年大赦。天璽元年，吳郡言臨平湖開得石函，中有小石，刻皇帝字。」秋八月，鄱陽言歷陽山石，文理成字，刻石立銘，褒贊靈德。又吳興陽羨山有空石，長十餘丈，名曰石室，在所表爲大瑞。乃遣兼司徒董□兼太常周處至陽羨封禪國山，明年改元大赦。熊參考傳記，蓋以吳郡掘銀而改天冊，海鹽玉璽有文曰吳眞皇帝而改天璽，因歷陽山石文字而改天紀。碑云湖澤開通，

---

〔註179〕 （明）楊慎《譚苑醍醐》，中華書局 1985 年版，第 76 頁。

即臨平湖開之事。石室山石開發，即海鹽陽羨之事，當時海鹽亦屬吳郡。舊有六里山，石篆刻其略，曰：旃蒙協洽之歲，得玉璽，文曰吳眞皇帝。與此碑合。疑陳壽所書石函小石刻皇帝字悮。臨平湖開之文，史云於歷陽刻銘，今世亦不見此文字。如岩山《神讖》、海鹽玉璽、國山刻文，史家不能備載此文，歐趙二家皆有著論矣。其字畫形勢絕與《神讖》相似。第石質堅頑，工人就其上鐫刻，故行款廣狹長短微有不同。宋黃伯思稱皇象書《神讖碑》字勢雄偉，殊不審皇象在孫權時，與嚴範鄭姥等號八絕，則《神讖碑》亦蘇建書無疑也。東漢碑碣多尚隸書，獨此二篆有周秦遺意，神讖險勁，峻拔國山，純古秀茂，可與崔子玉書《張平子碑》相頡頏。若永建麒鳳贊，魏石經中篆文弗足論也。熊向獲見拓本，僅二十餘行，以《宜興記》校之，字多譌舛。今得自郡人謝林，始覩其全，因重疏如右，以俟識者云。洪武十一年春正月，吳人盧熊記。

## 184.《孫王墓辯》

按：文載《古今圖書集成》方輿彙編坤輿典第一百三十六卷《冢墓部》、趙宏恩《乾隆江南通志》卷三十八《輿地志》〔註180〕，錄文如下：

　　古漢豫州刺史孫堅、堅（按：堅，《江南通志》無）妻吳夫人及其子會稽太守策三墓，竝在盤門外三里，即今齊升院東南。面勢據古蛇門，正與府治相向。《祥符圖經》云：「孫堅墩，方俗稱爲孫王墓。」按：《吳書》：堅死於初平二年，年三十七。策死於建安五年，年二十六。吳氏死於建安七年，合葬堅墓。黃龍元年，權追尊堅爲武烈皇帝，廟曰始祖，墓曰高陵；吳氏爲武烈皇后；策爲長沙桓王。太元元年八月朔，風拔高陵松柏，石碑蹉（按：蹉，《江南通志》無）動。《晉陽秋》云：「惠帝元康中，吳令河東謝詢表爲孫氏二君置守冢五人，修護掃除。有詔從之。」其文張悛所作，今載《文選》。陸廣微亦云：盤門東北二里，有吳武烈皇帝並長沙桓王等三墓。前《志》云：宋政和六年，村民發墓，其甎側皆有萬歲永藏四篆字。得金玉奇器甚多，有東西銀盃，初若粲花，良久化爲腐土。並金搔頭十數枚，金握臂（按：臂，《江南通志》作「背」）二，悉皆如新。一瓦薰鑪，如近世。陸墓所制略似，而箱底灰炭猶存。碑石斷缺，僅餘中平年三字。州將遽命掩之，所得古物盡歸朱勔家。洪伯䂮《香譜》亦略載此事，即楊友夔所賦孫豫州墓者是也。洪氏《三

〔註180〕（清）趙宏恩《乾隆江南通志》，景印文淵閣四庫全書第508冊），臺灣商務印書館1986年版，第243頁。

庚志》云：「盤門外大冢，紹興二年秋雨隤圮，牧童入其間，得銅器數種，持賣於市。鄉人往視圮處，蓋其隧道有石刻隸書云『大吳長沙桓王之墓赤烏三年』，凡十二字。知府沈揆亟命掩塞，仍立石，表其所，滕宬爲記。」袁席之云：策死距赤烏三年，已四十載。豈非權稱制之久，復改葬乎？所得之器，滕藏一小鏡，其背有銘十四字；一銅小麟鎭紙，無款識。以遺席之。嘉熙中，墓傍土中又得唐孫德琳墓誌，云「開元十年，窆於十四代祖吳武烈皇帝陵東南平地」。又按《丹陽圖經》載高陵在縣西練塘鄉吳陵港。熊以傳記證之，當是堅葬曲阿，後遷於吳。史不及詳載爾。滕宬所記，謂紹康中提舉常平詹體仁嘗命其屬表之，題曰先賢墓。徐誼屬宬考訂，止從俗，稱孫王墓。宬蓋據陳壽說，「堅（按：堅，《江南通志》作「破敵」）葬曲阿」及言「策之薨，其將周瑜魯肅皆赴喪」，獨指（按：《江南通志》下有「此」）爲伯符之墓，亦未嘗及謝詢所表，不審三墳同域，故論說紛紜，自相牴牾。在政和，知爲豫州之墓；在紹興，知爲長沙之墓，皆不能質諸傳記以求其說。地亦嘗爲宮窯，故舊志不復詳究矣。因備載始末，傳諸好事，仍錄古今文詞如左云。

> 按：張紳有《高陵篇》詩，其序云：「盧君公武所著《孫王墓辯》，考據詳審，與蔡正甫《燕王墓辨》同。繼又作詩弔古，合古今詩文及和之者，敘次辯後，成一編以示予。可謂好古也矣。余雅好辯論古今，同賦詩一首。〔註181〕」

## 185.《元故遷善先生郭君墓誌銘》

按：文載明代朱珪《名跡錄》卷四〔註182〕，又載《吳郡文編》卷二百〇一〔註183〕，錄文如下：

> 先生諱翼，字義仲，世崑山右族。考友諒，爲大賈，獨善教子。妣陸氏。先生自少入鄉校，從衛培學。培，故宋參政涇。諸孫博學篤行，亟稱先生穎悟，深加器重。先生既壯，益肆力於學，沉潛百家，尤窴於易。年四十，閉門授徒，嘗署其受業之室曰遷善。曰以識吾過也鄉人亦爲名校南之梁曰遷善曰是吾郭君之所居也。先生爲文詞，必追古作者。諷誦思繹，

---

〔註181〕 見清錢謙益《列朝詩集》甲集卷十八（清順治九年毛氏汲古閣刻本）、陳田《明詩紀事》甲籤卷十八（清陳氏聽詩齋刻本）。楊鐮《全元詩》第46冊「張紳」條失收。

〔註182〕 （明）朱珪《名跡錄》，景印文淵閣四庫全書第683冊，臺灣商務印書館1986年版，第70頁。

〔註183〕 （清）顧沅輯《吳郡文編》第6冊，上海古籍出版社2011年版，第24頁。

雖一字不苟省也。其於一時文人，少所許予，獨稱永嘉李君孝光及天台丁公復所爲詩。李公亦謂先生之詩，佳處與人不同調。會稽楊公維禎每以其言爲題。先生與俗寡合，有力者多不肯薦引，竟以訓導老於學官。由是家益窮，守益堅，攻苦食淡，讀書自若也。嘗自號東郭生。又自稱曰野翁。所著文集曰《林外野言》，凡若干卷。病且革，知州高昌偰侯率州人士治其葬事，以至正二十四年七月廿三日卒，年六十。以是月某日，窆於馬鞍山北之中峰。因題曰遷善先生郭君之墓。妻胡氏，長子夔，皆先卒。次子曠。女壻汪思齊、陸彝。孫男長壽。嗚呼！先生之生也，連蹇不諧於時；其歿也，貧無以爲葬，亦可哀已。先生嘗謂熊曰：「吾死汝爲銘。」銘曰：嗚呼！有爲而不遂於施，而卒至於斯。籲其可悲！籲其可悲！范陽盧熊撰並書，吳郡王時篆蓋。

### 186. 《故俞府君墓誌銘》

按：文載《名跡錄》卷四〔註184〕，錄文如下：

崑山俞府君，以洪武三年（按：此下有一字，原注「缺」）月十有七日卒，年七十。其月二十五日，葬於縣城南積善鄉先塋之次。其諸孤致詞友人盧熊，曰：「先君葬有日，敢請銘。」按狀君諱謙，字謙甫。早有志操，既長，能樹立。習法律，爲吏性剛直，臨事奮身不顧利害人有善取爲己師不善疾之如仇。面折人過，失不少貸。其奉親事兄，一以孝敬。濟窮恤孤，意亦周至。眾由此稱之。年望五十，即退休於家，曰「吾衣食粗給，苟伏臘之計不遺以悅吾親斯人子之志矣。矧敢妄求耶？」遂卜室南闠外，屏絕人事，以產業畀諸子。人益賢之。會有誣君幼子嘗隸軍籍，牽連者十餘人，悉送兵部。君亟走訴中書，咸得釋以歸。未幾，君又以事至京師，遽病寒，急返。比至家，三日而歿。君之先，蓋杭之臨安人。父洪爲平江路驛史，始家崑山，今爲崑山人。君娶陳氏，子四人，思敬、思聰、思義、思誠。孫男二人，鑒、鏞。女四人。初，君未有子，熊先祖玄吉父謂之曰：「君孝慈方直，立心不欺，天將畀之，多男子矣。」今諸子皆賢，孫息蕃茂，天之報施善人，豈不信夫？銘曰：志皦皦兮烈秋霜，譽洋洋兮著鄉邦，有子孫兮而熾昌，猗作善兮有餘慶，尚不朽兮視銘章。范陽盧熊撰。

---

〔註184〕　（明）朱珪《名跡錄》，景印文淵閣四庫全書第683冊，臺灣商務印書館1986年版，第74頁。

## 187. 《周府君墓誌》

按：文載《名跡錄》卷四〔註185〕，錄文如下：

府君諱允升，字吉卿，姓周氏。其先常州晉陵人。七世祖世德，宋南渡時始遷平江之崑山居焉。曾祖天驥，娶盛氏。祖津，娶袁氏。治詞賦，端平元年、嘉熙四年鄉試兩舉待補進士。性介直，好施與貧者，資以粥藥、棺槨、作輿、梁溻、井渠，悉無所吝。嘗割股救父疾，或以義責之曰：「父母遺體，豈宜毀傷？」然因所予者還以奉之，詎為過耶？竟以高壽終。父大任，元建德路壽昌縣儒學教諭，自號好山居士。居士先娶葉氏，生男二女一；再娶陳氏，生府君及三男一女。府君家世為儒，而以醫術名於鄉邑。能謹飭勤儉，不妄交遊，兢兢守業，不墜以疾。卒於洪武三年七月十七日，年六十三。子一人，曰英；女為孫元亨妻，先卒。孫男二人，女二。周氏世有墓祠，曰奉思菴，在縣西大虞浦上，刱於宋紹興中。至是，府君亦祔焉。府君之妻王氏，余從母也。故為誌云。范陽盧熊造並書。

## 188. 《周伯延墓誌銘》

按：文載《名跡錄》卷四〔註186〕，錄文如下：

故周君，諱英，字伯延。之墓在太虞浦東若干步。伯延之先由常州晉陵徙平江之崑山。曾祖津來端平（按：此下有一字，原注「缺」）試詞賦，兩為待補進士，能以孝義聞於鄉。祖大任，元建德路壽昌儒學教諭。父允升，謹恪守先業。二世以醫名家。而伯延之學益閎博深奧，人多敬慕之。洪武六年癸丑，以醫局事繫府院。夏六月初三日，竟以疾卒。明年甲寅春二月祔焉。伯延之生，以元至順元年庚午九月二十日，得年四十有四。兩娶劉氏，各有一男一女。男曰冕、曰安定，女曰某、曰某。其葬也冕衰絰拜哭。以祖母王之命，俾其內弟盧熊為銘，詞曰：

猗若人，業孔茂。行修飭，資篤厚。困獄吏，非其咎。竟不祿，命所取。捐孩兒，哭慈母。月丁卯，日癸丑。大墓旁，葬北首。潛德存，昌厥後。述銘文，庶不朽。

---

〔註185〕 （明）朱珪《名跡錄》，景印文淵閣四庫全書第 683 冊，臺灣商務印書館 1986 年版，第 74～75 頁。

〔註186〕 （明）朱珪《名跡錄》，景印文淵閣四庫全書第 683 冊，臺灣商務印書館 1986 年版，第 75～76 頁。

## 189. 《楊子經墓誌銘》

按：文載《名跡錄》卷四〔註187〕，錄文如下：

崑山楊氏之子曰經，字子經。少從予授小學，讀書穎銳，異於常兒。其父自號間邪居士，剛嚴可憚。家庭之間，進退有度，一言一動，不敢苟且，牽略鄉里，皆期其有成。年二十餘，便罹家艱，能與其弟持門戶。有司推擇爲方石長，以督責兩稅，竟以罪死京師。年二十有五，實洪武七年八月某日也。及其喪還，弟綸歸葬於先塋之側。嗚呼哀哉！楊氏裔出弘農，子經之先居揚州江都。祖榮始爲崑山人。父諱誠，尚氣豪邁，即居士也。子經以至正十年庚寅六月廿四日生。洪武十年丁巳三月某日葬適母鄒氏、生母陸氏。妻繆氏。女一人，曰珤娘。嗚呼！予託交居士數十年，其出處進退不蹈於流俗。而父子相繼以死，豈厄於世運而致然歟？將稟命修短，一系於天歟？蓋不可得而知也。因繫之以銘，其詞曰：幼學壯行，志不獲騁。風霜激烈，摧彼朝槿。歸來故鄉，靈或未泯。勒銘幽泉，有涕斯殞。范陽盧熊撰。

## 190. 《錢瑞妻章氏墓誌銘》

按：文載《名跡錄》卷四〔註188〕，錄文如下：

處士錢伯祥甫之妻章氏德禎，祖諱敬，又諱俊，母胡氏。德禎生延祐五年戊午四月二日，年十有六歸於錢氏。崑山在宋多故家衣纓，文獻爲諸邑冠。若開封之鄭、濮陽之張、陳留之阮、高平之鬱，皆是也。錢本出郁氏，房族甚繁。德禎既廟見，能以禮自防，舅姑姒娣，宗族鄉鄰咸稱其賢惠。奉祭祀，饋賓客，必以身先之。洪武七年甲寅七月二十日以疾卒，年五十七。有子輅清，修好文。孫男嘉，女蕋。以是年十二月十五日葬於縣治之西南郁氏先塋之東北。詞曰：猗錢嫂，壼職修。相宗事，承世休。婁之江，昆之丘。勒茲文，識諸幽。范陽盧熊撰。

## 191. 《印文集考序》（至正廿五年，1365年）

按：文載《名跡錄》卷六〔註189〕，錄文如下：

---

〔註187〕（明）朱珪《名跡錄》，景印文淵閣四庫全書第683冊，臺灣商務印書館1986年版，第76～77頁。

〔註188〕（明）朱珪《名跡錄》，景印文淵閣四庫全書第683冊，臺灣商務印書館1986年版，第77頁。

〔註189〕（明）朱珪《名跡錄》，景印文淵閣四庫全書第683冊，臺灣商務印書館1986年版，第87～88頁。

摹印之法，六書之一也。徵諸史傳，其製作之大略可睹已。自唐以來，人不師古，私印往往繆戾，至於近世極矣。大德中，魯郡吾子行父因六書之學，略舉其要而人稍稍趨正。先生與承旨趙公，又各集爲印譜，可謂信而有徵也。鄉人朱珪，篤志於古，嘗從錢塘吳睿師授書法。凡三代以來金石刻辭，靡不極意規倣。暇日又取宋王順伯，並吾、趙二家印譜旁搜博取，纂爲凡例。並吳睿等所書印文，及自製私印附焉，名曰《印文集考》。間以示予，予謂私印之作，固書學之一事，爲士大夫者罕習知之，而況上窮蒼史神明之奧，以通造化之原者哉？宋宣和間，嘗修《博古圖》，至於鏡鑒泉貨之文亦頗著錄，然猶未採印文也。至王球《嘯堂集古錄》昉有之。近世曹南吳忠淳刻《學古編》，僅存古印數十。而莆田鄭燁又集印文七十餘鈕，模刻傳之，名曰《漢印式》。所撰序略無所依據，繆爲廣博之詞而失其要領。又自以所製附後，舛謬尤甚。其稱唐張彥遠，宋李伯時、王子弁，近時吾子行失其本，又不知何說也。大概前人志於存古，所輯不能無醇疵。其多者既不能廣傳，而簡略者又無以考信千載之下，又孰能辨某印爲漢魏、某印爲晉唐。而當時作者豈盡出於蔡中郎、李少溫之流乎？苟非識見之博，考訂之審，使玉石錯雜，涇渭混淆。如鄭燁之繆者，亦何益哉？今朱君所著，黜其背戾，存其簡約，集爲成書，誠篤志古學而有益於當今。然搜輯有年，適值兵革，頗有散佚，識者恨焉。今所存若干篇，釐爲一卷，貽諸好事，俾予序首。珪字伯盛，清淡寡欲，五十不娶，翛然有出塵之志。永嘉李季和、清河張伯雨、會稽楊廉夫、昆陽鄭季明，咸所嘉尚云。至正廿五年乙巳秋八月朔，吳郡盧熊書。

## 192. 《字原表目跋》

按：文載《名跡錄》卷六〔註190〕，錄文如下：

右朱珪所摹吳孟思篆書《字原》暨《說文表目》也，孟思嘗爲胡盾寫《說文解字》一部既成，且謂託熊分注其下。今書藏吳氏，然猶缺其注。字未完，珪愛其篆法，摹此五百四十字，求予小楷補綴其間，因爲改正譌誤。珪嗜古好學，予於《古今印文序》言之詳矣，茲得以略。武寧盧熊記。

---

〔註190〕 （明）朱珪《名跡錄》，景印文淵閣四庫全書第 683 冊，臺灣商務印書館 1986 年版，第 89 頁。

## 193.《字原音訓跋》

按：文載《名跡錄》卷六〔註191〕，錄文如下：

吳郡朱伯盛讐校《字原音訓》，授其甥孫延年講習之，求予繕寫成帙。其意倣郭忠恕石本凡例，蓋忠恕用少溫所修，而伯盛一依說文定本，其用心亦厚矣。後之覽者，毋以淺近而忽之。南昌盧熊記。

## 194.《故文懿殷公行狀》

按：文載四庫本殷奎《強齋集》卷十〔註192〕，錄文如下：

先生諱奎，字孝章，一字孝伯。望出汝南，世居吳郡華亭。其祖徙崑山，今爲蘇州崑山人。先生數歲，端厚湛默，熊父夷孝先生深愛之，故與熊同受小學。其家設邸肆，在太倉闤市中旦夕挾冊歸舍定省外亦不遑及他事，惟務讀誦，鄰巷罕覯其面。既而受易於盛公德瑞。其祖父柏堂翁乃作樓居，儲書其上，延良師友與之遊處。時會稽楊公廉夫自吳城抵崑山，一見奇之，即席上設弟子禮。由是從楊公往來錢唐、華亭者累年。聞見益廣，其父母具修脯金帛，數遣童幹資之。又作別業於婁曲，買田益鬻書，以俟其歸。當時以經術文辭名東南者，惟楊公號傑出。然其人率易任真，絕去厓異。先生業其門，不肯詭隨出藻麗語，一言一動，務合榘度。楊公愈加愛重。以父兄命，勉應江浙鄉舉，一再不利，輒澹然無進取意。後浙東憲僉字朮魯昱聞先生名，舉主教席，亦不起。有司延致先生訓導儒學，先生以侍養便，始起應命。時知州事東平費侯大興橫序，表率弟子。侯性剛難犯，雅敬先生。侯即明倫堂前，立賢守令、鄉先生二祠。復作龍洲劉先生祠堂，於慧聚寺之東齋，先生即割田三十六畝歸之學碑，供各祠歲時之祀。後知州偰侯朞嫠侯廟修治先賢御史王公、侍御史李公冢，表朱節婦茅氏墓道，葬儒士郭翼、顧權於馬鞍山之陰，皆先生所建白也。皇朝改立學法，先生與陳君潛夫聯事，極力奉行，教養有成迄今，爲七邑倡。洪武四年，先生舉崑山教諭，上吏部試。《春秋經》、《道統論》皆辭深雅奧，上官置之高等。當是時，上銳意開治道，痛懲吏弊，儒者皆不次進用。司舉選者將例授以郡縣先生懇請，願爲近地學官，以便奉養老母。怫上官意，遂調西安之咸陽。又請告還鄉里，辭親以往。先生至咸陽時，

〔註191〕（明）朱珪《名跡錄》，景印文淵閣四庫全書第 683 冊，臺灣商務印書館 1986 年版，第 89～90 頁。

〔註192〕（明）殷奎：《強齋集》，景印文淵閣四庫全書第 1232 冊，臺灣商務印書館 1986 年版，第 513～515 頁。

即白有司，夷荊榛、畚瓦礫，作校室以居。師弟子躬親教導。時咸陽罹兵革久，民未知學。賴先生孳孳不懈，文教復行。是歲，陝西省即以禮聘先生，考試多士。又請纂修關陝諸府圖經。書成而病作，歸。學治醫藥，尤以禮殿未完力疾襄。事將訖功而先生不起矣。時洪武九年閏九月二十六日也。年四十有六。祖諱子諲。父諱庠，諡雍逸處士，母王氏。妻常熟陳氏，後先生七日卒。子男二人，長騊駼，次嗣孺。女三人，長適朱晟，次適林宗顥，瑟在室。

熊與先生有連，且同年甲。以研席之歡如親昆弟。一時交友，如進士會稽丞傅斛等數人耳。太倉地瀕海，世業儒者固鮮，慎終之禮尤為鄙陋。間有秀俊，多為吏胥，賈販以牟利。時人稱賢父兄能教子弟者兩家，先有盧氏鈞華，今揚州教授昭之父，及先生之祖之父處士君者人取以為法里中庸富人恆竭資以送死類以土薄不葬而卒委之於水火。先生獨葬其祖若父，一遵棺衾冢壙之制。人以為難，咸謂殷氏有子矣。當承平日，大夫士嘗即學宮行鄉約，及歲時相率講習經史，以為文會。兵興禮廢，及先生居學舍，且望休沐，必與宿儒秀民互為主賓，論文稽古，如司馬氏真率。《會約》：遇人有喪病患難，必為協眾力，資助之。東州名士故遂昌鄭公元祐、永嘉高公明、豫章葛公元哲、華亭孫公莘、同郡余君日強、今齊郡張公紳，深禮敬焉。先生以去年南還，省親拜墓，與熊攷論關中舊事。未幾別去，自言「我衰病不堪，又且遠行，奈老母何？」今年貽書，云內傷疾作，並屬其子來視我。熊緘其手跡，抵家嗣，是半年不得問。比又夢見之意，甚不樂。嗚呼！先生果不起耶？友人將作司令，王富文告熊以故為之愕然因為位哭之於館舍。蓋先生素篤孝行，非特以疾遽至於是。誠以不獲奉養其親為憂，以致殞沒。論者謂為死孝。先生入關時，齊郡張公為論道學之緒，自宋中興後，恆在東南。及許文正公設教北方，當元初混一之際，今孝章往關中，亦亂平治定之時，所以期望先生者如此其重。蓋吳中以道學鳴者，若王信伯、王彥光、李彥平、王去非、魏華甫、史蒙卿，皆以儒師守帥，闡揚程朱之學。故先生力欲追蹤先哲，以變衰世鄙陋之習。其姿稟之高，操履之正，真有見於致知力行實踐。夫孝友忠信，考於經籍道術，而不事乎記誦辭章。全之於身者，必欲循於禮；措之於事者，必欲合其宜。造次顛沛而不見其喜慍之容，恬憺靖退而不尚於利之辯。處家為孝子，飭身為名士，典教為良師。經明行修，謙恭純潔，人無間言。私諡曰文懿先生，孰曰不宜？所著《道學統緒》、《圖家祭儀喪儀》、《崑山志》、《咸陽志》、《關中名勝集》、《陝西圖經》、《婁曲叢稿》、《支離稿》、《渭城窾

語》，總若干卷。先生平昔稱熊爲識洽才茂，熊深竊愧赧然。知先生之深者莫熊若也，爰掇其景行，以俟作銘者表著焉。

## 195. 《祭殷教諭文》

按：文載四庫本殷奎《強齋集》卷十〔註193〕，錄文如下：

洪武十年歲次丁巳正月十有三日壬辰，中書舍人盧熊遣男彭祖以肴酒致祭於亡友文懿先生殷公之位。其辭曰：烏乎先生，純粹貞固。爰自童年，斥絕外慕。閉戶下帷，耽耆竹素。良朋萃止，名師早遇。瓊瑤待賈，華騮騁路。聲名籍甚，星鳳爭覩。一詣鄉闈，韜光斂步。逍遙婁曲，戶滿來屨。助教學宮，守長延譽。表揚風節，誨化童孺。遠近率從，雲奔川赴。遵奉明法，修飭典故。薦書歘起，伯樂驚顧。力辭郡縣，寧處韋布。西入咸陽，名重師傅。黌宇聿新，童冠景附。振此絃歌，修厥簠簋。皋比坐擁，三涉霜露。烏乎先生，渾金璞玉。不事雕鐫，靡藉陶鑄。力追先哲，纂承遺緒。孝友介潔，綽有餘裕。禮葬祖考，恩洽手足。握手交懽，旬日相聚。別語丁寧，歎息衰暮。曾奉報書，嬰此沈痼。如何數月，長寐不寤。命不少延，皇穹難訴。熊也鄙劣，親誼夙著。麻植蓬生，驥尾蠅附。朝遊夕宿，尚憶髫豎。涕泗盈襟，神喪色沮。息黥補劓，終莫予助。爰修祭奠，追思燕醑。攄辭相哀，曷究情素。烏乎哀哉！尚享。

## 196. 《觀東坡草書》

按：文載《趙氏鐵網珊瑚》卷四〔註194〕、《式古堂書畫匯考》卷十、《六藝之一錄》卷三百四十二，錄文如下：

東坡先生文章氣節，震耀一世。因孟君子之行事，特爲之記。使頑懦之夫有以奮激，扶植世道之盛心也。豈特翰墨之妙而已哉？良夫宜葆之。南昌盧熊記。

## 197. 《跋張貞居詩翰》

按：文載《趙氏鐵網珊瑚》卷六〔註195〕、《式古堂書畫匯考》卷十六，錄文如下：

右《張貞居詩翰》，清源陳氏得於袁子英甫。盧熊記。

---

〔註193〕　（明）殷奎：《強齋集》，景印文淵閣四庫全書第 1232 冊，臺灣商務印書館1986 年版，第 519～520 頁。

〔註194〕　（明）趙琦美：《趙氏鐵網珊瑚》，景印文淵閣四庫全書第 815 冊，臺灣商務印書館 1986 年版，第 369 頁。

〔註195〕　（明）趙琦美：《趙氏鐵網珊瑚》，景印文淵閣四庫全書第 815 冊，臺灣商務印書館 1986 年版，第 445 頁。

## 198. 《與方厓長老書》

按：文載《式古堂書畫匯考》卷二十三〔註196〕、《六藝之一錄》卷三百九十八，稱「盧公武遨遊陽羨帖」。錄文如下：

熊端肅奉書方厓長老禪席：自經涉患難，遂不相見。近知遨遊陽羨山中，法候清勝。吳中董惟冥先生，僕之故交，與公路乃同年友也。攜古本禊帖訪舊就謁坐下，萬望以平昔好義之心，凡百汲引而吹噓之，實至幸也。義谿老師雖未識面，尤冀引忱申意。善權通公向曾一會，想住山如舊。欲躡屬去看囷碑，未有緣在。如有墨本或鈔本見教，至妙。恩恩不盡鄙懷，尚祈葆練。不備。熊端肅奉書。端肅奉書方厓長老禪席。盧熊謹封。

## 199. 《書〈中吳紀聞〉後》（至正二十五年，1365 年）

按：文載《吳郡文編》卷一〔註197〕，錄文如下：

右《中吳紀聞》六卷，凡二百二十五條，宋宣教郎龔希仲撰，及其子昱所敘行實附後。熊之外王父王君家所藏，前後散脫數紙，先大父錄本以傳。先大父既歿，熊於外家始覿元本，缺帙比前甚多。其後從人搜訪綴輯，竟無此書。今年冬，會周君正道於吳城寓舍，偶及此事，周君以錄本見示，所存二百條，其餘亦皆缺失，遂得校正增補，尚恨未完。噫！淳熙九年距今纔二百年，而書僅存於世。先大父之卒已二十餘年，猶未獲其全。非區區留意郡志，此書將泯沒而無聞矣。士君子著述將垂不朽，其傳之難必也如此，豈不甚可惜哉。因為記其大略，以示來者云。至正二十五年二月之吉，武寧盧熊記。

## 200. 《崇明志序》

按：文載《吳郡文編》卷十〔註198〕，錄文如下：

經者，載道之文也，而作史之法寓焉。《書》之紀世垂訓，《詩》之勸善懲惡，《禮》之制度品節，《春秋》之尊王黜霸，皆史事之職也。後世析經史為之，故歷代有正史野史小史僞史之目。為郡縣之志，非其有史才、知詩書禮樂春秋之（下闕七字）是貴哉。崇明有志尚矣。其地，春秋吳國之東鄙，在（下闕三字）州之支郡。入國朝，□□蘇□屬邑，當江海之衝，密邇（下

---

〔註196〕（清）卞永譽《式古堂書畫匯考》，景印文淵閣四庫全書第 828 冊，臺灣商務印書館 1986 年版，第 20～21 頁。

〔註197〕（清）顧沅輯《吳郡文編》第 1 冊，上海古籍出版社 2011 年版，第 22 頁。

〔註198〕（清）顧沅輯《吳郡文編》第 1 冊，上海古籍出版社 2011 年版，第 172 頁。

闕一字）崑山嘉定公私咸以爲便利者。其志書之作，昉自至大庚戌年，州學正合肥龍雷解、至正某年士人朱曄等又增修之，其大略可見矣。洪武八年，秦文仲先生，邑中大族也。官學之傳，更歷數世，惜記載古今猶有未備。合前後二志而增廣之，包羅詳悉，書法燦然。熊以蘇志垂成，跋涉海道，將來其缺，道以朝家建置之意。先生以熊參有世契，俾爲序引。熊聞其人有述鄭志，問於張宣公。張宣公曰：表人才，厚風俗，教訂事實，前怪妄有哉，言乎史氏之法也。先生世傳詩，朱氏貫穿經史，辨析精奧，此書之作非惟契於宣公之言，其於世道之功，實可裨正史之缺，又豈淺見謏聞者所易窺哉。書凡十五卷，成於洪武八年。先生嘗爲崇德州學教授，隱居崇明云。

## 201. 《西隱草堂疏》

按：文載《吳郡文編》卷七十七〔註199〕，錄文如下：

西隱距上方不遠，高挹翠微之閣，俯瞰靈山之堂，實爲登臨勝概，豈意鬱攸降災，遽成空幻。今月澗法師泊仲言，上人將重葺之，以修孟貞曜、張承吉、王史公三賢之祀，補茲山之廢缺，振前哲之清風。大夫士成韙其請·而松陵釣者爲題其嵩。時洪武二年己酉春二月也。

伏以火炎昆岡，值玉石俱焚之厄；樓看海月，憶山林引興之時。念茲地勝·埒於上方。而懷相遘逢於定數，曠懷千載；登臨之感豈獨新亭·尚支三賢。俯仰之間，已爲陳跡。蓋侍郎之山圖可見，趙左司之遺詠稍傳。思復舊觀，當營新構。鳳凰翔於千仞，曷勝覽德之勤；鷦鷯託於一枝·便爲投老之計。不過容膝，聊以棲身。誇寶殿之畫龍·徒想前朝之偉觀；訪玉泉之金鯽，將期名世之鉅公。協相厥成，俟之同志，謹疏。

## 202. 《松月軒記》

按：文載《吳郡文編》卷一百一十六〔註200〕，錄文如下：

吳郡孫君仲芳宦遊會稽，會稽有千岩萬壑之勝，而仲芳雅號高潔。誅茅松，日出理戎事，迨暮而返。步月哦詩，興趣神會，命曰松月之軒，一時名勝爲之賦詩。泊退休而歸隱，居婁江之上。因值松齋前，仍其故扁，徵友人盧熊記之。余嘗謂天地清明之氣，惟君子恆得之。而其以有契大物者，有各有道焉。松之爲植貫年，四時而不改柯易葉，風雨所不能陵，霜雪所不能屹，

---

〔註199〕 （清）顧沅輯《吳郡文編》第 3 冊，上海古籍出版社 2011 年版，第 80 頁。
〔註200〕 （清）顧沅輯《吳郡文編》第 4 冊，上海古籍出版社 2011 年版，第 76 頁。

生口之貴莫能尙也。月之行於太靈，高明洞徹，昭晰星漢，開霾氛翳，體魄之清莫能累也。人徒知松與月之清，而未知取以自況也。今仲芳名軒之義，抑慕其勁直貞固以度吾質乎？將取其盤礴磊砢以壯吾節乎？抑駿夫盈虧以愼其進退乎？將審夫用捨以合於顯晦乎？雖然，拄石廟堂，松之功也；助日爲明，月之用也。若仲芳者，豈徒玩清明之氣，以資心目之快哉？孫君名琮，讀書有才識。曩與故陸君友仁最善，其所與遊，可以知其爲人矣。是爲記。中書舍人新知兖州事范陽盧熊記。

## 203. 《崑山知州于闐方侯獲賊詩序》

按：文載《吳郡文編》卷一百四十八〔註201〕，錄文如下：

夫盜賊，小人之肆惡也。嘗竊發於天下兵戎紛擾之時，亦窺伺於有司政刑紊馳之日。縱之而不治，則罪貫惡盈，將有效尤之慮。治之而急之，則凶熾毒流亦有激變之慮。故爲政者在乎明愼而詳審，況視事之初，德政未洽，人心未孚，驟用兵刑。所謂效尤之慮在他日者，害尚緩；而激變之慮在一日者，禍甚速。非有料事之明、擊斷之勇，察乎難易緩急之機，則措置乖方，其患有不可勝言者矣。至正十五年冬，崑山知州于闐方侯彥暉來攝州事。下車未幾，吳淞江之南有群浮屠構凶黨，以修怨於富民爲辭，殺其人，屍諸市中。以兵脅其父，曰：汝子謀反，汝爲狀，首實於官。我則得宥，汝亦免死。其父爲書已，又殺之。侯視狀，將信將疑。或曰：民自相仇耳，勝之不武。或況賊勢方銳，眾寡不敵，奈何？侯曰：不然。圖難於其易，爲大於其小。亂臣賊子，人人得而誅之。余既任其責矣，則將上請乎方伯，連率以討之。下固乎人情之協而謀之，其視憸惡能致刑戮，如孤豚腐鼠耳。夫苟且之說興，則齪齪自保爲量力者，幸一時之苟安，而不思蔓延之禍於無已。是欲隄水以去其防，滅火而資以薪也。然兵法有奇有正，脫以謀，誘之離，其黨與其勢必孤，以兵擒之。此萬全之策也。吾計決矣。乃稽諸情實，白之府中，節制其兵而撲滅之。是夜大風雨，兵集十墩里。凡古軍五百人，水軍六百人，民之向義助順者得千二百人，分兵以遏其奔。於是侯不介馬而馳，直入其巢，擒渠首，獲三十有六人，無辜者貸之。是年十二月廿五日也。州之父老咸以手加額，曰：爲惡者始知懼矣，吾民者臥始貼席矣。士之能詩者皆美侯之功，且俾序卷首。余謂治民者務養其民，必先有以去其害夫民者。《傳》曰：見惡

---

〔註201〕 （清）顧沅輯《吳郡文編》第 4 冊，上海古籍出版社 2011 年版，第 571 頁。

猶農夫之務去草焉，絕其本根，勿使能植，則善者伸矣。此侯之功所可書者也。嗚呼！果如或人之言，則奸惡滋長，相師成風也。玩愒日月，延口盜區，孰任其咎哉？侯讀書，知好儒術，故能識事變之宜，審緩急之機，從容持重。凡此皆楚成得以勝敵，子文謂其有功，賞以令尹。侯有功矣，若子文者令，豈無其人哉。是以激動之道也。南昌盧熊謹序。

## 204.　《陸氏先塋之碑》

按：文載《吳郡文編》卷一百八十四〔註202〕，錄文如下：

陸氏之先世居贛州，有仕至中奉大夫知雷州事。宋高宗朝，避兵亂，始來平江崑山，家焉。雷州生逾，補承信郎。逾生晉卿，三世葬縣北馬鞍山東麓。晉卿生埠，鄉貢仕補進士。進士之孫曰元善，早孤，與母備。奉母王氏以孝謹稱。為縣書佐。性儉素，布衣蔬食，意泊如也。元善生明達，又從太倉營樹家業，不樂仕進，躬耕以孝義飭其子姪。以至正十二年十月某日卒，年六十有七。妻韓氏卒年六十九，寔己亥歲四月廿有四日也。其子廷玉與二孫棠棣奉韓氏之表祔於先君之兆，而匄文於里人范陽盧熊。遂考按其家狀，敘而銘之，使刻諸石，以示後裔。銘曰：

陸卿之冑，贛江之右。由楚來吳，實卜其廬。淄淄南海，始典郡符。策名大府，文米燁如。君子之澤，沛然有餘。數代蟬聯，光於里閭。或習刀筆，或隱耕漁。馬鞍之邱，松檟扶疏。孝子劬勞，永墓增籲。陟岵與屺，雨露既濡。嗟爾來裔，尚墳厥初。刻文墓左，千古不渝。

## 205.　《故崑山判官徐工墓誌銘》

按：文載《吳郡文編》卷二百〇一〔註203〕，錄文如下：

宋南渡後，婺之金氏、呂氏，以及王何諸君子，皆以道學著名，家詩戶書，風聲氣習，號禮義邦。蘭溪乃范浚氏之居，若徐公仁孚，蓋其鄉之人也。仁孚諱石麟，古列國之後。元政和尹景陽之子，美姿容，性聰聰（按：「聰」字疑衍）敏。弱冠隨政和君入閩廉訪使者，辟吏福州路，歷溫州路吏，尋調海道漕運萬戶府令史。廉謹自持，多所裨益，撰《集海運紀原》一書，凡創制立法，官吏序次，悉錄其要，行省參政脫因公賢之，署為椽史。至正十八年，平江為江浙行樞密院理所，又辟椽屬，年勞升崑山州判官。州苦役法不

〔註202〕　（清）顧沅輯《吳郡文編》第5冊，上海古籍出版社2011年版，第452頁。
〔註203〕　（清）顧沅輯《吳郡文編》第6冊，上海古籍出版社2011年版，第25～26頁。

均，戶口餘八萬，秋苗爲稅五十餘萬。公置循環簿，爲之差次。贊其守高昌
偰侯斯，民用悅服。苗米歲輸郡府，有司失徵，公私病之。上官知公清強，
俾督其事。比及歲，終而畢，如此者凡二年。州之富民有婢自經死，眾避嫌，
論以大辟，公據法理斷。或疑其賂公，後知無他，靡不敬憚。又以法繩巨毫，
欲以白金五百兩爲奉，公怒叱之，卒以斂手。又一庸浮屠捶死姦婦之父，投
之吳淞江中，公冒大學召集漁舟百數，獲其屍，浮屠服辜。西鄉水園有楊字
田六十餘頃，岸縢墮，擢水潦爲患。公不憚寒暑，修葺完固，得以成熟。若
此者眾，不能悉書。公退休，貧弗能給，不肯枉道，屈帶貴富人，以是終身。
洪武八年三月十又有九日，以疾卒於崑山寓舍，春秋六十有七。而以其月廿
四葬城南東溢瀆。妻鄭氏先公卒，繼顧生女一，適儒學提舉睢陽朱澤民。次
子吉，幼子銳口女金奴，皆臧出也。公佐樞府時，熊叨亦祿行中書橡曹，嘗
以事諮訪於公。其議論出處淡然，古君子也。及居崑山，日與翁壻往還。故，
吉以墓銘爲託，不得辭。乃爲之銘，其辭曰：

廉吏常苦，貧困之間，楚相孫君。嗟嗟徐公，平易以近名，斯古之所謂
良循。蓋其學行能慕其鄉之哲人。嗚呼！雖死而不亡者，勒文茲瑉。

## 206. 《姑蘇雜詠後序》（洪武十年，1377 年）

按：文載《姑蘇雜詠》卷末〔註204〕，又載《吳郡文編》卷二百二十六〔註205〕，
錄文如下：

昔吾友高季迪作《吳中集詠》，嘗以示余，且曰：子該洽好古，試爲我評
之。聞子纂《吳記》，有古蹟可命題者，幸並示我，續爲賦詠。余因覆季迪云：
《舊志》如吳郊臺、丁令威宅、祿里村、黃姑廟等題，皆無其實。破虜將軍
孫堅及其夫人、其子桓王等墓，今人因郡記之訛，但以爲桓王，不知堅、策
皆葬於此。朱翁子妻死郡舍後園，郭門有死亭灣之名。烏村在海鹽，而誤云
在崑山。石季倫死洛陽，黃幡綽仕長安，固不當在此。乘魚非琴高，乃《列
仙傳》吳子英事。諸如此類。及浮屠道家之說，多涉不經。其他古題，云尤
可補集詠之缺。季迪躍然以喜，曰：非子之言，吾幾踵其謬矣，幸詳述其故。
餘暇日錄吳事若干條，置篋衍中，將以遺季迪，而季迪死矣。嗚乎！惜哉！

---

〔註204〕 （明）周希夒《姑蘇雜詠合刻》，《四庫全書存目叢書》集部 290 冊，齊魯書
　　　　 社 1997 年版，第 118～119 頁。
〔註205〕 （清）顧沅輯《吳郡文編》第 6 冊，上海古籍出版社 2011 年版，第 370
　　　　 ～371 頁。

余今年備員內書，夏五月得卿先生周正道甫之書，並詩一編，有云：吾讀季迪集詠，命意騁辭如健鶻橫空，如駿馬歷塊，如春園桃李，如秋汀蘋蓼，超軼不群，藻麗可喜，深得詩人之妙。然於紀事考實之詳，感發懲創之意，不能無遺恨焉。予老矣，復為百篇，幸與德進同為我正之。余覽其辭，慕其謙，已取友之道。時霖雨彌旬，歸休之暇，取而讀之，喜其警句瑰辭，層見迭出。篇後學校事實，尤有關於名教。反覆熟玩，病體為之灑然。余惟宋楊備有絕句詠吳中事，僧文鑒有律詩詠洞庭事，亦各百篇，俱用七言體，淺近浮鄙，固無足傳。今周君之辭，純雅蒼古，凜乎史斷之嚴。高君之作，模擬景物，蔚乎風騷之變，視前人有間矣。余羈官於茲所，述《吳記》未及脫稿，安得與周君考論，而揚榷之，以卒余之志。因三復詠歎，為記其後。先生名南老，自號拙逸子，正道其字。於書無所不讀，歌詩特其餘事。德進，姓金氏，名瑨，今國子助教云。洪武十年五月廿一日崑山盧熊記。

## 207. 妥妥穆爾（56／274）《七星岩題記》（至正五年，1345 年）

按：文載杜海軍輯校《桂林石刻總集輯校》〔註206〕，錄文如下：

正謙大夫嶺南廣西道肅政廉訪副使妥妥穆爾允中、朝散大夫廉訪副使李思敬君讓、奉議大夫僉廉訪司宋思義宜之、朝請大夫廉訪司經歷忽都誠之、徵事郎廉訪司知事王士劻公勉，公退餘閒，同遊於斯，怡情登覽之間，以寓諮諏之意，因鑱名岩石，用紀歲月云。

時至正五年乙酉囗月十又四日也。

## 208. 王敬方（56／347）《跋趙松雪臨蘭亭序》（文題自擬）（至正丁亥，1347 年）

按：此跋見載明代張丑《清河書畫舫》卷二上〔註207〕，錄文如下：

法書尚矣，右軍為最，然亦不多得。此其為尤孟達其寶之。至正丁亥秋七月廿三日洛陽王敬方觀於杞菊軒。

## 209. 涂幾〔註208〕（56／405）三篇

〔註206〕杜海軍輯校《桂林石刻總集輯校》，中華書局 2013 年版，第 406～407 頁。
〔註207〕（明）張丑《清河書畫舫》，景印文淵閣四庫全書第 817 冊，臺灣商務印書館 1986 年版，第 51 頁。
〔註208〕按：《全元文》輯錄涂幾文十篇。實則涂幾有別集傳世。《涂子類稿》十卷，前三卷為詩，後七卷為文，見錄《北京圖書館古籍珍本叢刊》第 99 冊、《四庫全書存目叢書》集部第 60 冊。《全元文》所收文均載於《涂子類稿》，其中，

## 《墨者傳》

按：文載明代陳邦俊《廣諧史》卷二〔註209〕、明代朱存理《珊瑚木難》卷四，錄文如下：

　　墨者，徂來山人。其始爲竈下養，自熮其身以從於人。人得之，滌以香沐，印以圖篆，使形質完好，精液內結，服豹文，衣良錦。時其燥濕，然後獻於玄宗。玄宗時居蓬萊宮，撫之曰：「是摩頂放踵，利天下爲之者。」命與中山毛穎、弘農陶泓、會稽楮知白遊，四人者退相善，進相讓也。每次召，墨不爲先，與泓研磨出肺腑。久乃付毛穎，上命楮生出施行之，以爲常。墨

---

　　《思友賦》、《修西門城記》，《塗子類稿》原題作《思友賦寄甘瑾彥初張繼季昌》、《撫州路修西門城記》。另外，《塗子類稿》所載《墨者傳》、《孔方傳》又載明代陳邦俊《廣諧史》卷2、明代朱存理《珊瑚木難》卷4。今列目如下：

卷四：《鬼車》、《詔瞽》、《獨行》、《猗嗟》、《讀〈易〉作》、《屑玉》、《冬夜》、《冬日》、《西關逆醜》、《東郊暴民》、《擊鼓送高伯昌遠遊》、《張先生哀辭》、《塗山萬王圖歌》、《題航溪黎國敬西圃卷後黎寓居諳源》、《送趙文昭之沔陽任》、《吳元晉觀山行卷》、《餞李師文歸江東》、《隱齋爲張允臣賦》、《滄灣茅屋爲甘太初賦》、《餞李起宗遠遊》、《南昌李仲常哀詞》、《陳景輔龍溪晚景圖》、《洪塘別墅》、《送貞西山歸閩》、《憫時賦》；

卷五：《悵鬼》、《米氏子》、《他縣移文》、《米妖》、《虢月字文》、《喻山》、《招俠客文》、《責楮先生文》、《雜言》、《水蛭》、《虎暴》、《效頤責子羽文》、《蕩陰雨》、《釋蒙》；

卷六：《雲心說》、《樵說》、《景陶說》、《說弓》、《續師說》、《海魚說》、《學說贈李從學》、《白雲說》、《蟲蝶論》、《戒銘序》、《贈李主簿序》、《贈張仲成序》、《贈洪叔昭往天台省親序》、《饒伯琥詩序》、《贈艾季誠序》、《題黎用默集序》、《贈史士則序》、《贈日者王氏序》、《送季誠之婺州序》；

卷七：《衛生堂記》、《萬竹樓記》、《種德堂記》、《遊磁龜記》、《積善堂記》、《慎家山道堂記》、《東丘生傳》、《孔方傳》、《韋侯傳》、《墨者傳》、《於君壽傳》、《黃叟事異》、《僧幻師傳》、《曹孟仁傳》、《朱母墓誌銘》、《圓通明教佛慧大師塔銘》、《尚質銘》；

卷八：《與元方論錢幣書》、《擬燕昭王報樂氏書》、《與郤元方書》、《又與郤元方書》、《與姜伯順書》、《與仲熙書》、《與學者書》、《進時事冊上皇帝書》、《與友人書》、《寄賁德兄書》、《代上劉恭議書》；

卷九：《與大甘先生書》、《又與大甘先生書》、《與餘干唐知州書》、《與周伯清先生書》、《與何允升書》、《牧童問》、《及問答》、《滄海一粟辯》；

卷十：《俚言十四章》、《羅先生寓樂齋記後》、《取履贊》、《自勵箴》、《四勿箴》、《鍾馗贊》、《魚贊》、《擬箕子封內黃侯制》、《擬貶干虞詔》。

〔註209〕（明）陳邦俊輯《廣諧史》，《四庫全書存目叢書》子部第252冊，齊魯書社1995年版，第273頁。

氏薰蕕，澤發光彩，青若翠羽，黝若鬃漆，雅可上意。上甚說，命學士張說封爲松滋侯，制曰：「墨氏，汝善事余，以敷誥命於天下。鏗然而良，幽然而光，沉默玄靜，肉閟文采，有益於朕，將沒身爲之。是誠人臣之大節，貞士之上德。昭錫寵命，以光斯文。可特封松滋侯，餘如故。」墨既被用久，身益眇小，不任使。一日，上視其衣有煤涴處，因輒怒曰：「翟子鄉謂磨不磷，涅不緇，固如是耶？」斥代以他族，墨亦優游壽終。帝思其人，匣其遺冠，眇然如新，不棄也。小臣及請，迺許有僞爲墨氏之族者，其道不顯，獨行民間，村校書喜從之遊，視其容灰，如輒可辨。

　　贊曰：墨氏之道，其始出大禹。《書》曰：「禹錫玄圭，告厥成功。」訖聲教於四海，秦滅典籍，諸子散處。墨世守其術，至唐乃益顯，被知遇，非楊子雲所謂「守玄者耶？何道之觳」也、僞墨氏不能誠，其內徒澤，其外以求人之售。於已售不可得，卒以詐顯。砥砆亂玉，糧莠賊穀，於僞氏予何誅。

## 210. 《孔方傳》

按：文載明代陳邦俊《廣諧史》卷 2〔註 210〕、明代朱存理《珊瑚木難》卷 4，錄文如下：

　　孔方者，不知何許人，隱居銅山，有仙術，能入水火，吐光景，神變化，善柔善剛，消陰伏陽，鍛鍊粹精，質形以完，文采輝炳，燁如也。方之先，當神禹時，有隨揚州來入貢者，禹錫命曰：水土載平，食哉惟艱，何辜夫人而鬻厥子，余弗忍也。今命汝往，予濟敬哉。孔氏與麗水氏、朱提氏，及九江丈人雜行民間，相協有無，民用以濟。禹嘉而封之，其後至方始益顯，太公相成王，立九府圜法，令民用轉移不滯，命方主施行之。方體函圓方，銖兩輕重，多寡大小不失，善稱任使。意王宮外廷、百司庶府、廛市聚落、塗巷田野，無貴賤少長，凡有求，悉往焉，無遠不至。侯邦小國外曁蠻夷海島，亦有時而至之者。性堅確不變，又善居貨，以權衡天下。以御人民，和庶事，滑稽圓轉，往來終始，惟所欲無不必得者，非此則蔑有濟。故國家庶姓、兒童婦女、臧獲商賈，咸得而善，視之謹而守之，或約以徽纆，惟恐其去之之亟焉。太公言於王，封爲左藏長。王若曰「方，汝善相蒙，宰制國用，以殷萬邦，萬邦咸殷。惟爾之能，今命汝長是泉府，相時出入，祗服休命，汝尚克敬承，則予汝嘉。」方拜手稽首曰：「臣敢不夙夜筦庫，以共王成命？」故

---

〔註 210〕　（明）陳邦俊輯《廣諧史》，《四庫全書存目叢書》子部第 252 冊，齊魯書社
　　　　　　1995 年版，第 274～275 頁。

時人語曰：貨寶於金，利於刀，流於泉，方之功也。周景王時患方權輕，令大其體軀，以行民間，百姓蒙給。秦漢而下，位用不一，方隨時而為輕重焉。文帝治尚清靜，國家無事，方家居紐綬，朽絕不為餙以稱帝黃帝為學之意。孝武內修宮室，外窮征伐，財用數匱，盜賊小人有毀而薄之者，非罪也。帝惑之，擯卻不用，令鹿侯服藻繪五采以代之。王侯宗室朝覲聘享，必以鹿侯薦壁，然後得行。方藏民間，入於蜀，復為公孫述所廢。兒童謠曰：「黃牛白腹，孔方當復。」人竊言漢復，併天下之祥也。果然，司馬氏有國，貪賄並進，方特用事，附之者至，翕翕而榮，登金門，上玉堂，纔旦暮爾。不以位序，人奉之曰兄，魯褒作《錢神論》譏焉。王衍尤惡之口，未嘗言，見方繞床，曰「去阿堵物」。自是而後，方之族益復薄劣，不為檢式，或麼麼缺形，出入阡陌市井，以貪利獲譎誑欺詐。始雖競持，終擯不數，偏滯固澀，以專病民。民貧無資，既困且怨，有司終議，更改不能，得故歷代為之號，曰沉郎、曰景和、曰來子，尤輕薄者曰荇葉、曰鵝眼、曰綖環，能入水不沉，隨風而揚。江左有當百、當千之題，北齊有生澀、赤郭、青熟、細眉、赤生之目，皆姦偽之尤，擅國威以便筐篋者。獨方渾樸精緻，有輪廓，文章鏗然乎金聲，鬱如乎蔥口。歷代帝王年紀靡不具識，人一見之無遺忘者，故稱五銖、開元之制，為盡善生時，孰乎講明者哉？抑方術非世測也？世有傳飛神之術者，謂方以水中青蚨塗其身，能往來廻環，終竟不絕，無所礙，以母致子，以子召母。唐岑文本且起，有童子青衣入謁，曰「上清童子，特故謁君。」俄頃不見，物色之得方焉。噫！異已縶秦漢，及今數千年間，方隱顯不測，或藏民間，或寄城郭，歷寒暑不飲食，閱其貌豐悴，老少無不若者，非仙道能壽若是耶？世有楮氏，圖方形而用之者，雖僅僅獲濟，究其虛實之效，奚翅相萬哉。議者以為必用方，方起，楮佐之，毋乎是稍奪其權焉，然後百物可企而平矣。蓋嘗聞鄉里之老云：昔方用時，攜方數輩行入市胥，醉飽而後返。今楮生與偕，嗷嗷然人甚輕賤之。句水濡渴，不可望得矣，夫民也安得而不困乎。朝廷有事，群叛更理未暇也。識之善爾，故為《孔方生傳》而著於其篇。

## 211. 《俟菴集序》（洪武癸丑，1373 年）

按：文載陸心源《皕宋樓藏書志》卷一百○三〔註211〕（亦載四庫本《俟菴集》卷首），錄文如下：

〔註211〕　（清）陸心源《皕宋樓藏書志》，《續修四庫全書》第 929 冊，上海古籍出版社 1996 年版，第 480～481 頁。

鄱陽先生李仲公，蚤歲聞道，其學得聖人傳心之精微。與祝蕃遠、舒元易、吳尊光三君子游，並生其時，志同而行合，人號江東四先生云。先生之道吾不得而知也，渾渾乎千古之在吾前也，浩浩乎萬古之存吾後也。而先生以一心貫之，吳文正所謂「陸子之學，如青天白日，皦然不可昧者」，至先生而驗乎。予嘗謁先生，先生年幾七十，耳目聰明神，氣以完真，有道者也。見予，方徽纏訓詁為解乾坤易簡，予因是有省先生之道，其大者既如此。其於文辭，鑿鑿乎菽粟布帛之可服，啖乎生人溫醇若經輩，視韓歐無意於工而不能不工爾。時之作者言談性命而不知文字之體，或循蹈規矩而忽忘義理之實，兼是二者，千百無一二焉，獨先生之文精深而切近，高古而渾全，天球古圭，不足象其溫且棫也；奔泉流水，不足為其峻且清也。譬諸造化生物之蘊蓄，有未易識其端倪者歟。先生嘗誨人曰：六經，三代之文，漢唐可以無作。漢唐之文，後世可以無言。嗚呼！知言哉。先生歿，嗣子卓網羅放失也。先生之文凡若干篇，為若干卷，將畀諸梓，以幸後世，俾予為文序其概。先生，予師也；卓，予畏友也。予何敢以固陋辭？抑學者非少知先生之道，則亦不能讀先生之文也。先生之文，道溢而言從之也。洪武癸丑，諸生宜黃涂幾謹序。

## 212. 汪仲魯（56／411）十六篇

### 《東山存稿序》

按：文載趙汸《東山存稿》卷首〔註212〕，錄文如下：

洪武二年冬，休寧趙君子常以史事召至京師。既竣事，歸，未逾月以疾終。明年春二月，葬於里之東岩，親友畢來會葬。其門人汪蔭乃集其所為詩文若干卷，屬予序之。已諾，多疾未遑也。未幾，蔭以賢良召，而范生準乃續錄之，旁搜靡遺，復申前請。嗚呼！吾子常平生篤志古學，豈專在於詩與文哉。初，予年十有五，學於族祖古逸先生之門，子常先受業焉。先生每稱其苦學善思，有疑問弗得弗措，且約今年再來。因問其年，曰：「長汝五歲。」躍然喜曰：「果來，願兄事之，以求益。」迨至，而先生已捐館。予方耕稼為養，乘間讀書，而子常乃遊江西，學於九江黃楚望之門，再客虞文靖公所。比歸，構精舍於東山，期與同志共學焉。予適與一二友生讀書於邑東崇壽觀，

---

〔註212〕（元）趙汸《東山存稿》，《景印文淵閣四庫全書》第1221冊，臺灣商務印書館1986年版，第160～161頁。

相見甚歡，交勉厚規，志惟古人之求。凡所得於師若友者，各無隱。自後別歸，則嚴守程期，會敍則通宵警飭。未久，而風濤橫潰，奔竄無所，不相聞問者再越歲。予不獲已，尋授州牧膺省檄，什伍其民，以禦寇攘，而子常亦輔贊郡鎮，帥以寧鄉里。既而予以憂制，退處荒僻，子常亦避地吾里之閬山。時結屋攜書，相期畢志。廬室苟完，變故莫測，遂有遠役，六載方還，疾痍衰憊，情況異昔。子常復於東山所，著《春秋集傳》與《屬辭》、《左氏補注》咸就，厥緒復留心於四聖人之《易》。予則感激愧汗，尚願養氣畢力，旦夕叩擊以卒業，而遽歿矣。噫！是果餘生之不幸，抑亦吾斯文之不幸耶。人非不學，其墮於俗學之卑陋者，不足論。苟不溺於佛老尚空寂，則必事權謀勢利。況有文嘩一世而心尚虛玄，誠心乎聖人之訓，以極天地之元，全天地之德，闡天地之用者，幾何人哉？此吾夫子所以莫克立君道以正萬方，故發吾已矣夫之歎。其立師道以教萬世意，尚隱昧而弗昭，爲可慨也。子常深潛本源，力探閫奧，體察涵灣，完養日固。學於黃先生，凡誦聖人之經，必以積思自悟，得聖人之心爲本。因諸儒訓釋，尋繹其所已言者，而融通以得其所未言者，故於《易》之象、《春秋》之書法、《禮》之大綱小紀節文度數之詳，具有端緒。惜乎年止於是，而未遂成書也。文多因人推迫，或應酬問答，不得已而爲之。詩因感發而形之詠歌，雖不專乎是，然長篇短哦，亦不一字苟爲也。子常名汸，學者稱之曰東山先生。因汪、范二生之請，故推在昔交承之契，期待之深，以見其設施之有在。嗚呼！觀其文者尚亦效於是也哉。星源汪仲魯序。

## 213. 《朱子年譜序》（洪武二十七年，1394）

按：文載戴銑《朱子實紀》卷首〔註213〕，又載王懋竑《朱子年譜》卷首〔註214〕，錄文如下：

洪武二十七年甲戌秋，我文公闕里掌祠事朱境以書告曰：《文公年譜》謀錄諸梓，邑賢令佐斯文，朋友願就徽猷，敢以序文爲請。嗚呼！大賢君子，一動一靜，一語一默，無非教也，況吾文公之年譜乎哉？刊以傳示於人，固其宜也。然在當時，《年譜》與《行狀》二文並傳，故《年譜》所載，求師取

---

〔註213〕 （明）戴銑《朱子實紀》，《續修四庫全書》第550冊，上海古籍出版社1996年版，第366頁。

〔註214〕 （清）王懋竑《朱子年譜》，《景印文淵閣四庫全書》第447冊，臺灣商務印書館1986年版，第250頁。

友、注述本末、出處進退、居官蒞政前後次第，悉詳年月書之。而行狀《》則惟以發明求端用力之精義微旨，造道成德之淵奧要歸，所以承先聖道統之傳，信有在也。昔伊川撰《明道行狀》，而伊川之年譜行述則有待於文公。嗚呼！大賢君子，盛德形容，良不易易也。此康節墓誌所以惟屬之明道，而濂溪之行述亦待吾文公而後方爲撰述。蓋惟聖賢，能知聖賢故也。《中庸》稱仲尼祖述堯舜，憲章文武，均之爲聖人也。達而在上，則立君道以正萬方；窮而在下，則立師道以教萬世。堯舜禹湯文武周公達而在上之聖人也，立君道以正萬方者也。仲尼窮而在下之聖人也，立師道以教萬世者也。師道之立，君道所由以立也。先儒有言孔子集群聖之大成，而朱子則集諸儒之大成，是亦所謂立師道以教萬世者與。今文公之學薄海內外，凡有血氣者，莫不尊親，家有其書，人誦其言，然經兵燹之餘，此文或不能盡見也。以平日仰慕之心，誠得此而寓目焉，則其感發興起，若時雨之霑漑，自有不能已者。《詩》曰：高山仰止，景行行止，其是之謂與？若邑令佐倡率刊行，而前廣西護衛知事李文徵辭疾家居，集議督工，力就厥緒，均知崇尚斯文以隆治化，咸可尚也。故不敢辭，以覆命於掌祠云。是歲之九月三日汪仲魯序。

## 214. 《重修徽國文公廟記》（洪武丙辰，1376）

按：文載戴銑《朱子實紀》卷十一〔註215〕、汪舜民《弘治徽州府志》卷十二〔註216〕。茲據《朱子實紀》錄文，以《弘治徽州府志》參校，錄文如下：

洪武八年秋七月，徽州府通判方公戾止屬邑婺源，下車即詣闕里，謁拜徽國文公之廟，顧瞻墻宇傾壞，寢庭未立，慨然歎曰：文公之學，大顯天下，作則來世，天朝頒令，禮式攸遵。廟貌弗崇，何以欽明祀而昭訓典。矧厥考吏部公言行卓卓，以啓丕休祀，原先世廟宅所宜。於是度地鳩工，爰構寢堂於廟庭之北，首捐資俸，縣官士庶聞命歡趨，發帑咸助，選邑士程達道以董其事。達道先輸廩餼，以給群工。屋六楹，中爲四龕。爲若子孫奉高曾祖，禰之所以行歲事（此二句，《府志》作「以奉文公高曾祖禰蓋，推廟宅之由」），蓋（《府志》作「而」）遵家禮之懿範也。公去事息，時宛陵唐侯來知縣事，良是斯舉，力就厥緒。邑士趙湜夙夜躬勤，以督工役。廟庭中峙，飾舊如新。

〔註215〕（明）戴銑《朱子實紀》，《景印文淵閣四庫全書》第447冊，臺灣商務印書館1986年版，第482～484頁。

〔註216〕（明）汪舜民《弘治徽州府志》，《四庫全書存目叢書》史部第181冊，齊魯書社1996年版，第150～151頁。

兩廡門墉，支茸圮傾，易腐裨缺。既塗丹堊，巍然炳煥，嚴窔穆清，士民瞻觀，起敬起慕，釋奠致告愾然，聲容之接僾然，道德之在目也。又詢求文公遺像墨蹟，鐫置廡下，以訓示將來。籲（《府志》作「嗚呼」）！公與唐侯所以正民心，而導迪其趨向（《府志》作「而道趨向者」），可謂同符者矣。載稽宋（《府志》無「稽宋」）政和間吏部公宦（《府志》作「官」）於閩，歷靖康建炎，未得歸。至四年庚戌，而文（《府志》無「稽文」）公生焉。邑人張衡州敦頤經營吏部，所質田百畝歸之，而吏部卒矣。文公既葬吏部於建陽，歸婺源省墓，以張氏所歸（《府志》下有「之」）田租入充祭祀（《府志》作「祭掃」）之費。逮景定咸淳間，文公之學，時所共崇，錫命闕里。宋之亡也，徽建阻兵，故朱氏之遺址侵於居鄰而田亦竊售於族人矣。有元（《府志》無「有元」）至元乙亥，州守干文傳因五世從孫光之訴，始復其地，遂請於朝，立徽國文公之廟，其費悉出於（《府志》無「於」）邑人汪鎬，度地廣狹，計屋材瓦，以畀遷民，而侵地始復，且給祭田三十畝於。是田與墓地一領於祠，而主其祠者文公五世孫勳也。待制楊公剛中為記其事於石，然其竊（所）售之田，則未歸焉。至元丁丑，光又（《府志》無「又」）以為言。同知茶陵李祁核實其田，而價值（《府志》作「直」）之費則歙鮑魯卿之子元康繼厥父志，輸錢壹萬伍千緡，田始復歸於朱氏之廟，記之者侍講學士虞文靖公集也。至正年間，詔封公為齊國公，而吏部公錫諡獻靖。壬辰兵變，鞠為荒墟。歲戊戌冬，聖天子肇基金陵，命院判汪同即婺源城城濬隍，始因故井經度，基緒加弘於昔。蠲其租稅，以奉祠（《府志》作「祀」）事。歲在（《府志》無「在」）甲辰，州尹白謙為屋以（《府志》無「以」）棲神位，朔望行禮。又四年丁未，後尹程斗南因按察知事張允誠之言，始創今廟，主其祠者前掌祠之子境，記之者待制王公禕也。歷歲寖弊，增修備制，則由今通判公而成公之志者，實唐侯也。嗚呼！周轍東遷，孔鐸以鳴，宋舟南渡，朱子以生。所以祖述憲章，啓迪後賢，以立天地之心，以植生民之命，繼往聖之絕學，開萬世之太平者，道統攸存，氣運所關，不可誣也。闕里故（《府志》作「廟」）宅古井存焉，吏部生而白氣起，文公生而紫氣騰，則斯文之興也，容非天乎？天定則能勝人，而廟（《府志》下有「宅」）有待於郡邑之賢侯大夫，世遠弗湮，而終以興修於來世，鄉民興感力就，丕圖人心天理之不容終泯也如此。昔也干侯拓地，建廟則汪鎬以私力成之。繼而李侯復（《府志》下有「興」）其田畝，則鮑元康以私帑濟之。今公與唐侯載新（《府志》作「興」）寢庭，內外完美，

以啓人心之嚮慕，昭教化於無窮者，固士庶之歡趨（《府志》下有「也」）。而程達道、趙湜亦有以佐力役焉斯役也，不可以無紀述也（《府志》無「也」）。遂以屬筆於仲魯（《府志》作「汪睿」），不敢辭。公名本，字叔文，臨海人，由起居注來官吾徽，拳拳以教化爲先務。唐侯名廷（《府志》作「庭」）禮，宛陵之（《府志》無「之」）宣城人，由進士舉任（《府志》無「任」）隴州判官，轉知婺源者也。洪武丙辰六月朔（此句《府志》無，多「汪睿仲魯記」）。

## 215.　《廣寒宮賦》

按：文載程敏政《明文衡》卷二〔註217〕，又載《新安文獻志》卷四十八〔註218〕。茲據《明文衡》錄文，以《新安文獻志》參校，錄文如下：

按《唐逸史》、《異聞錄》所載明皇遊廣寒宮事語多（《新安文獻志》作「各」）不同，然皆怪誕不經之辭也。惟廣寒宮之所以得名，則有可推者。蓋日陽精也，主乎離；月陰精也，位乎坎。日月運行，而寒暑生焉，則是月也者，以其配坎生寒而得名也歟。世言嫦娥居之者，豈亦以陰柔爲陽剛之配，故有是說，猶乾父坤母之義也歟。故託爲素娥之辭，作《廣寒宮賦》。

夫何素娥之嬋娟兮，爰託身於廣寒。質團團而外融兮，心熒熒而內安。念茲宮獨弘敞兮，匪刻桷與丹楹。瓦青雲而上覆兮，棟虹蜺而中橫。靈星外峙兮，泰階前平。井木東植兮，兌金鏤甍。爛璧奎以交映兮，垣墉周乎列星。豈工師之巧思兮，惟太一（《新安文獻志》作「乙」）之玄精。虛豁洞達兮，晃朗穹窿。照耀無方兮，高明有容。規天以爲度兮，環海以爲疆。炯素肌之燁燁（《新安文獻志》作「曄曄」，係避康熙諱所改）兮，播下土而流光。羌獨處此中宮兮，感四時之代序。含柔姿蘊靈德兮，朝晦藏而宵睹。胸胱警而朏魄充兮，識盈虛之有數。驚爽籟之潛發兮，向清飈以延佇。露方瀼瀼呈白兮，霜又淒其盈宇。盼圓靈既雪凝兮，顧柔祗復冰積。甚冷（《新安文獻志》作「泠」）光以無眠兮，含翠輝而欲滴。何默默而靡言兮，悼群類之生生。粵陽明之和煦兮，匪陰靜其焉成。志專專而靡他兮，物已遂而居貞。豈宮居而孤歡兮，不貌飾而情更。憕長位茲北坎兮，配離麗之明明。彼兔蟾與桂樹兮，固無取乎此也。杵玉臼之玄霜兮，孰謂長生而不死也。羿妃竊藥上逃兮，既

---

〔註217〕　（明）程敏政《明文衡》，《景印文淵閣四庫全書》第 1373 冊，臺灣商務印書館 1986 年版，第 507 頁。

〔註218〕　（明）程敏政《新安文獻志》，《景印文淵閣四庫全書》第 1375 冊，臺灣商務印書館 1986 年版，第 617〜618 頁。

怪謬而匪經。唐皇託以夜遊兮，誕惟欺夫童冥。倘極一理於天人兮，信吾廣寒之有徵。辭曰：

日月運行，寒暑生兮。一寒一暑，歲功成兮。配日惟月，秉陰靈兮。厥靈伊何匹，妃惟貞兮。父乾母坤，柔順以承兮。位坎處中，厥宮實名兮。內守不渝，蘊玄之精兮。洞濟六合，德耀斯宏兮。嚴凜姿容，夜煜秋凝兮。猗歟廣寒，懸象著明兮。

## 216. 《棲雲軒記》

按：文載《明文衡》卷三十一〔註219〕，又載《新安文獻志》卷十六〔註220〕，錄文如下：

自予再來郡城，馬生良德稱輒館予於城東新構之軒，病臥若素安焉。生請軒名，應曰棲雲。生又請記，則又應曰：吾老且病，忘乎軒矣，奚記焉？雖然，病者吾身也。身，吾身者，初未病也。且吾胡為而來也，又胡為而止也。亦嘗觀諸云乎？何思何為，浮遊太虛，薄日月而翳光景，雨下土而澤萬物。迨其歸而棲也倏焉，斂藏不見蹤跡，孰使然哉，靜無而動有者也。今生逍遙乎人世，隨隙地而構斯軒，岡阜環列，靜安有常，澗泉細流，清泠自在，與人若相得也。吾之來而由（《新安文獻志》作「遊」）乎是，而止乎是，與生夙相契也。云乎天遊，人乎雲臥，吾何知也，吾何為也，而亦無不知且為也。況吾與生是非利害相忘久矣，靡存於中，靡形於外，而又奚記焉。德稱默識吾言，命其友書於軒中以為記。

## 217. 《贈安慶知府譚敬先序》

按：文載《明文衡》卷三十九〔註221〕，又載《新安文獻志》卷二十一〔註222〕，錄文如下：

臣子趨君父之命，不計利害，惟忠義之為尚，非達於理者不能然。譚君敬先知安慶之明年夏六月，寇至鎮，卒不戰以潰。寇退，君倡僚幕之官，撫

---

〔註219〕 （明）程敏政《明文衡》，《景印文淵閣四庫全書》第1374冊，臺灣商務印書館1986年版，第39～40頁。

〔註220〕 （明）程敏政《新安文獻志》，《景印文淵閣四庫全書》第1375冊，臺灣商務印書館1986年版，第240頁。

〔註221〕 （明）程敏政《明文衡》，《景印文淵閣四庫全書》第1374冊，臺灣商務印書館1986年版，第128頁。

〔註222〕 （明）程敏政《新安文獻志》，《景印文淵閣四庫全書》第1375冊，臺灣商務印書館1986年版，第282～283頁。

殘傷遺民，固守三越月。或曰：郡府無兵，甲寇出沒難測，未若還請命於省府。君不聽。九月幾望，右丞徐公達領兵城安慶，於是民得安全，而官有寵錫之榮。又明年八月，我吳國公躬率舟師，解洪都之圍，三戰皆捷，大敗陳氏之兵，其將校悉以殺溺擒降。偽主友諒中流矢死，降其卒數十萬，盡得其樓船。公憫江夏之民，屢年困迫於陳氏，戰鬥供億，不少蘇，不忍輒以兵加之，謀得其人，將命以招諭之，而譚君往焉。或曰：友諒死未知其信否，不可以輕往。或又曰：友諒果死，其嗣子必繼立，亦不可往。君曰：上命也，其可辭避乎？於是奉命趨江夏，宣明吳國威德懷柔寬惠之恩，言論慷慨，氣不餒竭，人為之感動，厚其禮遇，乃以其官使來覆命。若是二者，豈非不計利害，惟忠義之為尚者乎？苟不達於理，而惟人言之去就，鮮有不較乎利害者也。以趨利避害為心，而能忠於事君者，未之有也。故曰非達於理者不能然。君既覆命，還安慶，九華知府劉君喜而寄以頌詩，九江宋伯折又率郡之能詩者咸歌詠之。新安汪仲魯乃以事之關於大節者二並書以為敘。

## 218. 《送彭萬里之江夏序》

按：文載《明文衡》卷三十九〔註223〕，又載《新安文獻志》卷二十一〔註224〕，錄文如下：

　　王師西平江漢，伐罪弔民，義明勢張，人心翕合。是故一戰而殺其大將，焚其巨艦，再戰而俘其眾，不可以數計，三戰而殲其渠魁，降其將卒數萬，盡得其樓船。古今大快，靡逾於此。夫殺主自立，逆亂天常者，人得而誅之。國家申明春秋大義於天下，江漢之民望風順服，知者獻謀，勇者効力，抱才藝，懷道德，山林幽遠之士率，皆振奮而願有為於時也。況其勇健有謀，直言好善，如吾彭萬里者哉。萬里以萬戶侯從鎮同安，戰守招懷，屢建勳績，向之三戰皆預焉。茲再往江夏，且視予疾以別。予睹國家盛事絕古今，多士雲集，而予則病廢甚，不能振拔有為，獨壯萬里之行也。執其手而語之曰：王師方拯民於水火之中，保之若赤子，俘獲者盡釋不殺，仁聲達遠邇，真所謂保民而王者哉。夫義之著，所以勝敵也。仁之孚，所以安民也。敵勝而民安，以定天下，不難也。大夫樹勳名於不朽，殆不違斯言也夫。

〔註223〕　（明）程敏政《明文衡》，《景印文淵閣四庫全書》第 1374 冊，臺灣商務印書
　　　　　館 1986 年版，第 128～129 頁。
〔註224〕　（明）程敏政《新安文獻志》，《景印文淵閣四庫全書》第 1375 冊，臺灣商務
　　　　　印書館 1986 年版，第 283～284 頁。

## 219. 《鬼神論》

按：文載《新安文獻志》卷二十九〔註225〕，又載《弘治徽州府志》卷十一〔註226〕，錄文如下：

或問鬼神之說，曰先儒之言鬼神，以陰陽之屈伸消長論也。聖人之言鬼神，以人之死生論也。以人之死生論，是故有鬼之名也。然而天地陰陽所以流行賦與而造化夫萬物者神而已矣。聖人於《易》備言之，曰「神無方而易無體」，曰「蓍之德圓而神」，曰「神以知來」，曰「鼓之舞之以盡神」。神也者，妙萬物而為言者也。初豈嘗以鬼神並言哉。其言「精氣為物，遊魂為變，是故知鬼神之情狀」，乃因上文言「仰觀天文」，氣化之運，萬變不測；「俯察地理」，實體之著，生息有常，此所以知幽明已然之變也。惟知幽明之故，故原其始而知所以生，反其終而知所以死，至是乃言精氣為有形之物，遊魂為無形之變，即為物為變，此所以知鬼神之情狀爾。故答宰我鬼神之問，曰：「氣也者，神之盛也；魄也者，鬼之盛也。合鬼與神，教之至也。眾生必死，死必歸土，此之謂鬼。骨肉斃於下陰為野土，其氣發揚於上為昭明。焄蒿悽愴，此百物之精也。神之著也，因物之精製為之極，明命鬼神以為黔首，則百姓以畏，萬民以服。」由是觀之，鬼也者，歸也，物之死而歸於土也，乃得鬼之名，豈古人所以名狀造化之妙者哉。故曰：聖人之言鬼神，以人之死生論也。曰：然則《中庸》言「鬼神之為德，其盛矣乎」，亦夫子之言也。「視之而不見，聽之而不聞，體物而不可遺」，豈非以造化而言乎？曰：先儒正由此章而推言造化，蓋不察子思所以立言垂訓之實爾。昔季路問事鬼神，子曰「未能事人，焉能事鬼。」敢問死，曰：「未知生，焉知死。」故前此四章言治人，此下四章則論事鬼神者也。《中庸》首言道本於上天之命，聖人因而修之，以立教於天下。道以中庸為至，故體道之功，不可徇於氣質，過不及之偏，如舜之知、回之仁、由之勇，則中庸之不可能者亦既能之，德性全矣，斯可推以治人，推以事神。「君子之道費而隱」以下，明治人之道，所謂「莫見乎隱」，至是則明事鬼神之道以終，「莫顯乎微」之意。章首贊鬼神之德之盛者，將言大舜文武周公而先之以此。夫大舜文武周公，德配天地，澤被天下後世，雖

---

〔註225〕（明）程敏政《新安文獻志》，《景印文淵閣四庫全書》第 1375 冊，臺灣商務印書館 1986 年版，第 372～373 頁。

〔註226〕（明）汪舜民《弘治徽州府志》，《四庫全書存目叢書》史部第 181 冊，齊魯書社 1996 年版，第 111 頁。

云既沒，而其神昭著，無乎不在。所謂「體物而不可遺」者，仰乎天則其神之昭於天也，俯乎地則其神之著於地也。所謂「見堯於牆，見堯於羹」，《大雅》言「文王陟降，在帝左右」，《周頌》所謂「對越在天，駿奔走在廟，不顯不承，無射於人」，斯正此意也。故下文云「使天下之人齊明盛服，以承祭祀，洋洋乎如在其上，如在其左右」，又結之曰「夫微之顯，誠之不可掩如此」，夫豈上文言天地造化之鬼神，而遽以齊明盛服承祭祀爲言乎？蓋如舜之大孝、文王之無憂、武王周公之達孝，斯其所以爲鬼神之盛德也，斯其所以爲體物而不可遺之驗也。事神治人，非有二道。明乎郊社之禮、禘嘗之義，則治國如示諸掌。由是觀之，神以造化言，而鬼神以人鬼言也明矣。況夫子答宰我之問，有明言乎。後之學者不以先入之言爲主，而虛心求之，則有以知夫子之言精且實矣。

## 220. 《周公居東二年辨》

按：文載《新安文獻志》卷三十〔註227〕，又載唐順之《荊川稗編》卷七〔註228〕，錄文如下：

予（《稗編》作「余」）讀《金縢》之書言「周公居東二年，則罪人斯得」，而疑朱子《詩傳·鴟鴞》篇從漢孔氏說「弗辟」之辟音闢，謂「致刑辟而誅殺之也」。鄭氏注「詩言周公以管蔡流言辟居東都」，則讀爲辭避之辟，蔡氏注《書》則從鄭說。愚讀《詩》、《書》三復致疑而未能決，因合《詩》、《書》之經反覆求之，始信鄭說爲是確然不疑。何也？流言者，傳流無根之言也（《稗編》無此句）。流言危周公，間王室，然未明其何所由起，則一時是非猶昧。周公未宜遽興師問罪，故曰「我之弗辟，則無以告我先王」，是以退避而居東都二年。然後是非明白而知流言出自武庚、管蔡，故曰「罪人斯得」，蓋得罪人之情實也。既曰居東，則非東征可知矣。意者公雖退居避位，然必尚得將帶侍從護衛之人以自隨，非如後世大臣貶黜，不得一人自隨比也。其作《鴟鴞》之詩，極言恩勤，保育王家，先事預防，勞勤爲甚，遭逢外患，不得不言，其辭促，其情哀，蓋避居之時所作，非興師問罪所發之情辭也。苟非成王復感風雷之變而迎之，則《大誥》何由作？東征之師何由而出乎？命東征

---

〔註227〕 （明）程敏政《新安文獻志》，《景印文淵閣四庫全書》第 1375 冊，臺灣商務印書館 1986 年版，第 382～383 頁。

〔註228〕 （明）唐順之《荊川稗編》，《景印文淵閣四庫全書》第 953 冊，臺灣商務印書館 1986 年版，第 137～138 頁。

陳師，鞠旅方率，友邦冢君卿士司馬偕行。然前日從以居東衛士，未嘗易也。觀《大誥》一篇，參以《豳風》數詩觀之可見矣。夫以王師出征三監，誅武庚，以周公之神聖才藝而將之，以討有罪，名正言順，必不久淹，歲月不過半年期月間事爾，必不再勞師征三年之久。竊惟周公避居東都二年，罪人斯得。於是《大誥》東征又一年，爲三年。王感風雷而迎周公，必輕身奔赴，軍士居東，或未偕行。雖行，亦不得並留。受命出征，軍士隨行，武庚既誅，歸勞東征之士，則三年矣。故曰「自我不見，於今三年」，惟公退讓而避居東都，故再言「公孫碩膚」以讚美之。假令公遭流言之變，是非之實未明，輒假王命以興師旅，將孰知而孰信從之乎？詩人安得有「狼跋疐尾」之況？故朱子晚年亦從鄭說，其《答蔡仲默書》可考也。

### 221. 《帝車賦跋》（洪武九年，1376）

按：文載《新安文獻志》卷四十八〔註229〕，錄文如下：

右《帝車賦》者，王先生詵伯恂所作也。先生以俊才碩學，甲申領江浙鄉貢。丁內艱，戊子春赴京會試，主司黃文獻公潛得其文，甚歡賞之，擬置魁選。而同考歸暘、張翥諸公謂是賦以匹夫而乘帝車周六合，造語雖工，立意殊謬，宜置第二。公曰：若此異才，屈居人下，寧棄不復錄。既而，譁然稱屈，諸士子咸負不平。三衢沈斡以是賦進，問黃公曰：何由黜此？公曰：諸同考謂其以匹夫乘帝車周天而走，爲大謬爾。斡曰：同考官素忌嫉南方之士，固不足責，主司亦豈目迷五色邪？賦云帝默無語而靈樞告之，故此下皆假靈樞之詞。今乃云云，蓋不自知謬，反謂賦者謬昧之甚矣。公乃悔恨怒罵，即自爲文，薦先生宜居翰苑，宰相擬授編修，先生力辭歸養。其族子王元成時寓京，手書此賦，休寧朱先生升同斯黜者，故書而跋之。鄉人潘叔耕得之，元成近歲航海歸，呂文在又得之叔耕，而以歸於程敬之。洪武丙辰夏四月，敬之要仲魯爲述其故。嗚呼！自先生下第，至乙未多死，於義凡八年，迄今又二十年矣。俯仰今昔，白衣蒼狗，桑田海波，變化無盡。人謂斯何，人謂斯何，敬之相視，感歎未已，並以誌於卷末云。洪武九年丙辰夏四月三日門生汪仲魯跋。

---

〔註229〕　（明）程敏政《新安文獻志》，《景印文淵閣四庫全書》第 1375 冊，臺灣商務印書館 1986 年版，第 617 頁。

222～223.　《七哀辭》二篇

按：《七哀辭·序》云：「仲魯竊哀平日交遊，取益爲師若友者，其守節服義，無所屈撓，凡七人焉。其間如汪尚書澤民、余左丞闕、鄭待制玉、陳狀元祖仁，皆名著史傳。其未見載錄者，程禮部文、王進士詵、朱縣尹倬三人爾。」《全元文》據清康熙二十五年本《懷寧縣志》錄《七哀辭》之一，乃余左丞；據《弘治徽州府志》錄《七哀辭》之四，乃汪尚書、鄭待制、程禮部、王進士。實則，《七哀辭》全文俱在，見於《新安文獻志》卷四十九、黃宗羲《明文海》卷四百七十三，其順序依次爲：汪尚書、余左丞、鄭待制、陳狀元、程禮部、王進士、朱縣尹，與《序》文相符。陳狀元、朱縣尹二人哀辭，《全元文》失收。據《新安文獻志》錄文如下［註230］：

（1）陳狀元

瀋儀陳狀元，名祖仁，字子山。壬午科以漢南第一人登第。廷對策忠厚懇切，天下傳誦，謂有漢意，由翰林編修遷太常博士，以憂還京口。辛卯春來新安，以葛元哲、高則誠二進士書邀趙汸子常與仲魯偕遊黃山，孜孜講學，不少輟，論詩法甚詳。別後數書相規勉，期望殊切。且言天下將多事，惟紹興風俗淳厚，薪米易得，約同遷於是，以待天下寧晏，更以兵阻不相聞。近觀史傳，方知其在朝奏議折奸扶危，忠君愛國，辭氣端確，昭如日星，終死於義。是故追悼之以辭，其辭曰：

瞻黃山之嶕崒兮，三十六之奇峰。念昔陳子山兮，來躡仙子之遐蹤。招予與同遊兮，駕天風而戾止。朝浴乎丹砂之泉兮，夕攬乎玉蓮之芳藥。凌天都之峻絕兮，以周觀乎八紘。慨生民之庶富兮，化殆漸乎四溟。何風濤之蹴天兮，乃予違而遊乎蓬島。群仙訧夫燕逸兮，至於君豈同造。舟顛覆而將伯助兮，終莫救其摧隳。大廈勢已傾壞兮，夫豈一木之能支。九廟棄弗顧兮，輿翠鈿以自隨君。徬徨將安適兮，當奉主而北馳。成敗詎能計兮，矢吾心而靡渝。恭執事兮，登載車。排國門而出兮，死生與俱。竟殺身兮，委骨丘墟。皇天鑒厥精誠兮，魂昭陟乎帝之居。曾日月之幾何兮，丹青著其名譽。披史傳而長太息兮，悼往昔之無已。軒轅峰猶萬仞兮，倚寒空而遙峙。哀見君而不再得兮，颯秋風之夕起。

---

［註230］　（明）程敏政《新安文獻志》，《景印文淵閣四庫全書》第 1375 冊，臺灣商務印書館 1986 年版，第 632～633、635～636 頁。

（2）朱縣尹

遂安縣尹朱倬，字孟章，歲辛巳領江西鄉薦，登壬午第，授某州同知，以憂家居。服闋，授文林郎，遂安縣尹。庚寅同考江浙鄉試，既出院，會於橡郎葛元哲之坐。因詢仲魯《詩經》「無封靡於爾邦」義，作如何破題，答曰：「已在孫山之外，夫復何言」。元哲云此友非特詩義高，賦尤高，一破自當首薦。因謂之曰：崇德報功之典，賞延於後世；修道全德之化，法本乎前王。詠歎之至者，感慨之深也。孟章愕然曰：此篇已錄全文在卷中諸公同擬作本經魁竟尋賦策未見移文謄錄彌封所亦對字號不同誰不惜之且索角端賊元哲曾錄之出與之觀三復擊節稱歎。元哲又曰：此公志存乎古人之學，得失不掛諸念。由是孟章相與遊，情義甚至，且與李廉諸公皆來相見，因約來春過遂安。明年春，仲魯往留一月，嘗自歎曰：倬登科十年，未霑寸祿，其命也夫。仲魯應曰：不患無位，患所以立，故君子行己立身，惟安義命，不以外至者動其心也。孟章殊服此言。壬辰秋，寇由開化趨遂安，吏卒逃散，孟章大書於坐，曰：「生爲大元臣，死爲大元鬼。禍患從天來，不死復何以」，乃坐。公所以待盡，寇以邑虛無人而焚之。火逮廨舍，乃赴水死。後竟無傳其事者，可哀也哉。追悼以辭，其辭曰：

疾風兮草萎，勁節兮靡移。繄遂安之賢尹兮，屬貞操其匪虧。邑小而荒僻兮，氓其蚩蚩。令初下車兮，即興學而誦詩。夙夜孔勤兮，化洽而民熙。一朝寇忽臨兮，靡兵備其執禦。民駭而卒逃兮，誰與獨處。寇豕突茲邑墟兮，劃煙燼其棟宇。予執死不二兮，天明明其吾與。夙披簡冊兮，矢致身乎忠良。況瓊林之燕集兮，堯舜君民之有望。憶武林之嘉會兮，豈徒事彼文章。行與義之有在兮，憲聖謨之洋洋。歲忽忽其已遠兮，心耿耿其莫忘。川悠悠而波逝兮，山靄靄而雲驤。思賢令之不可見兮，長向風而哀傷。諒姱節之不可渝兮，發斯文之耿光。

亂曰：學端以粹質之純兮，顯擢甲科。名譽臻兮，十年未祿。奚命之屯兮，牛刀小試。絃歌陳兮，變故莫測。奚衛我民兮，之死靡忒。惟志之伸兮，是謂殺身以成仁兮。

## 224.《程先生平傳》

按：文載《新安文獻志》卷八十九〔註231〕，錄文如下：

〔註231〕　（明）程敏政《新安文獻志》，《景印文淵閣四庫全書》第 1376 冊，臺灣商務印書館 1986 年版，第 471～472 頁。

先生名平，字德正，徽之績溪人也。徽古新安郡，程爲著姓，皆祖梁忠壯公靈洗簪纓不墜，至平三十有六世矣。先生幼失怙，恃然稟性，溫厚恭恕，言貌恂恂，與物無競，鄉里稱之。素與里人張德良友善。洪武初，德良坐鹽價事，罹法罟凡百餘人，而波及先生。御史廉得其情，喻之曰：灑於眾，則汝免矣。先生起謝曰：家世業儒，非義不敢爲。平不幸爲人所誣，而又誣人，欺天者也。天可欺乎？寧以身待罪。御史深歎異之。尋謫延安，與郡人朱仲傑偕行。仲傑悍戾，不以道相遇。盛暑同休憩道旁樹下，仲傑曰：德正守行李，我前問店。乃趨酒家，久不至。俄暴雨，水漂其行囊，先生自救不暇。仲傑還，盛怒責償於先生。先生如數償之，不與校。迨至延安，仍與同處，仲傑以醫，自託於梅百戶。明年仲傑臥疾，知不可療，以其所有盡寄之。梅曰：必吾子至，乃可付之。既卒，梅調守他郡。仲傑死，先生又備棺槨衣衾而舉之。或曰：其人待子如是，獨無憾於中耶？先生曰：彼自虧其德耳，且與同郡而生，同患難而來，死無所歸，於我乎殯？聞者莫不歎服。朱氏子德生以母命來省覲，行至汴，聞其久已死，而囊篋又爲梅百戶挈之他往。中道還家，紿其母曰：吾買地葬父於城東矣。又出其所攜衣，曰：此父遺物也。越三年庚申，先生子寔往延安，省侍遂命，負其遺骨歸績溪，信報朱氏子，令迎柩還葬，德生怡然不復顧。丙寅秋，先生自延安歸，知朱氏柩尚留殯後園，不悅曰：延安數千里，尚爲負之歸。由績溪距休寧，僅百里，豈可九仞之山而虧一簣之功乎？且其子既紿其母，必慚懼不來，即命孫通爲送至其家。其接人待物，存心忠厚每如此。子寔，字以誠，亦剛直尚義。有族弟以忠，由河南永寧令，轉知潮州程鄉縣。洪武乙丑，以忠之子泰乙，年稍弱，屈寔與偕中途，聞以忠因事繫獄，偕侶求回。寔變色責曰：汝父官所坐事，正當捐生赴救，捨之而歸，獨何心乎？偕侶曰：將如瘴癘何？復叱曰：但當力以赴援，瘴癘非所恤也。至潮陽，月餘乃還，過文江，果以冒瘴而殞，年五十有一。丁卯冬，其子通冒風雪往奉柩歸葬。通年二十三，由邑庠升禮部試，入監學。論曰：

先生忠信人也古。人有言：忠信之人可以學禮。孔子亦曰：必有忠信如丘者焉。夫忠信，質之美者也。由之以學焉，斯可以爲聖賢矣。嗚呼！急功利，尚奸詐，亦云極矣。焉得有如平父子者之死，不違信義者乎？之死不違信義，是宜作傳，以傳不朽，故爲《程先生傳》。

## 225. 《蕭縣令汪公致道墓誌銘》

按：文載《新安文獻志》卷九十七〔註232〕，錄文如下：

嗚呼時哉！出處之難也。惟蕭縣令汪公當兵革擾攘之際，從容周旋，克保其家安，全鄉里之民，以歸於天朝，終又不失祿仕，歸老於家。是蓋人所甚難，而能憂爲之，豈非操心制行之有素，造物者亦陰有以相之與？故人陳自新狀其行，來爲請墓道之銘，故不辭而誌之，曰：

公名致道，字成德，吾徽之黟人也。曾祖諱一龍；祖諱元，號傳巖居士；考諱太初，俱有厚德，隱不仕。誌其祖墓者，休寧陳定宇先生櫟；誌其考墓者，前進士祁門汪克寬也。母吳氏，文獻故家。公自幼偶儻不群，厥考延倪仲弘先生毅篤義方之訓，與弟存心成性亦知勸勉。元統甲戌，公年十六，弟年十二，即喪其考，率先將事，哀毀盡禮，治喪葬祭稟承倪先生，一遵文公家禮。事母盡孝道，總理家務，植立戶門，鄉閭稱善。越十年甲辰，喪其母，一循故典。壬辰兵變，所在剽掠，乃捐家貲以保鄉里。繼募義兵，從官軍復郡邑。主帥李克魯上其功，署黟縣簿。歲丁酉，天兵南下，寧河王時僉樞密院事總兵克定吾徽，公即以所部義兵散歸田里，而籍其名數於有司，邑令賢公之爲人，具書幣禮，請至，仍牒委以縣簿。率吏民往築郡城，晝夜盡瘁，民忘其勞。歲癸卯，郡守李納薦於朝，授滁州全椒縣簿之官。未踰年，改監安慶湖池，規畫有方，錫報優異，中書省以才幹委核鎮江之丹徒丹陽。金壇民兵單騎而往，躬循村落，召集鄰戚，參詢互考，實情無隱。休役而家居者，諭令還戍；逃亡而戶絕者，官錄其產；鰥寡廢疾者，削籍爲民。既覆命，洪武戊申，升知徐州蕭縣，地當南北之衝，累年兵燹，人民散逃。下車之初，竭力招懷，禮下賢俊，恤孤抑強。既踰時，民繦負歸耕，庶務咸理，治爲諸縣最。俄有黠吏以飛語中公，部使者廉公治行懲，吏奸欺，而公略不自辨，唯求解印南歸。使者歎曰：汪知縣忠厚長者，乃從其請。既歸田里，日以詩酒自娛，散步丘園，遇田夫野老，笑談忘倦，自號高閒野叟。公之出處進退大略如此。至於友愛其弟，至老不異。待宗族鄉里，恩義無爽，接朋友久而能敬。初，倪先生葬未得地，即與其弟謀捐重貲購地於餘思塢，力爲遷葬，詳見東山趙汸先生《改葬志》。大抵公之接人待物，忠信端愨，終始不渝。故人無貴賤，皆聽信之。鄉里稱之曰：成德之排難解紛如魯仲連，望廬自訟如

---

〔註232〕 （明）程敏政《新安文獻志》，《景印文淵閣四庫全書》第1376冊，臺灣商務印書館1986年版，第649～651頁。

王彥方，是蓋操心制行之有素者與。公生於元之延祐己未七月十有五日，歿於洪武乙卯之十月十有二日，享年五十有七，葬邑南五都西村之原，負壬亥，面己丙，是歲之十有二月十日也。配李氏，生延祐辛酉六月，後公五年卒，己未之二月二十有九日也。子男三人，敦禮、敦義、敦仁。敦禮早卒。敦義，以故家子弟，強之吏於邑，坐謫壽春。敦仁守先業，崇拓基緒，克承先志。女一人，適賓州同知金瑜，休寧望族也。既誌之，復為之銘，銘曰：

奚仕之艱，自古乃然。涇渭混合，汩潏曷宣。岩岩城闉，播播流泉。土膏石泐，獸潛鱗淵。休哉惟公，終始克全。元之季世，兵革寇攘。既完厥家，以寧其鄉。天兵赫臨，民安厥常。聞譽已著，那避譽揚。出核民兵，於彼丹陽。義聲昭矣，文華亦韡。升令於蕭，政化敷美。曾未半載，民歸如市。志不終遂，遄歸故里。邑氓號呼，如失怙恃。昔率義師，保聚為宜。既樂升平，民恬以熙。祿仕贓罟，波潰於時。行義卓卓，如公者希。壽終於庭，生榮死哀。桃溪溶溶，西村兆宅。山峙川流，允昭厥德。令德允昭，緜祖豐澤。膏沃光融，後胤繁碩。勒之貞瑉，永徵無斁。

## 226. 《處士誠齋許公溥化墓誌銘》

按：文載《新安文獻志》卷九十七〔註233〕，錄文如下：

徽郡婺源縣懷金鄉三溪里誠齋許公，諱溥化，字次誠，生至元丁丑十月二十九日。自幼穎悟，奉親孝。及壯，值元綱解紐，疆宇瓜分，遂率義師保障鄉閭，續奉省檄命，領屯兵。戊戌冬，太祖皇帝遣院判鄧愈取徽，抵邑，公乃率眾歸附，授院判汪同下管軍。鎮撫董築星源翼城，從攻樂平。至太陽埠，軍潰。庚子歲，鄰寇作，族人被害，兄商野亦遭寇執。公以財力援脫兄厄，會駙馬王公克恭來鎮，仍命總戎，隨征昌化、宣城。開設德興縣，治越五年，沙汰官員，定隊伍。公願不仕，辭歸故里銀溪，築室侍兄如嚴父。駙馬公聞其操略，大書以扁其堂曰庸敬。先輩韓仲濂為繪圖，記其事。厥後復歸舊址，創小樓二間，扁曰小舫，自為之記。公蓄書好哦詩，仲子貴安嘗編類成帙，學者稱焉。尤樂善好義，以資貧乏，助葬娶，整輯里中橋道，割私田為資，建義祠，以祭族之無祀者，番易朱公遷嘗重其舉而為記。原其胄出睢陽太守遠之後，遂於住近地東偏設龕立像以奉之。每春首率子姪羅拜祭奠，集飲而退。洪武壬申，以老人應詔，面聽宣諭，回奉督挑堰塘，官民咸悅。

〔註233〕 （明）程敏政《新安文獻志》，《景印文淵閣四庫全書》第1376冊，臺灣商務印書館1986年版，第651～652頁。

戊寅夏，復之京，回至當塗之鸞湖，感疾。於五月二十八日甲戌卒於旅舍，其子奉柩歸葬里之上塢，是年十二月十八庚申也，享年六十二。公曾祖諱允蘭，爲清華務副使；祖諱文福，穎州屯田總管；考諱元祐，故不仕。公娶康山鍾氏，生男三人，長新安，不壽；次貴安、鈞安。女一人，適福臨里程文貞。孫男四人，瑜瑛、璟瑛、琬瑛、球瑛。孫女七人。其子貴安，屬友生李公獻爲狀其實來請銘，弗容辭謝。然觀其立心操行若此，亦宜表而出之，以昭示不朽。遂銘之曰：本源深固，歲久茂芳。歲久茂芳，其流則長。觀諸許氏，而知奕世之茂昌也哉。

## 227. 《黃仲瑾妻吳氏貞節傳》（洪武二十一年，1388）

按：文載《新安文獻志》卷九十九〔註234〕，錄文如下：

洪武二十有一年，徽屬縣休寧令周德成以邑之五城黃致遠母吳氏年八十四貞節聞。六月，郡守廣信何敏中親臨覆實。七月，監察御史眞定許公珪廉之興言匪異，還奏。爰樹異門，表其貞節，式昭德音。由是里之父老以告於閒居病叟婺源汪仲魯，徵文以傳永久。按黃與吳皆同里名族，吳氏名德敬，吳仁卿之女也。生元之大德乙巳，年二十有二歸於黃仲瑾。逾二年，戊辰，致遠生。庚午，次子士衡生。又二年，而季子銳生。歲癸酉，仲瑾以疾卒，僅二十有九。時致遠方六歲，二弟俱在孩提。吳氏辛勤紡績，上事舅姑，下撫諸幼，冰清玉潔，以持其身，以御童奴女婢。歲奉祭奠，致禮宗族親姻，訓子以詩書，庭無間言。致遠之曾祖宋迪功郎國監檢閱諱彌高，由科第起家，子孫義居雍睦。二弟雖紹其叔父，怡愉恭讓，以孝友稱於鄉。壬辰兵變，屋燬人逃，二弟相繼先殞，致遠子母相依以爲生。奔匿顛沛幾十餘載，以底承平，復於故居。吳氏始終不渝厥志，已五十有五年矣。茲幸際聖皇御極，萬方寧晏，旌別淑慝，表厥宅里，以訓厲風俗，而吾邦賢守令宣上德意，躬詢里民，吏卒職循，雞犬不驚，鄉無毫髮勤動，而有感孚欣効之美。嗚呼！爲善者由是知所勸矣。仲魯老病山居，聞斯盛典，喜而紀實，爲《吳氏貞節傳》，庶來者有考焉。

## 228. 曾昺（57／89）《璜溪書院記》

按：文載清代汪森編《粵西文載》卷29《記》，今據以錄文：

---

〔註234〕 （明）程敏政《新安文獻志》，《景印文淵閣四庫全書》第1376冊，臺灣商務印書館1986年版，第679頁。

　　璜溪書院爲柳公仲塗建也。宋端拱間，公來刺全州，築室讀書於山中。嘉定八年，郡守林岊即其地爲讀書堂。寶慶二年，賜額曰清湘書院。江南歸版圖，修創如故實，爲先聖燕居之所，而旁爲柳侯立祠焉。元統元年，楊侯廷鎮撤而新之，學賓鄧華夫實相其役，載新柳侯之像。而舊像無所於舍，迺迎以歸於所居璜溪之地，築室而奉安之，故號曰璜溪書院也。璜溪發源於高山，縈廻演迤，遠赴於灌陽之會湘橋。溪之左，地可數十畝，前抱雙峰，後枕高阜。岡原翼於左右，若堵牆，故即其地而營築焉。其屋爲梁者三，爲楹者六十有餘，正堂以貯先聖遺像之碑，瞻敬其所由始也。柳侯舊像居房之右，而東向厭於所尊也。華夫之大父曰：「寧民習《春秋》，以恩科調橫州司戶參軍，乃爲新像居房之左而西向。謂其嘗被斯文之澤，知仰柳侯之風。而今祀侯於其地，故使爲主而面之也。」華夫用意深遠，然其成功亦勤矣。抑餘有感焉。華夫創謀於元統之癸酉，暨至正甲申，余隨府判顧公用之以公委至其地，猶未及建也。余喜其幽勝，徘徊久之，且力贊其毋後時而早爲。又二年，丙戌春，余再訪焉。始立外門，華夫欲余豫記之。余謂之曰：「書院成遊觀者，必眾其名，將與柳山並傳，豈無宗公巨卿爲君記之者？」華夫輒悵然而止。是秋八月落成，而余以其臘更代。今猶未去，竟執筆得償所願。因知事之成否、人之去留，各有其時，不先後而適相合焉，其數蓋前定也。則夫士之處世；凡未來者何必役智慮而預計之哉？

### 229. 卓說（58／199）《跋定武蘭亭序》（至正癸巳，1353 年）

按：清代王士禎《居易錄》卷三十一載：「客攜宋拓《定武蘭亭序》來觀，後有元人諸跋，眞古物也。輒具錄於左方。」〔註235〕有危素、卓說、鄭濤三人之跋。今輯卓說跋如下：

　　唐太宗得禊序眞跡，命歐、虞、褚諸公臨仿之。近侍趙模、韓道政、馮承素、諸葛貞輩皆得臨擬，取眾所臨分賜諸王近臣。惟率更令所臨奪眞，因勒石以留禁中，世共珍異，罕獲打拓。後雖更亂，石獨完存。五季時，契丹輦以歸北，複道棄之。慶曆中，李學究得而秘瘞於土。至其子始出石拓以售人。宋景文公守定武，購而藏之官庫。後守薛師正懼拓繁傷石刻，別石以徇世。求子紹彭又模刻它石，潛易元刻。由是定武變爲三刻。然唐刻微帶肉，此本字頗豐，必紹彭之所模，但墨燥而少潤耳。予友敬修氏善鑒別，尤愛此

---

〔註235〕（清）王士禎《居易錄》卷 2，《王士禎全集》第 5 冊，齊魯書社 2007 年版，第 4327 頁。

卷。蔡中郎收爨餘之枯，必非妄賞。汪氏其世寶之。至正癸巳長至前五日，梅仙山樵卓說。

## 230. 《豫章羅先生文集序》（至正二十有七年，1367 年）

按：清代丁丙《善本書室藏書志》卷二十九〔註236〕、瞿鏞《鐵琴銅劍樓藏書目錄》卷二十一〔註237〕著錄羅從彥《豫章羅先生文集》，均言及卓說之序。今據明代成化七年刊本《豫章羅先生文集》錄文如下〔註238〕：

昔龜山楊文靖公從程夫子於河南，卒業辭歸。程子歎曰：「吾道南矣。」言若是其幾也，果前知乎哉！龜山既南，其傳則豫章羅先生一人而已。豫章羅先生傳延平李先生，李傳齊國朱文公，聖人之道於是乎大明於天下。程子之歎其有開之先與？先生上承程楊二賢之傳，下傳李朱二賢，為天下正學之宗於前後相逮之時，居中為傳統之會。斯道之寄，誠重矣。澄心默坐，體認天理之功，其精實已乎。潛思力行，任重詣極，知者雖鮮，而宗傳之統至先生，切要精確，愈久而彌章。何程子前知之明邪？先生之志在《遵堯錄》一書，一祖三宗之謨烈，名臣十賢之公忠，衍釋之所發，辨微之所明，誠一代之大法，君天下之軌範也。《別錄》一卷，乃二賢斥小人之論，皆質諸龜蛇而無疑者。議論要語，如法律之嚴，見先生之學不徒空言。詩文皆發其自得之趣。《春秋指歸序》推明伊川之意，得聖人約修之本，惜其書與首卷諸目俱亡，何學者之不幸也！觀附錄儒先所稱述，惟悵悢耳。即今所存而求之，必有得其傳於文辭之表者矣。然為朱子之學，萬殊一貫，體用一原，行之以仁恕，充之以廣大。苟不究其師傳之統，惡克底乎精實之極。於斯集也，可不致力以求之乎？先生五世孫天澤建書院，既得請前進士曹道振纂次先生文集，錄以傳世。天澤子庭堅求序其端。仰惟道學之宗，豈膚淺所能任。以昔嘗求先生遺言而交其後人，用不敢辭而敬書之，以著朱傳之所自云。至正二十有七年龍集丁未正月庚辰，朏福建等處儒學提舉卓說序。

## 231. 元光祖（58／249）《風洞山大士像碑》

按：文載清代汪森編《粵西文載》卷四十一《碑文》，今據以錄文：

---

〔註236〕（清）丁丙《善本書室藏書志》，《續修四庫全書》第 927 冊，上海古籍出版社 1996 年版，第 500 頁。

〔註237〕（清）瞿鏞《鐵琴銅劍樓藏書目錄》，上海古籍出版社 2000 年版，第 577 頁。

〔註238〕（宋）羅從彥《豫章羅先生文集》，《宋集珍本叢刊》第 32 冊，線裝書局 2004 年版，第 371～372 頁。

桂林之北面，因山爲城，層崖疊壁，最爲險固。居山之半曰風洞。洞戶北出，下臨大野，群峰列峙，一江前陳，眞偉觀也。士大夫嘗登覽焉。至正九年秋七月，憲使達爾瑪元善、憲副託多仁卿、憲僉阿嚕圖希曾韓特穆爾布哈仁廻、經歷王欽敬道、知事彰律顯文、照磨梁柏延仲達，因治事之暇，登茲以遊，見大石室。空明迥出塵表，宜爲聖者居。乃議捐俸，命工下甃層臺，上構飛宇，像禪定觀世音菩薩於其中。謹按佛書，菩薩有大願力，能以無畏施於衆生，凡有二災八難之苦，稱名瞻禮，即得解脫。顧茲嶺南，困於兵，生靈塗炭，所不忍言。定亂底寧，固有良法拯災邮患，尙賴神休。則是像之設，所以嘉惠斯民之意深矣。照磨梁君妙達佛理，躬董是役，勤力爲多，宜並記之，以著厥始。

## 232. 鄭淵（58／255）五十四篇

按：《全元文》據清乾隆四十四年《浦江縣志》錄其文三篇。宋濂《鄭仲涵墓誌銘》載「所著書有《逐初齋稿》十卷、《續文類》五十卷藏於家」〔註239〕。今檢《四庫全書總目》卷 194「總集類存目四」著錄「《義門鄭氏奕葉集》十卷」，稱「國朝鄭爾垣編。爾垣既續鄭昺之書爲七卷，又編次遺文得十五種。曰元鄭大和《貞和集》，曰元鄭欽《青椑居士文》，曰元鄭濤《藥房集》，曰元鄭泳《半軒集》，曰明鄭淵《逐初齋集》，曰明鄭輈《恕齋集》，曰明鄭楷《鳳鳴集》，曰明鄭棠《道山集》，曰明鄭柏進《德齋稿》。」〔註240〕今收入《四庫全書存目叢書》集部第 410 冊，錄文共 56 篇。《全元文》所收的《康侯山九日紀遊序》、《登高山九日紀遊序》、《南橋隄記》，前兩篇見收於鄭爾垣編《逐初齋集》（第二篇題爲《九日登高山紀遊詩序》）。除去重複，《逐初齋集》尙有 54 篇爲《全元文》失收。茲迻錄如下：

### 《孝節堂銘》（49 頁〔註241〕）

烏傷朱夫人胡氏事舅姑以孝，夫死又以節著聞。君子嘉焉，遂以孝節明其堂。文獻黃公既爲之記，士大夫復從而歌詠之。浦陽鄭淵敢申其義而爲之銘。銘曰：

人子之孝，曰天之經。流行不吸，一根於誠。實自中啓，初非舛形。婦

---

〔註239〕 （明）宋濂著，羅月霞主編《宋濂全集》，浙江古籍出版社 1999 年版，第 750頁。

〔註240〕 （清）永瑢《四庫總目提要》，中華書局 1965 年版，第 1775 頁。

〔註241〕 按：指在《四庫全書存目叢書》集部第 410 冊中頁碼，下同。

於舅姑，其義□□。況事所天，一醮弗更。爾節爾孝，世所鮮能。有□□□，□□□□。□□□辭，不播其馨。卓哉朱母，有聞□□。□□□□，□□□□。□□□一，琴瑟和鳴。鮮□□□，□□□□。□□□□，□□□□。□□□，□□遐齡。天之報施，弗□□□。鶴髮□□，□□□□。□□□堂，乃遊幹庭。子孫雁行，籩豆維盈。鐘鼓□□，□□之平。□□□衍，其倩則亨。昔焉霜露，機杼弗寧。將謀將食，□□眾嬰。今也口語，有酒如澠。匪德之淑，福何以並。勖哉後昆，務爾令名。勿忝母賢，以繼以承，以底於成。以視此勒銘。

### 233. 《貞順堂銘》（49頁）

余友傅君伯長於華川上築堂三楹，間以奉母樓夫人。夫人年十五而嫁，三十有三而寡。既生二子，長曰士權，次即伯長。家單計落，四壁蕭然，無有生意。姻族憐其年少而早寡，將勸之再適。夫人涕泣，斷發自誓曰：「壽夭富貧，皆天之分，非人之所能也。我命苟嗇，雖富亦貧，不如順以守之，乃吾分也。苟有異心，則與禽獸奚擇焉？」言訖，淚下如雨，姻族不敢強。夫人家甚貧，米鹽之給，一皆資於紡績。殺衣縮食，以葬其夫。又有伯長，至年長從鄉先生文獻黃公遊，以文辭知名。伯長痛恨不獲事其父，猶得奉夫人至於上壽。故有斯堂之築，而文獻公以貞順顏之。宋太史公既為之記，伯長復來徵銘於余。因念向時往來華川上，與伯長交最密。既不獲奉卮酒以壽夫人，今夫人亦已歿矣，又不獲銘其堂，則於義也虧矣。然夫人貞順之行，可以為法者，千載猶一日也，又何以死生而有間哉？乃為之銘曰：

貞之為言，以順為正。正以處之，乃全吾性。苟非其正，於順曷名？夫婦之道，地義天經。一與之醮，終身弗改。夫也不幸，矢死無悔。華川之上，有母樓氏。年盛煢居，潔如秋水。譬比春葩，《終風》作仇。鸞鳳朝飛，夕隕其儔。寒缸（當作「缸」）夜明，形單影獨。稺子在前，其何能目。綺谷雖口，膏粱雖甘，我節一失，弗死何堪。昔焉勞只，以機以杼。今焉休只，以燕以處。崇堂逐筵，有子有婦。子婦在前，我心載寧。白璧無暇，卒全我貞。為世程度，千載儀刑。子孫甿甿，尚徵我銘。

### 234. 《尚拙齋銘》（49～50頁）

大鈞播物，塊圠無垠。我人得之，賦形則均。稟氣清濁，善惡以分。所以顏子，如愚稱仁。愚可藏拙，巧或奪真。欲勝則流，從之則昏。馳如駿馬，欻如飆輪。竟致顛頓，自罹艱屯。曷守我全，曷保我純。暢達四支，內精外

醇。彼之所疏，我之所親。彼之所卑，我之所尊。一日之短，百世之存。有美君子，薛氏聞孫。尚拙名齋，是養是馴。動靜語默，氣閒色溫。匪能修之，曷有諸身。勒銘座隅，以代書紳。

## 235. 《奉諼堂銘》（50頁）

金華馬德懋氏治堂一區，與兄弟朝夕以養其母。母孀居三十餘年，鞠育其子，至於成人。兄弟念慈母之恩不能忘也，欲得其心，休休焉無所事，自非和協於兄弟，則不能得其驩也。世言忘憂之草莫如諼，遂植諼於堂之北，以志無憂之義。太史先生朱公扁之曰奉諼堂，士大夫詩之，君子記之，亦云至矣。德懋不以爲足，復命其子來謁余銘。因不得辭，遂爲之銘曰：

有芃者諼，言樹之背。曷以志之，百憂是潰。崇堂一區，有母寧只。嫠居三十，有子迎只。我奉我觴，爾陳爾豆。兄弟偕來，子口先後。我歌我詩，爾鳴爾琴。兄弟既翕，爰樂母心。豈無三牲，可以爲養？豈無斗粟，可以爲餔？苟不協和，兄弟相讐。欲樂母心，爾將焉求？懿哉馬氏，有賢弟昆。善養其親，熙如春溫。堂筵之上，有序有口。雍雍愉愉，而笑而語。願言我親，既壽曰口。□□兒齒，自天降祥。我銘我詞，告爾令方。孝友之道，永世口光。

## 236. 《鄭子美先生贊》（50頁）

先生諱玉，字子美，歙人也。性質剛介，雖富貴利口，曾不少動於中。至正丙申，天子聞其賢，以翰林侍制起於其家。先生辭不赴，使者請之益力，乃至浙江。又疾作而返，遂過浦江，淵因得一見之，先生且勖淵曰：「士君子所學，必以忠義爲先。若區區泥於文字，得不名浮其實乎？」淵既受先生之教，識之不敢忘。越明年，國兵下歙，大將召先生，欲奏官之。先生沐浴正衣裳，自經而死。嗚呼！先生忠義之勇，見於一心，視死如歸，高風凜然，千載之下，可慕可仰。考諸昔日勖於淵者，蓋無愧矣。今觀畫像，謹再拜而爲之贊。贊曰：

歙山孕靈，挺生賢豪。峻節岩岩，與山齊高。元運既否，國郊多壘。公履其危，誓夫以死。我身可殺，恩不可忘。我頸可縊，義不可降。忠精暾然，可貫天日。名教之師，民俗之則。泰山有頹，黃河有竭。英名耿如，萬古不滅。

### 237. 《題戴能軒像贊》（50～51 頁）

皞皞溫溫如三春暎，是公德容之腴；炳炳彪彪如泰山芝，是公文藻之輝。此固足見其著外之美，而不知其中自得之妙，殆將追孔孟而爲師。是以操七寸之瓢以開蒙蔀於學苑，破萬卷之書而獵精華於道機。蓋不屑於詞人藝士之爲，而直欲由伊洛而溯泗沂也。

### 238. 《宋慎加冠祝辭》（51 頁）

金華宋君仲珪，其子慎既加元服於首，字之曰子畏。乃來拜淵麟溪上，願聞一言，以爲終身勉。淵竊念艸歲即受教而祖太史公，於仲珪則爲老家昆弟，宜慎之來請也。自顧不才，弗能上承公教而愧於中者多矣。然慎之所請，則於義有不得辭者，敢誦所聞於公者，衍其辭以告之。辭曰：

立身之道，以慎自持。慎在於獨，尤罔敢違。正幽者實，神明所司。儼乎前驅，可不畏諸？不見而彰，不動而施。所以君子，慎於忽微。慎則知畏，肆則自欺。心爲天君，孰敢玷虧。一言之出，榮辱所口。輕躁捷疾，駟馬弗追。匪獨言焉，行亦如之。言行所口，□□□□。必警必戒，庶免阽危。明明者天，恆曰口斯。□□□□，□□□□。口焉變化，不可測知。載存載省，載恭載祇。天之降口，口曰民彝。敢不夙夜，戰兢克治。聖人有作，立矩示規。六經行世，日星昭垂。明燭我心，洞見是非。有悖古訓，是干天威。慎年長矣，加弁著綦。帶裳幅舃，肅爾容儀。易名□□，□□□□。子畏爲字，配義則宜。爾家太史，道隆德腴。□□□□，□□春熙。立言垂遠，流譽於時。爾慎勖哉，曷知所師。□□禮武，弗替音徽。將恐將懼，寤寐是思。陷人惟欲，察於毫絲。如蹈虎尾，如履險巇。一或弗畏，小人攸歸。上慎旃哉，毋忝我辭。

### 239. 《榆女存祺祝辭》（51 頁）

《洪範》五福，壽居其先。孝悌仁恕，乃可永年。少而服勞，老享恬靜。收之桑榆，保之晚景。而祺得名，其義若斯。征諸於《詩》，「壽考維祺」。用以配名，存祺爲字。責爾成人，棄爾幼志。女有四德，言行工容。和柔貞潔，勤謹溫恭。毋事華靡，以消己福。當事儉素，以來後祿。古有孟光，荊釵布裙。糗飯藜羹，以奉其身。婦道稱賢，千載令望。夙夜勉旃，爾則爾傚。榆其敬哉，眉壽永昌。福祿綿綿，享之無疆。

## 240. 《擁翠樓記》（51～52頁）

東陽號名山水，而玉山相傳爲尤勝。故老相傳。以山有白氣屬天，鑿之得美玉，故名，即今之大小封山是也。封山之東南爲孟蒼山，山綿亙數十餘里，有峰峙其中，爲覆舟山。其餘若白竹、馬鞍、昆崙諸山，或騰或趨，或疾而馳，或迴環而旁駐，或屹然獨立，若萬夫之雄，或綽約如女子，要難以一二定。余友蔣君文用性酷好山，因作樓於眾山之中，名之曰擁翠。當夫淑氣正口宿□□□□□□□飛動戶牖。文用與客登樓而望，拊几而歎曰：「口哉！山色一至此乎？何斌斌而棻棻也。」既而顧瞻客衣，空翠下撒，皆成碧色，更浮互滅，若有若無，復輾然笑曰：「空寥乎！沉寔乎！又何其挹之而不成掬也。」於是文用日愛之，不知手舞而足蹈之。既請陳先生君采爲之記，復過余白麟溪上，揖而言曰：「吾無乃荒於山乎？雖挾琴書客於百里之外，而家山歷歷在眼，常恍若登樓時。其戀嫪已甚，子將何術以釋吾囚乎？」余解之曰：「山色之娛人，與豔色之移人，雖所趨不同，及其至則一也。古之人有許孜者以孝名，有滕茂實者以忠顯。之二人者，皆生子之鄉。骨雖已朽，其聲光貫乎穹壤，若日月之眩而無不照也，若雷霆之發而無不聞也。子何不移所愛山色者愛之乎？」文用曰：「偉哉！斯言吾未之前聞，請書之樓上，庶幾不以山視山，而以人視山，則吾學益進矣。」他日文用還鄉，復與登樓見山色蒼翠可愛，拭目瞠視，恍然如接許、滕二子儀刑云。

## 241. 《青藜軒記》（52頁）

烏傷劉君篤志於學，闢軒三楹，寘圖書於兩壁下，養浩日挾冊諷詠其間。乃取劉向太乙青藜故事，命其軒曰青藜，豈非以向爲劉氏而慕其學者歟？世之學者，捨向何以先之？向在漢室，歷事三朝，忠言讜論，雖死弗避。故其學問辭章傳於天下，光於後世，炳然如日月，粲然如雲霞，湛然沛然如膏露甘雨，萬物無不被其澤者也。吾子不即向而求之，乃取於太乙。夜臨而措心於虛無茫昧之間，不其惑矣乎？曰非是之謂也。養浩懼夫己之氣有時而昏也，志有時而怠也，學不可以不勉也。乃借太乙青藜之事，神而明之，冀得如向之所遇，則其學將速成而其業將速就。非篤志於學者，焉能與於斯？雖然，太史公休養於家已三年矣，養浩已復執經於函丈矣。從之之久，豈無所異聞者乎？吾想夫秋高氣清，孤燈夜懸，公獨據巍坐，開陳性命道德之秘、內聖外王之道、度數名物之故。養浩俯而聽之，聽之或不完，復裂帛畫而記之。觀者聽者莫不驚視，有不知公之爲太乙、養浩之爲向也，可不謂之盛歟？嗚

呼！知所待者必有時而遂，知所慕者必有時而獲。不以先時而得，不以後時而失。吾子學業之成，宜必有時焉。養浩慕之於昔，必當獲之於今。名軒之義固當在此而不在彼也。余亦在公之弟子，於養浩有同門之義。恐後之人或有所疑，不得不盡心以告，遂爲記，而書諸軒。

### 242. 《聽學舟記》（52～53）

宣城劉尚賢於燕休之室，冪其樑柱之上，如舟之制，不假以丹青口縷之飾，周回上下，塗以白堊，素色皎然，映乎几席，如晴雪下覆，閃閃溢人目可玩。尚賢日於其間，飲水賦詩以自娛，且扁之曰聽雪舟，來徵余言以爲記。論者咸曰：凡物之可聽者，不過五音相宜，清濁高下無相奪倫而已。殊不知天下之物，林林焉，總總焉，其有聲來吾耳者，宜無不可聽。而其所聽，顧在其人取捨之間耳。今尚賢一切捨之，而獨取乎雪，懼雪爲眾人之所奪，則又取其聲。雪之有聲也，其初瀟颯而已，爾漸瀝而已，爾固若可聽。及其散漫凝聚，萬里一色，徒見其跡之在吾目，欲求其聲已不可得。矧此舟又託之以非雪之雪，雖素色皎然，是將何以爲吾之聽耶？求聲於有聲者，物也；求聲於無聲，則我也。惟其有聲，索之於無聲；惟其可聽，求之於無可聽，斯爲得之。是故欲取眾人之所同，寧若取我之不同，惡知我之不與眾人同者，渾然有大同者哉？苟區區泥於聲跡之間，不其惑也乎？舂陵之於庭草，愛之而不芟也，而自家意思在焉，何與於舂陵乎？生意周流，自有合焉。尚賢好學之君子，於其所至，求其所未至，聖賢之域可踐也。顧余寡陋無識，惡足以知名室之義。故疏其臆說者如此，不知果有合於賢否乎？

### 243. 《繼善堂記》（53～54頁）

暨陽白門大姓方氏世居焉，其字叔曙者，與二兄建堂三楹，間以養其父原道先生。先生因以繼善名堂，遠近之士，莫不詠歌。而未有紀其實者，乃來屬淵爲之記。初，先生父兼翁府君篤學勵行，尤寸心於愛物，歲祲且疫，民不能生。府君傾資易粟以活飢餓，市藥修劑以濟危艱。猶以爲未足，又營義莊以給宗族，建義塾以訓多士。元統初，鄉先生淵穎吳公嘗據塾之講席，淵之諸兄仲幾、仲舒適往就學，得與先生劘切學問。至於學成而歸，登名仕版，皆府君淑艾之也。先生雅致恬淡，不屑於進取，抱其遺經，訓迪諸子。近遭兵難，居室蕩焚，莊與塾亦皆就毀。今叔曙始建斯堂，以致其養。先生不以身之既安者爲可喜，乃以前人之業未復者爲可憂，特以繼善名堂，期望

之意則甚深也。叔曙苟能於斯致力，夙夜以思，前人之業固未墜，行將復之；前人之德固未衰，行將興之。吾知斯堂之建，實爲之兆與？其或宴安之念興，紹述之功怠，是豈先生之所望哉。嗟乎！爲善必有後，天之報施，其理不誣也。兵燹之餘，大家右族能獲全一身，非爲善者或不能，況乎叔曙能保一族而復興其家業，斯非府君爲善之報乎？先生復以繼善名堂，則知方氏鄱善之澤，蓋未有艾也。淵故歷舉府君懿德善行，以明天之報施，告於叔曙。叔曙兄弟尚致思焉。若夫《大易》、《中庸》所謂繼善者，諸君子已言，茲不復云。

## 244. 《雲心亭記》（54 頁）

草菴道人隱居仙華山下，日玩白雲，出於翠巘間，冥然心與雲會。一日客至，遂同遊焉。山有仙壇，可坐數十人。靈苗藥草生其傍，俗謂之藥壺。雲壇上多古松怪木，低枝下覆，偃蹇盤結，雜以宛童兔絲，綠陰蔽口，仰不見天日。人擇其四三對植者，稍約其柯幹，因以成亭，築土爲榻，聯茅爲席，與客同坐。呼酒對酌，徘徊嘯傲，清響應答於空谷中。道人心甚適，取陶元亮「雲無心出岫」之語，名曰雲心。客怪而問焉，雲以無心而出，亭以有心而成，心之有無曷爲而然哉？道人應之曰：天下之事，何怪於有心無心乎？夫雲之出沒，變化無常。忽然而有，忽然而無，固不可以心言之也。而吾之心適與雲會，借其所似，喻其所存，又果可以心言之乎？當雲之興也，生於膚寸，輪囷鬱勃，黯黯其色，燁燁其容。瞬目之頃，散漫六合。膏澤下降，德潤群生，似若有心者。至於雷收雨霽，神功□□莫□依依，自往自來，散無所止，斂無所歸，又若無心之爲者。雲固不可得以心言之，而吾亭之成，又安知其爲有心也耶？不過因自然以成之耳。且元亮於雲則曰無心，味其辭旨，似謂昔者何心而出，今也何心而歸。其有心耶？則不干於五斗之祿。其無心耶？又何悟往者之非。元亮以絕人之識，超出乎萬物之表，故又曰「寓心宇內復幾時」、「曷不委心任去」留，蓋言身若浮雲之寄，任意去留，無有所繫，況身外之物乎？雖然，吾亭之成，不假雕斫，因其自然。白雲之出沒，亦任其自然。今日與客遊於斯，息於斯，亦不過適於自然而然，則吾命名之意得矣，又何怪乎？客與道人失笑，相顧劇飲大醉。醉醒，客乃操筆而爲之記。道人姓某，名某。客，浦江鄭淵云。

## 245. 《無塵閣記》（54～55 頁）

太虛冥冥，果有塵乎？抑無塵乎？后土茫茫，果有塵乎？抑無塵乎？萬物駢羅於兩間之中，自生自化，自形自色，又果其塵乎？抑無其塵乎？天地

萬物，吾固不可知其□□□□塵矣。獨於無學，勒公之閣，名之爲無塵，吾不知其何如也。固常徘徊而遐思，恨不能一至其處以問焉。秋八月□□大淵獻，公適來，叩予門，出其所謂《無塵閣序》示予，予□□□其大概。閣臨瀫水上□三洞之勝古龍丘九峰之□□雲□翠□飛舞於杳冥蒼藹間。當其淡月清飈，往來不息。憑欄而望之，曾無毫髮凝積於吾閣之中，下視塵世，了無自礙。是物與我悠然而相忘於斯，所謂無塵之義矣乎。予冥思其言有理，返而究焉，亦有所未安者，不得不與公言之也。天果無塵乎？日月星辰循環於晝夜，寒暑溫涼相推於歲時，風雷以鼓之，霜雪以威之，雨露以滋之，□霧以障之。謂其無塵，得乎？謂其爲有塵乎？則蒼蒼然莫窮其跡，昊昊然莫知其極，空空乎，玄玄乎，曾無有所滯礙。謂其有塵，得乎？地之所載，草木之繁植，昆蟲之類生，蕩之而爲江河，矗之而爲山嶽者，果可謂之無塵乎？洞然之色不能窮其深，坎然之容不能盡其源，求之愈深而愈廣，測之無內而無外，渾然不知其端，浩乎不知其際，又果可謂之有塵乎？天之所覆，地之所載，其可見也，可謂之有塵。其不可測也，亦可謂之無塵。天地未嘗自謂有無也，人故強言之而。人身參乎天地之中，六根日萌，六塵日染，千條萬緒，紛紛紜紜。晝夜沉埋，欲掃而欲積，欲除而欲翳。昏盲顛倒，錯亂叢雜。鬱塞而不能□，□惑而不能究，恐懼而不能息。或凝如層冰，或熱如烈火，□□於□□，□□於塵罟。使其斯須之間能自消釋者，蓋寡焉矣。惟上等之資則不然也。勒公嘗致力於三□之間，空空□□□毫□而況於一閣之中乎？然吾本然之閣，當□天地間，其大內無不包，外無不有，虛明洞徹，無以凝滯，不以生而俱存，不以死而俱絕，無古無今，無上無下，一體自然，何有一塵之可染哉。今勒公捨其內而修諸外，乃流連於景物之間，談有無於登臨之頃，欲求其無，反以爲有，其不汨沒於斯者幾希矣。不知大淵之與勒公也亦嘗講斯否乎？他日有客披無爲衣，戴了空冠，過茲閣者，煩有以問之。

## 246. 《潛溪集識》〔註242〕（55～56頁）

淵於丱角之歲，即灑掃潛溪先生之門，迨今二十餘年。而所受教者，固非一日矣。第以才氣下劣，不足以承培造之功，朝夕惴惴，罔敢失墜。每於先生著述之餘，輒錄之於編，以爲標準。然又不敢私有於其躬，將欲以傳天下後世。淵乃言曰：先生稟光嶽英靈之氣，鍾秀拔沖粹之質，年甫六歲，即

〔註242〕此文亦載羅月霞主編《宋濂全集》，題爲《潛溪後集跋》，浙江古籍出版社1999年版，第2493頁。

能歌詠。在鄉校間,日記經史數千言,眾以神童稱之。若見儕類,稍有所長,必力與之角,務欲深思以期遠到。既長,受業於待制柳公、文獻黃公、淵穎吳公。三公皆知其爲偉器,悉以所學授焉。及三公相繼淪謝,鄉邦之評,咸推先生,足繼其後而無愧。蓋先生之學,博極天下群書,凡天文地理之要,禮樂刑政之詳,治亂沿革之變,草木蟲魚之細,與夫百家眾伎之說,靡不究心。故先生之文,溫然而雲雷興,沛然而河海流,鬱然而蛟龍升,彪然而虎豹騰,煦然而百卉滋,穠麗之極,固若未易涯涘。及其造乎平淡淵微,則又若太羹玄酒,不假調酏,而至味自足也。由先生以六經爲本根,《史》、《漢》爲波瀾,故其所涉者廣,而所揮者也精;所養者充,而所就也大。其能昭著一世,傳之方來,不亦宜乎!如淵不敏,親承教言之久,近以疾廢,學不加修,尚未能窺其萬分之一,何敢以序作者之意?姑述其師傳之有自者,著之末簡云。門人浦江義門鄭淵謹序。

## 247.《續文類序》(56~57)

有元混一區夏,車書會同,蓋百年於茲。故其當代文章之事,若臺閣之宗工、山林之髦俊,莫不吐其英華,著爲文辭,垂麗於當世,彬彬乎其盛哉。自中統、至元以至元貞、大德,其文雄偉而暢茂。迨夫延祐、天曆之間,益加豐腴充瑩,有如象齒南金森布駢列,燁然與日星爭明,天下學者莫不宗焉。接武而興,後先相望。音節律呂之高下,氣象采章之炳煥,脈絡首尾之流通,抑揚進退,俯仰翕張,固咸歸於矩度之中、變化之神。然而人之才有不同,誇者喜靡,輕者喜浮,沉者喜深,蕳者喜嚴,敷而腴者喜詳,口而淳者喜雅,麗而穠者喜華,或如風雲之聚散,雷霆之鏗鍧,或如春華之炫目,秋葉之隕霜,或如笙鏞琴瑟奏於虞廷之中,或如魚龍蛟蜃變幻於滄溟之上。如此者,其類蓋不一而足也。淵自幼性頗好文,秦漢以來諸大家,莫不遐觀而博覽之。前代之文見於編次者,若《文選》、《文粹》、《文鑒》之屬,往往有其人焉。今文治日隆,人才日盛,能言之士,布列中外,上而明延,則有典冊誥命之文;下而宰臣,則有納誨啓沃之文。臺察有諫諍之文,軍師有征討之文。黼黻王業,闡明教化,則又有敷布之文。內焉元勳之功業、名德之操行,外焉島夷之歸命、氐羌之順令。至若飛潛動植,洪纖高下,則又有鋪張之文。所以辭則暢之,風則動之,功則揚之,德則象之,味之、歌之、記之、載之,無幽而不顯,無滯而不宣,浩浩乎不可以窮也。苟或渙焉,無統不管,束於一書,何以明我元大同之文乎?趙郡蘇公伯修有見於此,編次《文類》,爲七

十卷。迨今若干年，於茲曾未有續而類之者。淵生也雖晚，東西奔走，幸得與海內之士交，或得之聞人所述簡編，皆收拾無遺。聞其名而不獲見者，必採之於四方往來之士。故於公之未類者，續而增之，又得七十餘卷，將鋟文梓以傳。嗟乎！文章囿於氣化，而開於治道者也！氣之所昌，治之所昭也。氣昌則治，氣散則亂，理之常也。氣與理一，理與天通，是以言出而成文，文成而道立。歷代資之以爲教化之本，使民於變，時雍以成，文德之治者，胥此焉出，豈可易視之哉。國家龍興朔方，風氣渾雄浹洽，四海九州之內，作興士民，咸有忠厚之風，所以宣播於文章之間，淳正而詳明，於以見百年文物之盛，使天下後世家傳而人誦之，尚或可徵昭代之彌文也歟？

## 248. 《事類提綱序》（57 頁）

昌黎韓子有云：「紀事者必提其要」。夫韓子，唐之大儒也，天下諸書靡不周覽。顧乃爲是言，何哉？蓋自載籍以來，纂述日盛，卷帙之浩繁如煙海，縱強記如應奉，五行以下未必能久憶而不忘。此韓子有感而爲斯言也與？韓子尚然，況下此且十百者乎，未之儒先。翁椿年有取於斯，乃取胡明仲作敘古千文法，搜採諸史子集，自成一家之言，名之曰《事類提綱》，分爲一十九門，凡萬餘言。四言成句，二句成韻，以便初學。其子夢濤又能補其未備，增成二萬言。天文地理之要，草木鳥獸之名，禮樂器數之文，古今人事之紀，粲然無不備載。嗚呼！何其博而知要者哉。昔之君子，以一物不知爲恥，故於成童之時，每各有所撰述以教之。若李瀚《蒙求》、徐堅《初學記》、王應麟《小學紺珠》之類，殆未易以盡數。此無他，博學洽聞，然後可以謂之士矣。其始學也，寧不有以導之耶？要不可以記誦之學而遽略之也。獨怪邇年以來，學者以遊談相高，凡歷代事變及名物度數之詳，一切指爲不急之務，噤口莫議。雖以三史之所錄，諸子之所述，古人恆集而勿廢者，今亦漫不省爲何物。《易》之所謂「君子以多識前言往行以蓄其德」者，於斯人尚何望焉。此皆見棄於韓子者也。椿年之爲是書，其欲導之以入於博物洽聞者乎？雖然，童子之學，要在涵養其德性，變化其氣質，苟專以記誦之學爲事，不幾於玩物喪志也乎，又在於教者酌乎文質之中而已矣。椿年字元老，久從晦庵朱文公遊。是書之作，蓋必有所受云。

## 249. 《童中州和陶詩序》（57～58 頁）

自賡歌之詞興於唐虞之時，後世始有唱和之言。至於唐之元微之、白樂天復出新意，以和韻爲美，而賡歌之辭微矣。自時厥後，不特和其韻而已，

又復次其韻焉，則於和韻之辭又復微矣。迨乎宋之蘇子瞻、黃魯直之流，或一唱十和，猶以爲不足。雜以誹諧詆笑之言，非特辭之微而於詩道亦微矣。此無他，辭愈工而情愈失也。賡歌之辭，既壞於元白，又壞於蘇黃。詩者，或牽強於聲韻，或馳騁於言詞，或巧趨於對偶，眩雜附合，逞鮮鬬穠，五彩煥然□□□□□之道，蓋愈微矣。欲求其性情之正者，何少哉。惟晉之□□□□□超卓邁於千古，於其平居暇日肆口成詩，淡而質□□□詩之道尚或有存者焉。寥寥千載之多，擬淵明之作者雖有焉，曾未有和其韻者。子瞻兄弟始一和焉，暨今又二三百餘年矣，而吾童君中州又和之。子瞻在當時擯斥嶺南，其平生英偉特達之氣一旦掃盡，而爲夷曠雅變之言，故自謂曰「吾於詩人無所甚好，獨好淵明詩，而和之豈好其詩，於其爲人實有感焉」。今中州既處山林之間，而有琴書之樂，何爲亦復和之耶？豈亦有感於淵明，不欲屈於下吏，即賦《歸去來辭》。子瞻累遭擯斥，始更恬淡之行。若中州曩者身遭兵難，其情則甚沖淡也。然與淵明子瞻之事雖不同，而其情則無不同矣。情既同矣，其言之雅淡溫淳，豈有不類者乎？故其爲詩，一遵淵明之韻，以暢己情。混而觀之，不知其爲淵明乎？其爲子瞻乎？予故於中州之作，一感詩道之多變，一喜詩道之復古。所謂「樂而不淫，哀而不傷」者，中州之詩，殆將有焉。

## 250. 《趙氏合食詩序》（58～59）

金華趙君叔友買田築室雙溪上，與其兄弟同室以居，同釜以食，雍雍於於，藹然思義以相孚，秩然禮文以相接，一時賢士大夫詠歌其事。蓋叔友自少失怙，家日以落，兄弟凡三人。長曰伯明，次即叔友，幼曰叔誠。逮遭兵難，兄弟散處，東西者十有餘年，以謀衣食。叔友日賣藥市中，得其羡餘，銖積寸累，久而至於口饒。一旦盡復先人舊業，益思有以充拓之，遂得與兄弟室焉而居，田焉而食，且又合窆其未葬之喪二十棺。非傑然自立者，故不能爲是也。己酉春正月，叔友走麟溪上，揖余而問曰：「君家自沖素處士合食至今，且二百餘年。初則起於兄弟，蕃而衍之，已及三千餘指。傳家之遠，垂乎十世，是豈一朝夕之故哉。必有其法齊之，以致乎遠且蕃也。」余應之曰：「法誠有焉，立之志非難，守之者爲難也。然必禮義有以範防焉，恩情有以維繫焉，而無有所間之可也。余祖沖素處士示我後人者，其法至簡且嚴，惟不聽婦言而已。婦言之不聽，斯其爲至難也。」叔友曰：「韙哉言乎！將歸以告吾兄弟。雖然，不可不爲我終言之。」

　　吾聞《斯干》之詩有曰：「兄及弟矣，式相好矣，無相猶矣」，言兄弟當相好而無相謀也。故爲兄者必當盡其愛，爲弟者必當盡其敬。兄雖愛之，弟或悖之，此則在弟，己何預哉，吾但知愛弟而已。弟雖敬之，兄或虐之，此則在兄，己何預哉，吾但知敬兄而已。兄弟之間，各盡其道，則家豈有不和者乎？世之人不能盡乎是道，所以妻其妻而子其子，始由一發之微，漸而至於波翻而瀾傾，莫知收濟。故相猶日滋，相好日泯，豈不惑於婦言也與？蓋婦人者，聚異姓以爲親，賢愚善惡豈能盡美，故當防之以禮，制之以義，然後恩可久而情弗怠。非傑然自立者，能如是乎？叔友口戒其所未然，見其所未兆，斯爲得矣。嗚呼！三畝之宅，十畝之原，兄耕於前，弟口於後。一室盎然，聯筵共食，和氣蒸蒸，溢乎堂序之上，豈不可樂也與？自今伊始，相好之情日親於一日，子子孫孫則而象之。百世之遠，未可量也。而況於吾十世矣乎？今日之叔友，又豈不爲異日之沖素乎？若使七尺之軀酣養於柔言，自屈其剛腸，則非余之所知也。余故敢誦《斯干》之詩以終叔友之志，叔友勉之哉。

## 251. 《南潯稿序》（59頁）

　　余聞江寧楊公志行，父子俱以文學鳴於時，恨不能見其人。嘗求其所爲文章，則公之文勒於金石，焜燿當世者，在在有焉。既又得其冢子文舉之文曰《珮玉集》觀焉。壬寅之冬，又與其仲子文開先生定交麟溪上，出所謂《南潯稿》者，讀之，歎曰：「甚矣哉！文不可無家傳之懿、研磨之功也。雖不獲見先生父兄儀刑之盛，今尚幸見先生焉。」因復請其平生述作之富，宜必具存。苟獲觀之，亦足以慰吾生之願也。先生太息曰：「吾壯學文，迨今三十餘年之久，所述者多矣。兵興以來，家室離散，奔走東西，以謀朝夕。故凡所述，一皆散失無幾。幸而存者，正此焉耳。吾子幸爲我序之以傳。」

　　余復歎曰：夫言不必多，要其言之近乎道。道不必求於遠，惟在心之本乎仁。又何患乎言之不傳哉。苟非其道，雖工且多，不傳也。善乎歐陽子之言：「其人文章麗矣，言語工矣，□□□□□（按：出自歐陽修《送徐無黨南歸序》，闕字原作「豈無草木榮」）華之飄風，鳥獸好音之過耳。」然究其所指，言不□□□則爲空言而已矣。先生嘗主教南口學宮，口之所言，身之所行，無非天理民彝之正，修己治人之方，皆出於聖經賢傳而不悖者，豈徒爲空言哉。古之人一言可以傳萬世，又何在於多耶？先生可以無憾矣。先生之文溫而淳，雅而質，視世浮華綺靡之辭盡皆斥去，非近乎道者不足以致斯也。

此可見其父兄研磨之功、家傳之懿，蓋有所自來，固不必有藉於余言也。世之君子欲求楊氏一門之文者，又當於斯有考焉。

## 252.《義烏張明府均役詩序》(59～60頁)

皇朝之制，精擇縣令，以任斯民之寄，所以厚風俗、成治功也，然以四海九州之廣，固不能知其行。賢近而易知者，若南昌張侯來□義烏，廉敏明斷，民戴之愛之，斯其所以為賢也與。侯方下車之初，會役法新定，籍其戶民，月按其地而歲役之，民不勝其病。侯乃歎曰：「法之未良，民固不得不為之病也。」乃進諸侯父老於庭，而諭之曰：「法弊當更，理固然也。爾民歲病于役，略無休息之時。然有田則有賦，有賦則有役。何可不盡其均平之道哉！」父老咸叩頭，再拜而謝曰：「心之所懷，口欲言而未能。侯今為我先言之，敢不唯侯之命是聽？」侯乃下令，令民自實田，田雖有遠近之□□□從所居而籍於一。務使縣之賦額不虧而官事長給也。縣所口者，二十有八都，都立一長，以稽民賦之優劣。都分為十保，保立一長，以驗民丁之多寡，使戶民咸責其實，以聞於侯，侯乃印署於籍以防其欺隱，乃始定役一都之間。自百石至於四斗之戶，俾盡克于役□三歲而一更，月立一長，以上中下之戶分配於三十又七月，以閏繫焉。賦優者或連月以任之，劣者不過一月而止。復以下戶補其每月優劣之數，失之均平焉。賦不及於四斗者，則任為役之徵。苟或此都之田為彼都所有，而此都役戶不足，則撥彼之有田者以任此之役，彼則不復預焉。咸令各相推遜，允協至公。而後聞於侯，侯復如前印署於籍。凡有征徭，小則歲輪其月以辦之，大則立甲乙丙丁四籍以分任之，則自百石至於二十石籍於甲，十九石至於一十石籍於乙，九石至於一石籍於丙，九斗至於四斗籍於丁。□□計其征徭之費於各□□□□□□□□□□□□□□又若坊郭之長則役在都之□□□□□□□□□□□□之具法，亦如都民以口歲月仍□□□□□□□□□□□之勞餘則□□□同役也。至於□□之□□□三年為役者，給以縣符具一，□□目於前，分大小之戶，聯書於後，以授月長。稅賦既入於官，得其倉券，仍令月長躬詣侯前，以銷除之，不使吏胥有所侵漁，此其大略也。予居浦陽江上，與義烏實為鄰，□□□侯之政事，而予友傳君伯長復以書來諗於予□□□□□之賢士大夫莫不詩之。非惟士大夫為然，至於釋子道統亦莫不詠之歌之也。吾子樂道人之善者，顧許以序之，余因君之言，而述侯之均役者如此。舉其一，則夫庶政之修，不言而可知。雖曰古之循吏，又何過焉。四海九州縣令長之賢，咸如侯之盡心，則斯民於變時雍之盛，其不難矣乎？

## 253. 《贈吳明府辭祿養親詩序》（60頁）

《南陔》、《白華》之詩，所以原孝子之情也與。序詩者，則《南陔》，「孝子相戒以養也」；《白華》，「孝子之潔白也」。有其義而無其辭，豈義微而情深，不可以語言形容，故□□聲音以宜之者與？□非是之謂也。燕禮工歌，《鹿鳴》等篇而後，笙入於縣，中奏《南陔》、《白華》，不過具其音聲之節。夫音聲之感人也深矣，而況於有言乎。苟不見之於言，則其於事也□□□□而□□存其□者□□□□深知也。古之人不可作矣，幸今有焉。君子惡得不嗟歎而詠歌之哉。吉水吳君道弘爲永康縣大夫，蓋二年於茲矣。親年八十，嘗欲納祿以歸養而有□所未遂者，晝夜以思，愀然不寧，或竊風長□□□□□縉紳聞君之爲，莫不感動太息以成詠歌，乃俾□□仁氏謁予序之。予謂縣大夫之職，綰銅章，垂墨綬，化行於百里間，所以及民者至近也。自其一言之出，一令之行，即如雨露沾濡。頃刻之際，無不浹洽於封土之內，百物皆被其澤，故其爲治甚速、爲化甚易也。孝爲百行之原，治之所當先者也。縣大夫以孝行乎上而民豈有不效於下者乎？君每起而歎曰：自承康抵吉水，相去幾二千餘里。吾親溫凊之間，久矣疏矣。甘旨之奉，久矣缺矣。□□□於□年，而情則無忘於一時矣。雖食萬鍾之祿，不若負米之樂。此吾所以汲汲焉以圖歸養也。嗚呼！君之感化於民者，何其深也哉！則民豈有不相戒以養其親者乎？今君既能以孝臨乎其民，有能以廉潔自持，如貞白之玉，瑩然無暇，斯其所以爲孝之至也。自古求忠臣必於孝子之門，移孝於忠，理之常也。能孝於親，苟謂其不能忠，吾未之信也。聖天子以孝治天下，聞君所請，必將惻然而從之者矣。於以見《南陔》、《白華》之詩復形於今日，豈徒存其義而已哉。

## 254. 《青陽先生文集序》（61～62）

文章之在宇宙間，日月不可以掩其光，太華不可以踰其高，黃河不可以測其深，常與天地同爲無窮者，其故何哉？由其言可以垂詢於萬世，由其德可以澤被於生民，由其功可以化行於天下。古之聖人所以著明於教化，以底於治平之道者，胥此焉出。六經爲載道之文，後世則之，以爲教化之本，以明人倫之道。子不可以不知孝，臣不可以不知忠，是故聖人以是爲教，學者以是爲學。其道行乎日用之間，君子由之而道著，小人反之而道乖。去聖迨遠，風俗偷薄，然聖人之言終未泯者，具存諸經。經也者，萬世常行之道也。道非文則不可以宜之也。學者根乎六經之言，而發爲有本之文。文不本於經，則爲寓言而已矣。世之學者根之於身心，措之於論議，裁之爲文章，自其一

話一言之出，皆欲與聖人合德而同功。或著之於簡冊，或見之於事業，皆欲與天地並行而不相悖。故其立志之卓然，不徒爲寓言而已。所以互萬古而不朽者，其此之謂與。青陽先生於國家治平之日，出於天子求賢之時，對策大廷，磊磊千數白言之多，極論時弊而無所□□□□□然之士矣。及其踐敡中外，振肅風紀，摧奸擊貪，□□□□□赫奕，光昭往古。至於中原俶擾，先生宣慰淮西，抗節死守，與城相與俱亡。大節凜然，可敬可仰。而其平生述作之富，散失無幾。幸而存者，其忠貞秉亮之氣、英偉剴切之辭，眞有不可得而泯焉者。自非先生根乎六經之言，而發爲有本之文者，能之乎？於以見先生存之於心者，正見之於志者卓，不特文章可以立名於當世，其峻行誠可垂耀於無窮。語其燭理之明，雖日月不可以掩其光；語其立節之峻，雖太華不可以踰其高；語其學問之宏，雖黃河不可以測其深者，其此之謂與？

## 255. 《理廢稿小序》（62～63頁）

《理廢稿》者，淵何爲而作也，蓋發不理則廢櫛，絲不理則廢工，學不理則廢業。發之不理必至於童禿而已耳，絲之不理必至於焚杼而已。絲髮尙然，況吾一己之學乎？此《理廢稿》之所作，將以緝方來之新功也。淵自幼□□讀書，深有慕於古之作者。兵火相因，連七八年，奔馳於患難之間，偷生於垂亡之頃，爲況蓋可知矣。近者稍寧於家，而人事紛雜，朝暮不知信息，書冊在前，邈然若不相識。至於字畫訛舛，亦大有可笑者。此淵所以重感於斯也。於是溫習舊書，凡得所爲詩若文，遂命子楷緝錄於編，不分美惡，存之□□□有以驗新功之漸也。嗟乎！已往者不可復，將來者不可乘。淵之視息，苟存於百年之間，少壯之齡已往，大半則衰老之至，蓋有自矣。苟不於斯而加勉焉，其將何以卒所學乎？淵之斯序所以不可不作也。或有覽於此者，寧不爲□□□□□。

## 256. 《朱伯清應聘序》（63頁）

金華爲浙東大郡，文辭之士如景星慶雲，五色絢爛，四方之人莫不挹其光華而仰其明潤。故前代如待制柳公、文獻黃公、禮部吳公、修撰張公，皆以雄深至大之學，黼黻皇猷，鋪張帝績以昭宣於竹帛之間。凡生其鄉者，皆自思奮勵，將欲踵跡於群公，垂名於來世。暨乎群公相繼物化，惟文獻巋然獨存。當其閒居之日，常與門弟子講道華川之上，若吾潛溪先生、存仁許君、子克王君、伯清朱君，每一至則流連旬月，辨析義理之精微，品裁名物之高

下，常至夜分不休。而伯清於其間，又反覆詰論之不厭。公遇飲酒微酡，輒欣然曰：「凡吾之述作，不過如春花秋口，隨時以歷其變耳。求吾實學，當於吾言論間索之。」居無何，而亦已物故。能踵乎群公之後，實在四君子而已。而四君子又皆出文獻之門，足以驗金華之多士，代不乏人者矣。方今朝廷清明，治效大著，網羅俊彥，孜孜不倦。雖至岩穴之士，亦登進命。郡守歲貢儒士以爲著令，數年之間，潛溪首興儒臺，存仁、子克亦相繼而起，或記言於左史，或祭酒於成均，遂與群公相照口於昔時。今伯清又應聘入朝，遠近之士莫不欣贊國家得賢之口也。蓋伯清之才，深探乎典籍之玄奧，以會乎文辭之口。大而宇宙之遐遠、山川之流峙，小而昆蟲之細微、草木之繁衍，莫不擷其英華，發爲議論，行將光耀於時，則五采絢爛，豈不如景星慶雲也與。若淵者學陋且僻，而耳聵無所聞，竟以疾廢。然伯清之親且友也，庸敢述其學業之所自者，以爲之序云。

## 257. 《贈王天錫詩序》（63～64頁）

淵聞縉紳先生言，近世以循吏知名者，莫嚴陵王公寀堂若也。公以廉平之政近民，懷之以恩，畏之以威。凡被其澤者，莫不去而思之，祠而祝之。因竊疾去暴官殘民，而深有慕於公之善政。惜乎九原已不可作，徒慨想之而不可得。苟得其賢子嗣而見之，亦可以償願慕之私也。辛丑秋，得與公之仲子天錫遊。而天錫方以文章學問垂譽於時，公侯大臣多賢其才且屈節禮之，來遊麟溪者將旬日。淵之諸弟相率作爲詩章以瞻之，復請淵序其首。淵嘗歎乎宦遊之家，知貢舉而不知教，綺繡被乎其身，梁肉充乎其口，安知有禮義詩書之□□爲防範之具乎？故其驕傲佚遊，耽於荒惰，往往□□□□家者有矣。今以寀堂觀之，不徒治民有其道，而教子益有其方，何其賢哉。寀堂既啓之於前，而天錫能紹之於後。父子之間，聲譽光華，照映上下。士君子談世澤之美者，今於王氏一門見之。嗚呼！又何其賢哉！昔忠憲口公有德以臨民，而又善於教子，君子知其後必大，故其諸子皆以文學政事顯於當時。嗟乎！施於前者，必報於其後；作於始者，必紹於其終，此理之所必然。寀堂德澤流衍之深，宜必有待於後。試以忠憲之事媲之，異日天錫兄弟安知不以文學政事顯榮哉。今天錫既抱其才，而不售，譬猶玉在山而耀自吐，珠藏淵而光自媚，淵何能以測其涯涘乎。於其行也，不敢以浮靡之辭爲言，故識其父子之懿者，疏之於首云。

## 258. 《送樓友仁遊浙西序》（64～65頁）

　　始余同六七友生讀書東明山中，烏傷樓君友仁亦束書來共學，因喜學之得朋也，相與講習焉。余性好強記，誦書數過輒掩几上，又習他文辭，若不自愛惜者。友仁晝夜誦不休，漏下四三刻，隔窗猶聞書聲，又喜其朋之勉己也。或於暇日抱拳竹林中，置石上，鼓一再行，斂槲葉，汲梅花泉，瀹新茗飲之。或挾冊松逕間，且笑且誦，聲琅琅然。鳥猿白鶴亦唱吟相答，和意甚適也。余曰：「人生行樂爾，須富貴何時。」友仁答曰：「富貴固非儒者之素志，行樂豈可荒耶？」余暢然自省，又喜其朋之勵己也。久之，友仁一旦別予去，且言：「君子有恆業，則能存恆心。吾家世讀書而知醫，家君又得丹溪先生彥修之指授，留心最專。吾苟廢其業，□非所以承家也。予雖以失朋爲可憂，私又以其承家爲可喜也。」自是友仁取《靈樞》、《素問》諸書讀之，參以諸家之說，驗以家學之傳，研窮講習，造於精微，聲聞藉藉，起縉紳間。每與之議論，愈可敬。疾者謁之，多取奇驗，非徒能承家而已，則其業之精者尤可喜也。自時厥後，兵火相因，不復見友仁。余亦東西奔走，寓金華山中，病痁者□歲，更三數醫輒不驗，思得如吾友仁者□，計必能愈。而友仁行藏亦無定蹤，邈不可得。或者謂天方嚴寒，人身腠理皆閉，俟春汗而愈。予以其言之有理也，一切藥盡卻去，惟順以處之，至時果愈。返歸故山，松竹皆失其舊。猿鶴見人，亦猜疑避去，追思欲求友仁，愈不可得。且余又以聾聵殘疾廢不用，將老於家，猶或時時常宣於文辭間，以消俗韻。友仁不見者亦十餘年矣。今年秋八月既望，□□忽過余於麟溪上，且問且勞，喜不自勝，恍如一夢之方覺也。一宿友仁即言去，余驚而問曰：「君行何如是之速耶？與君別既久，寧不爲我流連乎？」友仁曰：「吾之所以來者，欲求子一言爲吳松遊。苟不吝，敢留以俟。」余大喜而謂□：夫學所以致夫用也。志之所存，用之體也。志以求仁，行以得義，苟非仁義，何以學爲？醫爲九流之一，比之行道救民□□□小大之不同，求其所存則一也。人當疾痛呻吟之際，□□有如饑渴，一藥而起，如醍醐膏露之入口，沉痾頓痊，非仁義之所施，曷至於此。《傳》曰：「醫不三世，不服其藥」。釋者謂能愼物□讀三世之書。若吾友仁，豈非讀三世之書者乎？則其藥也，豈不謂精乎？故於其行歷述聚散離合之情，並言其所志在乎仁義，足以承傳家學也。喜而書之，且以識別。

## 259. 《送楊彥正歸江西序》（65頁）

昔楊文節以文學行義著稱於時，時江西學士莫不沾被其德化。而其大節凜然，可敬可仰，若秋霜烈日之不可犯。去公已二百餘年矣，吉之人至今言之，非惟吉之人爲然，天下之士皆然也。公之子孫有能以長才奧學著聞，豈非欲紹述先業而振揚家聲者乎？然而吉安爲江西大郡，吉水爲上州，其學校視他郡爲尤盛。非文學之優於眾者，則不足以應其訓道之職。有若文節公之諸孫彥正，蔚爲良士，觀其德則有若玉潤而金精也，語文則有若水湧而山出也。由是士論歸之，聘致學宮，口訓飭生徒，使其業精行成以，效用於世。部使者聞彥正之名素著，乃舉於朝，將小試以事，使之提領金華稅課司，諳練甚精，防範至密，市貨流通商賦給足。雖當□□紛紜之中，應接不暇。而彥正方以□□爲□無少厭怠之意。又因其餘閒，與賢士大夫相□□雍容於文史之間，故士咸樂與之遊。今其去也，皆愛戀而不忍釋，相率爲詩辭以贈，李君克明乃來屬余序。余竊慕文傑公文行之懿，方欲與之執鞭而不可得，而況聞其子孫以長才著聞者乎？矧吾彥正既知名於時，雖小試其能，已有可觀者如此，苟能進而往焉，必將大用他日，揚振文傑公家聲於不墜者，又豈不於彥正是望乎？彥正勉之哉。若夫賢士大夫愛戀之情口已見於詩矣。余雖不識彥正，而克明之言有足徵者，故特其家世之美，序之於首簡云。

## 260. 《楊伯敬字序》（65～66頁）

勾無抑齋楊先生有子曰畏，年踰二十，先生不許之冠，鄉之老相率登先生之門，請加巾於其首，然猶不命以字。今年春二月始遣畏來拜淵麟溪上，請淵字之由。自降是東階，揖畏以入西序，與之成禮，而字之曰伯敬。畏復再拜而前，曰：「敬聞命矣，願有教焉。」淵乃言曰：畏年長矣，先生猶不許以冠，疑若過焉者。殊不知先生責成於畏者，其期望則甚深也，望之深則思其成之難，成之難則其命字於畏者，又豈不難其人乎？況當加巾之時，豈無可以命之者，又必俟於淵而後發之，則先生之所託益，尤甚於畏者矣。縱淵不敏，其何敢辭。古者二十而冠，爲其父兄者必擇有德有位有年之士以爲賓，告之於廟，冠之於家，命之以字，禮甚重也。世降俗墮，禮廢久矣。雖未髫齓之童，亦加巾帽，惡能知夫責成之道□□□有總角二十年之久者乎？今先生之於畏也，雖不能盡與古合，其口子之道則過於古焉。何可不爲先生一言之乎？人之有身，承其祀父；一氣之流，通自厥初。生民至於今日，不知其閱幾世幾年，轉遷絕續之不齊，疾病兵革之所厄，幸而得存其身者，可不思

紹千載之墜緒乎？保之畏之，宜何如哉。知其畏則知所以敬其身者，蓋甚不易也。敬其身乃所以敬其親。非但敬親而已，敬其厥初生民之祖也。又非特敬夫厥初生民之祖而已，敬其天之□予於我者，則甚昭昭也。蓋心與理一，理與天通，一言不謹則悖天，一事不能則欺天。心即天也，心既欺矣，惡知所謂□□□□□□以之事視則孝，以之事君則忠，以之處夫婦以順，以之事兄弟、接朋友則上下之情孚。交信之道著，心爲一身之主宰，敬爲萬事之根本。凡能有於我而參於天者，何莫而非□□□今□雖無所似，固有添於德位年齒之士，其言實有得於聖經賢傳之旨，則先生之見屬於淵者，寧不有所默契矣乎。畏也苟聞斯言，終身不違。淵之所教，庶足以承先生之所深望也。畏其勉之哉！畏其勉之哉！

## 261. 《浙東行中書省參知政事胡公勳德碑》（67～68頁）

惟天以萬世帝王之業畀我皇上，以靖邦國，以安萬民，必有貔貅之士、虎賁之雄共遏亂略，恢弘治功，有若浙東行中書省參知政事胡公德濟則其人也。初，公嘗侍其父越國公扈從南征，既取江表，復定浙東，功簡帝心，榮膺寵賚。庚子之歲，始授命以掌兵符。辛丑五月，陳友諒遣僞將李明道撓我信州。時公有諸暨楓橋之役，越國即命公討平其亂，晝夜兼行，鼓□而前，焚其營寨，剪其荼毒。明道俯首就擒，軍聲大振，愍臣謝再典鎮守諸暨。癸卯六月，陰與姑蘇張寇通，遂以城叛，將大舉以襲我不備。蓋其地上接金華，下臨會稽，而浦江義烏實居鄰壤。訛言沸騰，不謀朝夕。皇上重念生靈將罹塗炭，時公簽書行樞密院事，即命公於諸暨五指山下，去州舊治七十里。建城治隍，營設官署，凡倉庫門闔之屬，無不嚴備。勤其兵農，以成一方保障。復屯兵險要之地，以防狐豕衝突。甲辰之冬，遂升今官，寵受印章，分署省事。乙巳二月，再興復糾張寇十餘萬，直犯新城。公時出戰，以挫其鋒。且乞師於左丞李公，復堅壁以俟。左丞統大軍以擊其外，公自號突出以應其內。內外勢合，呼聲振天地。旌旗蔽空，蕩搖川谷，寇乃倒戈不能戰，蒲伏就戮，暴屍原野，積如山丘。鎧甲輜重，踐踐於地，不可置足。獲其馬若干匹，糗糧若干石，擒其僞將韓謙、蕭某之屬若干人。寇復怙惡不悛，作砦柵於城東斗子岩以闚我師，公每指而言曰：不去是，不足以安吾民。丙午之冬，夜搗岩下，縱火上焚，煙燄蔽天，世卒衝冒矢石，相呼以登。寇莫知其所爲，率皆遁去，復盡獲其器械芻糧。命將追襲，以克州之舊治。寇聞公威，即來款附，境內悉平。遠近之民以爲四三年間，日夜殷粟不寧，一旦得高枕安寢者，

皆公之德也。是故生我者父母，再生者則公也。今公去鎮未久，民之戴公雖食飲之不暫忘。苟不鐫德於貞石，非所以告方來者。敢述戰功之大略，以寓邦人之思，且係之以詩。詩曰：

於赫我皇，受天明命。黃鉞一揮，四海底定。時乘六龍，駕馭群雄。風□雷轟，電掃雲從。遹駿有聲，震驚河嶽。奸□朋淫，自罹鋒鍔。英英胡公，扈從南征。虎賁龍驤，以討不庭。橫槊上馬，克殲大憝。建爾伐功，綏爾寵賚。簽書樞密，參預浙東。赫如烈日，和如春風。相彼叛臣，統兵諸暨。狐狸跳踉，狗豕奔竄。糾其元惡，反噬我師。敢抗皇威，卒形天誅。爰命我公，爰整其旅。桓桓於徵，維疆百里。浦汭之東，夫概之西。有山矗立，五指森如。乃開深濠，如虹環起。乃建堅城，如山崇峙。鑿之衝衝，築之隆隆。民相以功，以修我邊戎。居則有廬，□則有灶。積其□糧，以養將校。□我胄甲，礪我戈矛。練我士馬，以策以籌，批亢擣虛。在我勝算，設奇取勝。明我謀斷，俟時而動。鬼愕神驚，出其不意，功用乃成。州城東隅，岩覆若鬥。寇來倚之，偵瞰我有。銜枚夜搗，如雷破山。烈烈轟轟，寇膽先寒。豕突而馳，□死靡暇。已而來歸，俯伏百拜。公曰噫嘻，爾勿我疑。我施我仁，爾母爾迷。我皇有命，不戮降者。爾惡雖淫，我終爾捨。民樂而歌，歡聲載途。匪公生我，曷成良圖。我田我畊，我室我止。我蠶我絲，我笑我語。公我慈母，公我父兄。皇靈上宣，仁澤下零。自多自西，自南自北。聲化所被，罔不臣妾。皇業之昌，公德之彰。我武用揚。載烈載光，圖名雲臺。銘助樂石，用歌聖功，以昭罔極。

## 262. 《楊文炳墓誌銘》（68頁）

彭城楊文炳以某年月日客死於浦江。文炳之友張孟兼與其交遊相與□□□□□□□葬於某山之阡。孟兼猶懼文炳埋沒無聞於□也，乃狀其事，役余文以誌墓。予因作而歎曰：喪亂迭罹，骨肉且不能保。能以死生託於朋友者，百不一見焉。今孟兼之於文炳，不惟有以周其生，又且有以恤其歿，厚之至也。□□□□文炳少而穎悟，六歲能歌詩。既長，乃從□□□□□遊，以卒其所學。生平無他嗜，獨慕古君子之風，惟以端謹篤□自持。春融淵沉，不見有圭角。與人交，終始不變其節。至正間，中原俶擾，文炳之家爇於兵。乃挈妻子逃難，後先相失，單影道途，惲惲然可念。由是自淮入浙，來寓浦江，鞅鞅不得志。然雖客居無憀，尤不敢忘其先。遇節序，則以飯一盂、酒一觴列於館中，長跪東向號慟而祭。人以此憐之，年僅三十有六而卒。嗚呼！

其可悲也夫。然自常情視文炳，則甚有可悲；以文炳自顧言之，則幾可無憾矣。是何也？當此戈甲紛叢，不幸死於道路爲烏鳶螻蟻所食，其得藏手足行者寡矣。幸或藏之，其能備棺斂之禮者又寡矣。棺斂苟備，其能假文辭以白其行者尤寡矣。今文炳既獲以禮歸於泉壤，而孟兼又汲汲焉圖不朽於金石間，文炳苟有知，又何憾焉。孟兼然矣，余雖不敏，尚何忍而不銘文炳乎。文炳名宣，其三代與妻子名氏不能知，不書。銘曰：

嗚呼文炳，孰舒其翹，孰遏其華。豈修短之有數，而好善者亦造物之所靳耶？遭世艱虞，死不以家。幸有君子。爾聯爾埋，有過斯封。寧不爲之歎嗟？

## 263. 《跋張孟兼白石山房詩卷》〔註243〕（68～69頁）

古人未嘗欲隱也，其忠不行，然後放情肆志於煙霞泉石間，蓋不得已也。同邑張君孟兼築室白石山中，爲讀書之地，其志豈欲隱哉。蓋欲養其所學，以適當世之用耳。方今明良相逢，千載一時，孟兼負其所學幡然而起，亦既施教成均、主事祠曹。幼學壯行之志，將於是而展焉。行見道德文章，衣被後學，上承聖天子之寵光，是則白石山房將藉之而有餘榮。其視指終南爲捷徑者，皆見棄於吾孟兼。孰得孰失，當必有辨之者矣。

## 264. 《亡室周氏墓銘》（69頁）

嗚呼！室人之亡，吾尚忍銘之耶？室人與吾爲外昆弟，今又夫婦。其生與吾同月而長二歲，又先吾以死，得年四十有六耳。嗚呼！吾尚忍銘之耶？然而無以顯白於世，則生者之悲、死者之憾，皆無所於泄。或謂婦人無口無儀，又何藉於銘？夫銘以泄吾哀。苟捨之弗圖，豈怨之哉。室人諱雋字如瓔，姓歷氏，浦江人。周鄭世爲婚姻。其父松泉翁祖訓學詩於鄉丈人方公鳳之門，得其遺意。吾幼往來外家，翁見吾嗜書，乃以室人來歸，時年二十有一。歸四年，而姑卒。甫五月，即口蓐中。人以其氣血耗，非肉食無以養，強之，乃涕泣曰：「姑爲我父兄弟，又爲我姑，正以不逮事爲痛，何可以此廢禮？」遂掩泣而臥，終不食。吾壯歲習學於外，或口寒暑弗返。室人處閨中，未嘗有難色，亦未嘗以事口口口口口口口口而實之不敢言。性溫雅而端重，不喜口人言語，聞若口不聞。同居三百口，妯娌二十五人。津津之色，恆見於眉宇間。來歸二十五年，足跡不妄踰中門。歲時或招之宴遊，亦弗往口隸莫識

---

〔註243〕按：此文亦載於四庫全書本張孟兼《白石山房詩卷》書後。

其面。戊戌之春，大軍下嚴城，將壓境，始與出避勾無山中。未幾，哨聞□至浦江，翁與妻陳走山谷中，盡棄囊橐以脫性命，室人知之，泣不食。使人跡其實，治衣衾而往遺焉，乃始食。及亂平，間關道路以歸。或衝冒兵伍，中心怦怦，自是得驚疾。濱於死者四三，而先君又捐館舍，痛苦相仍，僅釋哀服而冥然長逝矣。嗚呼悲夫！生於元泰定甲子九月二十日，歿於今洪武己酉〔註244〕三月九日，以十一月二十九日葬於左溪之瑤塢。室人居病四三年，姒娣之來問安者無虛日，及死而斂，斂而葬，葬而虞，莫不泣下沾襟，至於媵女之繁，亦嗚嗚然痛哭不已。嗚呼！孰從致之，吾惡得而不哀銘之耶？子男一，曰楷。女子二，曰櫓，適永康呂堂；曰榆，尚幼。孫男曰燿，孫女曰然。銘曰：

伉儷百年兮，人道之常。豈天者不可齊兮，抑命之有短與長。彼淑其質兮，於粲其英。胡先我而物化兮，竟摧折其中腸。哀靡草之夏枯兮，悼春葩之罹霜。孰司其權兮，俾受此殃。夜漫漫其不旦兮，情鬱鬱其難忘。有知無知兮，莫可測量。魂如有知兮，寧體□於玄堂。

## 265. 《紀先人遺衣》（70頁）

惟我先母之亡，年止五十。先君之亡，則六十有七。痛念生死，先後靡常，而其平居笑語皆與俱化，有不可得而見。然於心之所觸，終有未遽泯者。每有所感，輒淒然泣下，至於仰天慟哭者有之，故於先君之行、先母之襟，既請當世立言君子著於銘文。其勤儉可以為訓子孫者，亦不可不詳紀其實，以告方來。淵其為童時，常見先君□一□□老而不更。四十餘年之間，綻紉裂補，蓋不知其幾矣。人謂其敝，可以易矣。曰：「吾豈不知新□□而敝為惡也。吾性□□儉順。吾儉者，乃所以養吾性也。」先母歲常治絲，擇其精良者成縑帛，以賦公上□舛不治者則斂而積之，每於寒燈深夜，緝而理之。又手運而足輸之。指爪之間為絲所蝕削，裁如鋸齒。其辛且勤也，不亦艱乎？幸而至於成丈匹，亦不過二三。嘗製一衣，為先君服之。又為一大斂，使淵兄弟共之。自先母之亡，迨今二十年矣，積而藏之有弗忍御。今又合先君□袍儲焉，於以見先君先母其儉其勤，皆可以法於後裔。苟使□然不傳，則不肖孤之罪也大矣。古之人過桮棬則思其親，其所以思之者，□澤之氣存焉耳。

---

〔註244〕按：原作「乙酉」，今據文意而改。洪武無乙酉年。洪武己酉為1369年文稱「得年四十有六」，自其生年「泰定甲子」（1324年）起算，至其卒年「洪武己酉」，恰為46歲。

然以衣與衾而較之，豈不尤其於梧檟□乎？蓋我先君先母身之所親，手之所就，實在於是。即而觀之，其動容周旋，無不具著於斯，何可一日而少忘哉。此不肖孤所以泣而識之也。淵之後裔爲人父、爲人母者，蓋亦取法於是乎？嗚呼悲夫！

### 266. 《臨安虎》（70頁）

臨安有虎，夜入人家，銜其婦而去。夫老子弱不能救，惟號泣爾。越翼日，婦夜歸叩門，夫知婦實死於虎，弗聽。迨明，果婦也。驚問其故，婦謂先銜入穴中，縱之，少蘇，張掌而視者四三，婦熟視之，爲拔去一楔，虎德之不食，遂聽歸。後三日，虎復夜至，投一野豕於門而去。嗚呼！孰謂貪虐不仁之獸反有仁心乎！虎而人矣，人而虎者，則又何耶？

### 267. 《釋人獸》（70～71頁）

人之所以異於獸者，以有仁義忠信也。今有人焉，食人之食，服人之服，而所行反不若獸之爲。其何故耶？是滅絕乎仁義忠信也。故獸之仁者莫若麟，足不踐生草，角不傷□類；義者莫如犬，飽則警盜而號，饑不厭主而去。至於獬之守庭，見邪必觸，豈非忠乎？雞之司晨，風雨不爽，豈非信乎？其名雖獸，其行則人也。奈何爲司牧者則不然。竭民之力，括民之財，敲仆鞭笞略不顧恤，不知其仁能如麟乎？受主之恩，反背主而去，滅人之惠禍□於人，不知其義能如犬乎？以憸邪而忌端貞之士，以口詐而忌□□之交，不知其忠如獬、其信如雞乎？其名雖人，其行則獸也。獸且有夫仁義忠信而人反棄之，使其人不知則已盡夜□談之，而其行乃若是，非人中之獸而何？吾忿之，因釋其故，曰人獸。

### 268. 《題樗散生傳後》（71頁）

嗚呼！天下之木眾矣，果孰爲散乎？果孰爲不散乎？然材之小大，在用之者爲何如耳，又安知不散之非用而散者之堪用乎？莊周所謂樗以材散而不用，吾豈能征之乎？夫自拱把而至於十圍，樗固樗矣，其清陰蔽乎人，人使煩襟濯而靈懷暢者，蓋與□被萬物者同，孰敢言其爲無用乎？許君存禮以樗散自號，其然乎？否乎？噫！若周者，其爲寓言矣乎。

### 269. 《書無聞生傳後》（71頁）

古之作史者各以其類而傳，或因事之偶同輒附傳後，此無他，其法當爾也。宛丘隱者陳源雖以聾廢而精於藝能，南郭先生爲其聾也，作《無聞先生

傳》，至於數百言之多，傳諸四方。先生謂生之無聞，吾知其有聞也必矣。今吾亦以聾廢，自視甚有類於生。雖不若生之多藝能，先生或以吾之聾類同而附焉。其有不可者乎？他日，史官因先生之言傳於隱逸，吾之名得藉是並存者，非先生之惠口？

### 270. 《題遠山堂後》（71 頁）

古之君子垂訓後人者，不近取諸身，則遠取諸物而已。今遠山翁河南田君，既以遠山自號，又以遠山垂訓。後人蓋言山之高且大，而後可致人之遠望，人之有志也亦然。苟以勢不以德，雖高且大，不足望也。翁既以德施於一鄉，一鄉之人望之，固若山之高且大矣。今翁之子田侯某出知諸暨縣事，使民畏而懷之，亦何愧於翁之訓哉？雖然，此特其小者耳。自其大者言之，當不止此而已。侯誠能進而勉焉，入則論政廟堂，出則甸口藩服，又豈止於一邑之望而已哉！翁之所望者，宜在此而不在彼也。

### 271. 《答客言》（71～72 頁）

客有治園一區，雜植卉木其中，日命園丁灌溉擁護甚至，乃因其柯幹縱橫顛倒盤結，列之為屏障。浮圖洞戶麟鳳之屬無不可玩。遇嘉賓至，則挾壺觴娛樂，酣飲於中。人或尤之者曰：「卉木乃有情之物，自拱把而干雲霄，則棟樑之才成。何乃拘牽抑壓以害其生，以為目睫之奇玩哉？」客曰：「非然也。人之情，猶木之情也。苟使之放肆而不知檢束，則不知為人之道矣。吾故以木而喻人，非有他道也，欲自戒也。」嗟乎！人之言固善矣，客之言則著之傳者也，余則又有一說焉。夫禮義廉恥，聖人所以設無形之防範也。詩書根於心，禮樂著於體，講之於言語，行之於事業。是以揖讓、升降、動容、周旋，措之於身心，見之踐履，將以變化其氣質，涵養其德性，彬彬然君子之所由歸。羈械桎梏，聖人不得已，制有形之法律也。然而行或玷於身言，或乖於口得，罪於鄉黨州閭，甚至於欺君罔上，自陷於刑辟，自罹於罪。罟木縲絏、機械禁錮，以拘攣其手足，使之自悔而知過，懲惡而為善，此則小人之所由歸也。木何罪哉，而乃禁囚之乎？然其非有言語可以諂之也，非有容貌可以接之也，非有威儀可以振之也。今乃交結束縛以成其器，其為器也，果進於用乎？為之臺榭則不足以占氣候，為之洞戶則不足以蔽風雨，為之屏口則不足以居堂署，為之七級浮圖則不足以合佛氏之制度。然是器也，果為有用之材乎？抑無用之材乎？謂其材之也，則桐梓可以為琴瑟，梗楠可以為

棟樑。抑皆生於深山大澤之中。牛羊弗踐履，斧斤弗傷殘，故能成其材，以爲人之用。今客園中之植，非不雜然而蒼翠也，非不渥然而芳潤也，當其三伏□□九野如燒，膏雨不降，土毛皆焦。於斯時也，苟不資人力灌溉之功，則槁死無遺矣。豈能如深山大澤久有其生乎？則其不足以材之者明矣。今客不以無形之防範教人，乃欲以有形之法律教於人，可乎哉？可乎哉？既念小人不幸，遭夫圄圇之辱，君子弗忍見焉，欲與之解□舒械之不暇，豈肯與之同笑語而飲食之乎？其所以甚不得已而爲之者，則獄吏而已。客今迸驚園中之植，日與之處而不以爲非，又從事於壺觴之樂，何啻獄吏與囚者居而飲食之乎。客以爲樂，余以爲憂；客以爲榮，余以爲辱，何其不仁之甚也哉！客曰：「子言過矣！子言過矣！古之人有種樹者矣，有愛植花草者矣。」曰：「余聞古之人所愛者則與君有異也。柳子非不愛種植乎？其與郭橐駝立傳者，謂其能順物性而得種樹之道，柳子因之以得養人之術。周元公愛蓮而作《說》，謂『蓮出於泥而不染，濯清漣而不夭』，豈不以物理融會於元公，而元公爲是說乎？庭草之在前，又愛之而不芟，則謂自家意思在焉。草之繁亂，人所共尤，芟而去之，豈不見『人欲淨盡，天理流行』？芟之者，不過損乎物之性者耳，何足以明天理人欲之喻哉？客之云云，不其然乎。信如是，則杞柳桮棬之謂，寧獨□於告子之言，孟子所以辭而辟之者，蓋有以也。」夫客聞余言，不覺襝袵而口。

## 272. 《問張彥暉幻色鳳花書》（72～73 頁）

去秋謁館下，見庭中幻色鳳花之美，白質而絳文，遂拾其子以歸。今春而布之，封培灌漬，惟恐不至。鬱鬱菁菁，亦有可觀者。及秋而花盡變成白，顧瞻錯愕久之，豈吾地之靈不欲其幻乎？抑是花之靈不敢幻吾目乎？欲荷鋤而去之。人有告之曰：子何惑之甚也！世之人見幻而不見正。嬌顏媚容則好之，而不知正色有不可幹；穠言巧語則愛之，而不知正言有不可犯。子乃不以正色爲可好，而以幻色爲可喜，得無惑乎？古之人有愛花者矣，荷以取其潔，梅以取其操。今子無取於是，乃取於色，又何惑乎。

嗟夫！世方好幻，吾乃白之，人知幻之可矣，而不知白之可貴也。以吾地之靈，尚不使之幻，而吾又豈好幻者哉？非花靈於吾土，而吾土靈於花也。天然之白，瑩然於吾心，奚能□夫幻與公。若假吾以幻，尚當□於來秋，公苟不好幻哉。以庭中者驗之，願公有以見覆，庶以解吾之惑也。

273. 《吳氏譜引》（73 頁）

嗟乎！宗法明，然後孝節之道立，禮遜之風興，廉恥之行著，忠厚之德成矣。大宗之法，百世不遷，今既不可復。其所存者，惟小宗之法耳。小宗之法不□，止於五世。五世而遷，君子不以爲薄；百世而不遷，君子不以爲厚。此無他，其法宜爾也。至於宗分而派別，各繫其所出，各詳其所親，不敢以其多而忽之也。蓋自受□定氏以來，所歷非一世，而所傳非一人。中更遷徙之不□，苟或有所不謹，必至夫莠之亂苗也。莠之亂苗，則衣冠之裔泯焉而無聞，其可悲也夫。故君子深有所懼焉，是以循宗接絡，如絲之不絕，繼續而有所承也，此譜系所以不可不作也。大而世家之系表，小而士夫之譜圖，自魏晉以來，爲事甚重，每置郎令史專司其職。於以明嫡庶，於以別貴賤，於以辨同異，興起廉讓之風，著明孝悌之實者，良有以也。至於習俗之偷薄，而不知身之所自出者有矣。幸而大家右族，能謹之而不廢，是□□忠厚之德有所未湮而然與？諸暨吳君鉞嘗著譜圖一卷，則自少郌府君於唐咸通時遷居以來，至於鉞之子，凡二十世，皆歷歷可考。遠而不可稽者，固在所不論也。豈不由宗之親且近者得以加詳乎哉。彼其泯焉無所聞者，其視鉞爲何如也。爲鉞之子若孫，又烏可不致其謹焉。謹而傳之，將見吳氏衣冠之裔不泯。於來世者，於此蓋可徵矣。書既成，太史宋公既爲序之，鉞復來屬淵爲之文，因繫其說於末簡云。

274. 《書吳氏孝感》（73～74 頁）

嗚呼！犬之爲物至卑也，其性至惡也。其行乃超乎等倫，豈不由行義之士有所感化也與。勾吳吳君長卿義居者，五世孝悌，孝悌之行□如也。家有犬生二子，母爲物所壓，舂廢不能□，子乃悲鳴左右。日銜食哺之，因得不死。士大夫聞其事，形於詠歌，則於長卿之行義信有足徵者焉。余聞孝悌之道通於神明，況於異類耶？嗚呼！犬且能爾，又況於人也耶！

275. 《書陳嘉靜翁墓銘後》（74 頁）

義烏陳君文禮攜其父嘉靜翁墓銘，索余題。翁之行事，太史先生言之詳矣，余復何辭。然翁以義教子孫無分居，此則余之所其拳拳也。余家自艸素處士合族，至今且九世，銘文所謂大和者則淵伯祖，貞和，君諱也，嘗著《家訓》五十有八條，以盡齊家之道。子孫聞謦欬，則肅容斂手，步履不敢肆，猶爲翁之所敬慕。今文禮又能是繼是承，宜翁之所以有望於後人也。然豈徒一才一□之精也耶？

## 276. 《三友堂詩卷後題》（74頁）

世言松竹梅三者可喻歲寒不衰之義，果有是乎哉？君子不過取其貞白勁立，以勵士者之行耳。松竹與梅同足論乎？蓋君子之所存，有諸中則見諸外，而不物其物，以物而喻心者淺矣。以心而喻物，乃所以見其眞也。徐君兄弟三人皆能盡夫友恭之義，故時假此三者以名其堂曰三友，非徒勵其行，而又保其義於悠久。然物有時而衰，惟友恭之義行之，雖終身不衰也。斯堂之建，迨今三十年矣。雖遭兵燹患難之餘，其堂尚存。昆弟三人蒼顏白髮，上友下恭，其義藹然，自非本然之眞有所發見，何以及此？松云乎哉？竹梅云乎哉？

## 277. 《哀宗先生仲實辭》（74～75頁）

曩時謁文獻黃公於繡湖上，長得與鄉之群士會。若公之同里宗君仲實、金君德源、朱君一中、王君子克、傅君伯長、若東陽蔣君季高、李君師曾、及師曾之姪齊賢，每一會，間或激揚文辭，或馳騁論議，或遇明月之夜，沉舟湖中，酒酣氣豪，雜以詼嘲笑謔。諸君自以爲年壯志得，樂其相從之盛，以極其歡。而吾仲實口其中，端重簡靜。當其談辨鋒起，則張口大笑以相視，曾不一口辭，餘心甚敬焉。及其燕居之際，叩其經史疑難及當時世務，則亹亹談不休，其君子人也哉？十餘年中，季高年最少，最先死。未幾，而師曾、齊賢相繼死，文獻公復死。不四三年，仲實、一中，又復先後死焉。嗚呼！孰謂師友之間，死生零落，乃至於是乎！既念天下無事時，文獻公巋然老於繡湖上，四方賢俊往來無虛日，而吾鄉之人皆得以問道考德，非徒會合之歡而已。公既長逝，至於朋遊死者亦已過半，而獲存者僅二三人。加以兵火之相因，不散處東西，則老且病。欲如昔日相從之盛，相得之歡，惡可得哉？俯仰今昔，不惟哀仲實之死，雖余亦有哀矣。繫之辭曰：

有鳥於飛兮，言集於桐。有口其鳴兮，以求友生。求之既得兮，式和且平。求之弗得兮，將過我情。交朋有道兮，天敘之經，死生啓合兮，卒難以並。緬昔繡湖兮，士弁交纓。今焉散亡兮，稀如晨星。鬱離情之恍惚兮，將夢愕而神驚。仰宗君之粹質兮，至性本乎天成。懷懿德之良貞兮，玉韞美而含英。既和順之積中兮，宜光華之外形。曾不假夫設施兮，耐反口於泉扃。哀友道之凋零兮，顧來者之曷徵。會合寧復幾時兮，何敢恃夫百年之修齡。物而有作兮，徒憤懣以塡膺。月淡淡兮，流水泠泠。瞻白雲之護口兮，使我怦怦。

## 278. 《丹溪先生彥修哀辭》（75頁）

思先生之曷往兮，神愴怳而交馳。命巫咸而具占兮，謂魂氣已無不之。緬音容之如在兮，終不親夫履綦。念貞和之齊其家兮，藉先生以摯持。忘寒暑之疲勞兮，豈憚往返於路歧。一匡之以至中兮，進退不失於毫釐。憶墜言之殷勤兮，何啻乎啖蔗之與含飴。薰椒蘭之芳馨兮，吸沆瀣之靈腴。煩襟滌其清爽兮，靈府澤其華脂。煉交情於金石兮，至彌久而弗渝。雪霜貿貿於松柏兮，貞操蒼然而含發。笑春華之夕隕兮，鄙秋葉之早萎。弗與□□□□□□隱世而變移。彼馳馬與試劍兮，逞豪俠於九衢。□□□而口歌兮，劇談謔於一時。胡朝依而夕畔兮，竟燠附而涼違。苟利害之相形兮，遂布穽而設機。徵先生之忠誠兮，白璧貞瑩而無疵。彼何人斯兮，寧不靦泚而忸怩。天何不假以永年兮，斯文遂失其著龜。慨承顏於早歲兮，乏仰止於耄期。縱悼言之孔多兮，豈能泄余之深悲。涼飆兮淒其寒雲兮，澹而（按：此處疑有脫文）。言有限而情莫極兮，望明月而遐思。

## 279. 《哀蔣季高辭》（75～76頁）

至正庚寅秋，余與蔣君季高會於錢塘之上，時東南賢士大夫試藝有司者無慮二千餘。時季高於其間年最少，眉目疏秀，口論英發，欲與諸老生相頡頏。余遂得與季高友。既而言皆不合於有司，季高退歸東陽，余亦歸浦陽之麟溪浦江，與東陽相去不百里。越期年，而季高訪余麟溪上，言談不減於昔。予因謂季高曰：科舉之文，烏足以累吾子。吾子當馳騁秦漢諸文章家，非獨與今之賢士大夫相頡頏，當與古之儒者角而弗箴也。季高聞余言，欣然有會於心，長揖別去。遊侍講學士黃公之門，肆志於學，以造其所未至。予亦時往公門，兩會季高於口湖上。即出其所為詩文，讀之皆灑落雄俊，多可傳誦。時秋月方□□□□予繡湖上，談笑賦詩，劇飲大醉。季高歌古篇章，余擊壺為節以和之。別未幾，括寇起，緝雲百里之間，危言震驚，自是不復與季高會。丁酉春三月，寇平。夏五月，季高遺書來，索予賦平寇詩。予適以事未遑，而季高復貽書促之，曾未一月而季高死矣。嗚呼悲哉！季高年未三十而名譽已流於人。人意其必致夫遠大，胡為竟止於斯耶？因歎往時與季高遊，始會於錢塘，再會於麟溪，兩會於繡湖之上。忽忽六七年間，所會者不過三四度爾。孰料少壯之交不能以長久，而遽為永世之別耶？嗚呼！悲夫季高之死，人咸悼其夭而不得顯榮於時。余獨以為季高之死猶不死也。使季高無以著於時，無以昭於後，死不以年，城可悲也。季高雖不使登諸仕版，而聲名

已傳於薦紳。季高雖未獲淑諸人，而文章亦可詔於方來，尚何悲乎？獨念交遊之中，如季高者無幾。今季高先作土中人，雖欲不悲，烏得而不悲，申之以辭。辭曰：

神駿之權奇兮，產漏窪之水中。其行曾不千里兮，豈弨菽之不克。將潛美以竢時兮，庶一遊於奇逢。奈何未出皂櫪兮，竟賷志而長終。嗚呼哀哉兮，物理有不可以窮。鵷雛死野兮，老鴟爲之長雄。三秀見摧兮，張林林之艾蓬。自古莫不然兮，又何形於怨恫。嗚呼哀哉兮，竟歇滅其音容。有善孰相予兮，而有惡之口攻。每□□□兮深有激於余衷。緬華川之泛遊兮，憶虎林之口從。余感今而懷舊兮，致夢愕而神狃。疏辭以相哀兮，□□□於西風。

## 280. 《誄田母辭》（76～77頁）

余生二十二年，母氏亡。復十八年，而先君又亡。痛念重罹罪口日夜悲魂，消形毀恨，不相從於九泉之下，時余方斬焉衰絰之中。甫及一期，永康田奐德陽亦被衰踖於門，輩而告曰：「奐也不幸，不獲事母。至於耆艾，僅得年五十有五而遽罹大故，奐固不敢望夫生，然猶苟存視息有家君在也。嘗結盧先口以泄其終天之哀。當悲風振林，寒雲蔽月，涕淚漣漣，不覺如雨。然吾母之行，日往月來，苟使泯焉，不聞於世，罪莫大焉。縱死何以自贖。曾已具譜行事，鐫於誌石。倘不求君子之言，揚之顯之，將何以白於世，此奐之所深懼也。願吾子少紓所輩，爲奐一言之。」余亦悲而答曰：「人子之痛於□□事雖或異，其情則同也。情既同矣，其哀有不同者乎？余□□父喪，語言尚不能成倫，又何能述子母婦人之事乎？苟或不死，俟終哀當爲子書之也，又何敢不以己之親而視人之親者乎？」德陽乃泣別而去，殆今已三年。而德陽復來，求文以成前所言。

蓋夫人諱安，字至安，姓徐氏，婺之永康人。年十六歸於德陽之父貞，事舅姑如事父母。姑舅早世，撫其夫之二幼弟，一盡於禮。既口名女以爲配，恩義相洽，宗族賢之。能順事於夫，至於家裕，教子以學，使之負笈從師，頗底於成。夫人之行之懿，非可以一二言之。故掇其大者書焉，以塞德陽之請。慨余自念幼時，母常教之於學。雛初鳴，則謂日爾可學矣，學當不負人。至晚而歸，又必問所業。非惟戒之於童，幼之年，抑且督之既冠之日。會有司貢余於鄉，母氏喜溢於顏，曰譬猶吾治絲，旬經月累乃可成縑帛之用爾，學亦如之，爾其勉哉。每念及斯，輒泫然流涕，不知德陽之母教子亦如是乎？余母亡之年僅五十耳，以德陽之母較之，尚逾其五。使德楊（按：當作「陽」）

如斯，則其哀又將何如也，而況於余乎？德陽有其父，可以致其菽水之歡，余欲如德陽之爲，不可及矣。自哀且不暇，其又忍爲德陽攄其哀乎？然夫人之懿行，既請胡先生仲申以銘其壙，又有賢士大夫播其德，固不俟於余言也。今余特一言之者，非徒爲德陽發之，抑且以自悼云爾。繫之以辭曰：

皇天降衷兮，賦形則均。壽夭不齊兮，哀樂乃分。人孰無親兮，□□欣欣。我親胡爲兮，去昭就昏。死生先後兮難具陳，摧絶我心兮淚紛紛。形骸消毀兮，無□生存。號天不知兮，叩地無聞。恨不相隨兮，徒勞□魂。斑衣未成兮，衰絰已紉。老萊有親兮，彼獨何人。吁嗟我生兮，胡不辰？朝親倚廬兮，暮孰倚門。今我親兮閉玄窀。日復日兮春復春。黃河可塞兮恨莫堙。田氏有子兮念母勤，劬勞教育兮如同我親。身親負土兮築新墳。曷以報此兮罔極恩。悲風蕭蕭兮益酸辛。夜漫兮水潾潾。天高無極兮地無垠。我與子情兮何日申。雪余涕兮告蒼昊，矢哀辭兮勒堅瑉。

## 281. 《哀從弟仲澤辭》（77 頁）

嗚呼！人孰不有死哉。死有壽與不壽也。壽考以終，理之常也；夭折以歿，理難推也。余從弟仲澤年僅三十，竟以夭死，是何生之艱而促之易耶。人之在世，譬猶草木發其英華，而後斂之以實乃已。仲澤曾無一子以繼其後，獨有二女送其終，抑又何耶？仲澤生能損食，以活人之子，今乃弗克享其上壽。天之報施，此理亦或忒耶？嗚呼哀哉！余不可□□□□已著之於篇。

## 282. 《祭筠西丈吳公文》（77～78 頁）

惟公賦姿純英□□□□□□□□□焉而友朋。外焉而閭里，內焉而家庭，眞□□乎交□之□□夫雍睦之誠，是足爲小子之模式，後學之□□。□也不敏，世契相仍，蓋自貞和叔祖辭□容承與公相好，如弟事兄，謂吾門之規範，合前古之準繩，百里而至取爲法程，是以肅然而家教立，秩然而□□成。逮乎季父貞素、清容之交誼愈敦愈厚，實無減於舊盟。戊戌之春，嚴陵被兵，浦陽將壓，氣勢掀騰，扶老挈幼，欲謁門屏公，戒舟車且載且迎，居我以室廬，食我以稻秔，或徜徉乎澗谷，或宴樂於軒亭。公善洞簫，音韻尤清，固非耽我於酣飲，實欲解我之憂縈。□□聚於歲餘，復諸暨之失寧，我還浦汭，公遂來並。於時兵燹荒穢，道里榛荊，雖故廬幸存其四壁，而饘粥不具於鐺門。以公待我之素，至我之報施，萬不及一，豈不赧泚而面頳？甫及兩月，公即成行，未幾而山獠作孽，復迎公於搶攘，曾未幾何，復將言歸，

遂不獲視於几杖，而聽論議之崇□。歲時往問，誨言炎炎，知公康強而壽考，每喜慰而曷勝。念貞和之去世，貞素、清容亦相繼逝，傾幸公尚存。巋然尊容，何蒼天之□□□□□□□□冥。嗚呼哀哉！以公樹善之厚，蓄德之弘□□□□□□□□□之義聲，此天迎之昭報，信可驗而可□□□□以無□。而我之念公懷公，恆積憂而填膺。灑□淚之如河，□□思之如城，雖日月之踰邁，將何時而可平。嗚呼哀哉！有酒在尊，有牲在鉶。言有盡而意無窮，尚昭鑒於厥情。嗚呼哀哉！尚饗。

## 283. 《仙華山志》（78頁）

浦陽江上有仙華山焉，人跡罕至。至其上多名藥，緣粉絳疊可□□□有鰷魚時時出沒於中，可釣。沃壤數十畝，白雲冉冉，恆□其上，可耕。山多巨石，面正平可坐、可弈、可列豆觴而飲。時事繽紛，終老是山可矣。

## 284. 《浦陽江堤記》（78～79頁）

浦陽江出縣西六□□深裏山之南，經縣治之南門，東流入海。朱工部尚書錄公通嘗作橋於江，以通行者。橋害於水，江堤遂決，沿江之田皆漂毀不存，民往往病之。至正三年，江西那海公為縣長，官不數月，有治聲。每過南門，輒念斯橋之壞，而民多病涉。明年，役復治橋，橋成，乃築土堤廣若干尺，高若干尺，而殺其上，甃以石。閱三時乃成，名曰浦陽堤，又墾田若干畝有奇。公之惠及於民者，不其至哉！縣民感公之德，不能忘，乃謀伐石，請予記。予竊聞之，滕侯子京治岳陽時，因洞庭水之險，乃自岳陽門西距金雞之右，築堤千餘尺以利民，名之曰偃虹。歐陽子實序而記之，謂其以百步之堤御天下至險不測之患。歐陽子豈過論者哉？今公之治浦江政，既無不修，又能以其餘力興數十年之廢，其於滕侯之治岳陽，予恐無以異也。世嘗謂古之人為民興利而今之人無以繼之者，觀公斯舉，其何愧乎？烏可以淺心而遽量茲世之人也。是堤之築，其惠及吾民者甚弘，可無記以告來者？遂書刻於江濱。

## 285. 《書郭貞婦卷》（79頁）

嗚呼！子之於母，婦之於夫，人倫之大者。方其安於無事之時，上下一心，情蓋雍如也。及其身遭患難，子死於孝，婦死於義，抑何鮮能哉！由見理之不明故也。諸暨郭貞婦薛氏不幸猝罹於難，母子共死於一井之中，可謂得其死者矣。蓋千百人中，僅一見焉。君子惡得不感動太息也與？自非如精

金之堅，白璧之貞，何能與於此哉？其夫廷瑞力求薦紳家，傳其事於不朽，是亦可謂交盡其義者矣，至哉！天理人倫其終可泯也耶？

## 286. 劉簡（58／306）《復田記》（至正八年，1348年）

按：明代李安仁、王大韶《石鼓書院志》下部《詞翰志》載有劉簡《復田記》一文，文題後注云「古雲劉簡。元人」。嶽麓書社點校本以萬曆本爲底本，光緒本參校，今據以錄文〔註245〕：

石鼓書院有田一區，曰彌勒莊，爲畝三百九十有五有奇，在茶陵之哀鴰鄉三十一都彌勒廟山下，因得名。後爲靈巖寺僧乘隙覬覦，妄起爭端，相持日久。泰定中，省府以事未白，知湘鄉州張珣奉議決之。公閱案籍，辯是非，別情僞，排前議之不公者，一舉而正，諸事遂定。田復。越二十一年，天子思治未隆平，赫然斯怒，遣使天下，僧復以爲言。使者命衡州核實其事。府受命，務已訟，議欲兩解而中分之，別駕余公希元不可，遲遲未決。會湘南僉憲張公按臨涖止，諸生造庭爭曰：「天下之事，是曰是，非曰非，豈有中分之理？」公莞爾而頷之，議定如張守，士論歡然。

予時適當赴鄠，詣府庭參，得諸聞見助，爲之喜。山長李君宥孫請記，適日未暇，無何李代。今山長金文海，始以書來。因憶方張湘鄉論事之時，予也忝錄衡庠，廬陵康君莊實長是山。檄至之日，其喜洋洋，若奉垂棘而歸之晉也。斯文交賀舉酒，相謂去年事或紛紜，而公論復交（復交，光緒《石鼓志》作「復定」）則又在焉。二十年間，邂逅兩見，固所大快者！何幸而得償名（僧名，光緒《石鼓志》作「僭名」）於其間也，而其概則嘗聞之矣。

初，茶陵邑士之翹楚者卒隸石鼓，莊本沒官田，勉齋黃公從士請粥，籍以助養焉，因人書院。歸附初，邑升州，始不衡屬，而田仍隸石鼓。坐佃有譚，厚入而輕輸，同室娼嫉，欲中奪之。問言州校，爭之不可。於是陰啓靈巖寺僧，倡以莊稱彼佛，爲名所與。有冠儒而素非其李姓者，恨士類不齒，實爲僞撰碑，又詭立張本，而爭自此始，時至元二十有一年也。蓋自少時，侍教鄉老先生，咸言如此。

嗟呼！人無所不至，惟天不容僞。起一憾嫉之私，而召五六十年，髡緇攘袂，宮牆之敵，眞（真，光緒《石鼓志》作「理」）僞之相爲勝負如彼，其久而既定矣。譬諸已僕之木，顧尚有蘖焉，何哉？聖人之道，詩書禮樂，與

〔註245〕（明）李安仁、王大韶《石鼓書院志》，嶽麓書社2009年版，第120～122頁。

異端刑禍利福之說萬萬不侔，俾其碑刻之謬戾，地名之非據，皆且未論。由昌黎火書廬居之義言之，雖奪彼於此，宜無不當，況勉齋先生撥賜之田，石鼓載籍之舊然易見，可以片言而決。悠悠歲月，此是彼非，依違兩可，鮮克明斷，蓋三十餘年而後定於湘鄉公之手，又二十餘年，幸遇今僉憲公之明。兩張公者，非信道不惑之君子，能如是乎？《春秋》書：齊人來歸，鄆讙龜陰之田，心悅誠服，自來歸也。今彼釋貪誣干證，惑世非是之比。故備書其田侵復本末，以著二公之盛德（盛德，光緒《石鼓志》作「盛而」）。於設淫始俑者，直顯其氏而沒其名，非諱之也，惡以氏著而名不足以使稱於後也。僉憲名眭，散官，同張守，河南人。憲使曹侯、王敬、何永年，贊議與有力焉，宜書。諸生之庭爭者，兀都蠻玉鎮、朱誠、郭玫（郭玫，光緒《石鼓志》作「郭玟」）、嚴植，可謂聖門之徒也，宜皆得書。

　　至正八年正月上日，徵仕郎衡州路酃縣尹兼勸農事前進士古雲劉簡記。

### 287. 楊椿（58／338）《道園學古錄序》（至正己亥，1359年）

按：文載虞集《道園遺稿》卷首〔註246〕、文瀾閣《道園遺稿》〔註247〕、張金吾《愛日精廬藏書志》卷三十三、陸心源《皕宋樓藏書志》卷一百〔註248〕。今據《皕宋樓藏書志》錄文：

　　故奎章閣侍書學士蜀郡虞公《道園學古錄》，其季子翁歸與公門人之所編，今建寧板行者是也。書始一出，如景星鳳凰，士爭先睹之為快。而湖海好事者復輯公詩，另為一編。然與《學古錄》所載，時有得失。予意其搜葺，已無遺憾。近於一二士友間，每見公詩文，皆公所親筆。較之二集中，多所不載，然後知公之篇章在世不能無遺佚者。予外姪克用，公之諸孫也，好古嗜學，蚤夜不倦。聞士友間有公詩文，輒手編成帙，如是者累年，積其所得，凡七百餘編，皆板行。二集所無者，遂分類編次為六卷，附以樂府，題曰《道園遺稿》，屢欲刊之而未能也。近克用假館於吳江之金君伯祥家，伯祥之先君子樂善公至治間嘗識公於吳，蓋平日之所欣慕而樂道之者。克用偶出是編，伯祥亟命鋟諸梓。觀其所好，可以知其為人矣。噫！昔虞公南來，予以總角

---

〔註246〕（元）虞集《道園遺稿》，《北京圖書館古籍珍本叢刊》第94冊，書目文獻出版社1998年版，第4頁。

〔註247〕楊訥、李曉明編《文淵閣四庫全書補遺（集部）》（第4冊），北京圖書館出版社1997年版，第557～559頁。

〔註248〕（清）陸心源《皕宋樓藏書志》，《續修四庫全書》第929冊，上海古籍出版社1996年版，第449～450頁。

獲拜公於錢塘。時予從叔祖母家氏博涉書史，嘗手書《蓮經》一部。一日出以示公，公不勝渭陽寒泉之思，至賦七言古詩，辭極悽愴，且手跋於後者垂數百言。今二集既不錄，而予又不能追憶，以附克用集中，可勝歎哉。然觀克用所編，凡公平日之雄詞健句，膾炙人口者悉已收入，則其所遺者僅一二，而克用之用心尚未已也。予嘉克用之用心，伯祥之好事，且因其請而爲識於篇端云。至正己亥夏五望，眉山後學楊椿序。

## 288. 蘇夢淵（58／393）《宋跋蘇文忠樂地帖卷》

按：清代陸時化《吳越所見書畫錄》卷一有《宋蘇文忠樂地帖卷》，備錄諸家題跋。蘇夢淵跋云〔註249〕：

余家藏先文忠公書札，不知其幾。浪遊金陵、錢塘間，今六年矣。去家而翰墨荒，遊久而功業遲，慨先世而未能繼。伏觀此帖，深有感云。十一世孫蘇夢淵拜題。

## 289. 俞貞木（58／442）四篇

### 《劉彥昺集序》

按：文載四庫本《劉彥昺集》卷首〔註250〕，錄文如下：

作詩難，觀人之詩尤難。人莫不曰詩本情性。吁！知詩之本乎情性，當知其賦詩者，或有所感有所爲，有得題而賦，有偶然而作，雖有不同，然其組織鍛鍊之工、格律句法之妙，要歸於情性之正，蓋不可易而觀也。鄱陽劉昺翁，其生平之問學、抱負、遊宦、履歷，憂喜哀樂，一發之於詩。其爲句必鍛鍊，故工致而雅麗；其體格必模倣，故富贍而有法；敘事有次第，論事必確實，寫懷必和暢，可謂得作詩之情性也。古體之沖淡，長篇之春容，八句之森嚴，絕句之簡潔，一字鍛鍊之不苟，一句治擇之必精，全篇首尾氣脈之聯屬，華靡不流於艷冶，恬淡不失於枯澀。此作詩之良苦，觀詩之艱難也。及觀危、宋二翰林之序，楊提學之評，周侍御之稱許，徐叔度之後序，足以知其詩矣。竊記僕始冠時，侍楊提學、周侍御以嚴，事之叔度則友之也，今亡矣。昺翁與僕俱，亦白髮矣。而翁竟以詩得名湖海，浪跡江漢，重蒙賞鑒而刻傳之，可謂榮矣。然則讀其詩者，可不知其用心之獨苦耶。凡詩有紀境

〔註249〕（清）陸時化《吳越所見書畫錄》，《續修四庫全書》1068 冊，上海古籍出版社 1996 年版，第 39 頁。

〔註250〕（元）劉昺《劉彥昺集》，景印文淵閣四庫全書第 1229 冊，臺灣商務印書館 1986 年版，第 717 頁。

之實，狀景之殊，敘事與寫情意之妙，其善於模寫能變化，融會優柔不迫，得情性之正，非工夫之到、造詣之深者不能也。此則作詩之難，而觀詩尤難也。翁且俾僕著一言，自愧衰病之餘，其何以措辭。姑書此，附姓名於篇末云。俞貞木撰。

## 290.《厚薄銘》

按：都穆《都公談纂》卷上載：「鄉先生俞貞木，嘗作《厚薄銘》，言近而意切，深中今時之病。」其銘曰：

厚於淫祀，薄於祖宗；厚於妻子，薄於父母；厚於巫卜，薄於醫藥；厚於嫁女，薄於教子；厚於異端，薄於賢士；厚於誇誕，薄於信實；厚於屋室，薄於殯葬；厚於懼內，薄於畏法；厚於貨財，薄於仁義；厚於責人，薄於責己；厚於祈福，薄於修德。

> 案：《都公談纂》於銘後載：「公為石澗先生之孫，初名禎（筆者按：誤，當作「楨」），字叔元，後更名貞木，字有立。洪武間，嘗知樂昌、都昌二縣事。」

## 291.《張子宜墓誌銘》

按：文載《吳郡文編》卷一百九十〔註251〕，錄文如下：

子宜張氏，諱適，子宜其字也。世為蘇人。曾大父諱繼善，大父諱大榮，父諱澤，母徐氏。子宜甫十歲，能賦詩彈琴，人以奇童稱之。既長，以沈生先伯熙父明《詩經》，較藝有司，不利。更兵變，未嘗廢業，達官巨室爭延而師之。洪武初，以秀才召，赴吏部，授奉議大夫工部都水司郎中。未幾，辭以病，乃復居鄉里。歲丙寅，衛輝府及海州章交，以明經薦，不得辭，至京，授廣西布政司理。問所之提控案牘，嘗讞死獄，復治其書，輒歎曰：吾求其生，理不可得，得若何憾焉。獄囚多餓色，捐己俸煮粥食之，吏民之不循教者不以鞭撻辱，每諄導論。越二年，以事調雲南府滇池魚課司大使。先是夷民梗化，輸賦每後期，自是逋稅皆足。蠻方少儒者，時西平侯沐公、布政使張公方以文武鎮治西南，未嘗以屬吏待，考滿轉宣課司大使。到官勤畏奉職，商氏弗敢欺。甫歎以疾卒於公廨，蓋洪武二十七年十一月十八日也，享年六十有五。取沈氏，前醫學提舉德輝之女，先二十五年卒。子男一人，牧，取

---

〔註251〕（清）顧沅輯《吳郡文編》第 5 冊，上海古籍出版社 2011 年版，第 536～537 頁。

韓氏。女一人，蚤世。孫男二人：長申生，早夭；次渠。孫尚幼。女一人，在室。子宜文，雅沉靜，不逐時，尚視富貧如一。在家事親從兄，篤於孝敬，與人交，終始無戾言，教子弟以忠信孝悌。有詩文若干卷，藏於家。自號甘白生，學者稱之曰甘白先生云。其卒之日，展牧方歸展墓，聞訃，匍匐往負骸以歸。卜以建文元三月二十六日葬長洲縣武邱先塋之側，禮也。將奠，牧以狀來征銘，遂次第其事而銘之。銘曰：

仕不擇，復不厄。時為適，義為質。吁嗟乎甘白！

知南康府都昌縣事包山俞貞木撰，南陽滕用亨書丹並篆蓋。

## 292. 《建寧府儒學訓導徐良夫墓誌銘》

按：文載《吳郡文編》卷一百九十一〔註252〕，錄文如下：

良夫徐氏，其先開封人。始祖諱來，江南居州之太泉里，繼移蘇州。今為吳縣光福里人。二世祖諱揆，宋太學生，沒於靖康之難。六世祖諱茂，始大其家。曾祖諱自明，將仕朗。祖諱雷龍，元常州路武進縣儒學教諭。考諱天鳳，姚錢氏。良夫諱達左，良夫其字也。生六歲喪母，十歲喪父。十六始知為學。既長，習舉子業，常以鄱陽邵先生弘道易、天台董先生仁仲學書精於義理，不喜以文詞為務。遭時多故，隱約山中，清儉自持，推田園於族之人，躬行孝悌，以身率其族之子弟，復延師於家塾教之。歲時祭享宴會，合族人於家，讀詩書論禮樂，升降有序，揖讓有節，彬彬如也。洪武二十二年，郡人施仁守建寧遣諸生以幣為請良夫為其學訓導，良夫以建寧為朱子闕里所在，即往留二年，以己之學教諸生，如教其族之人。二十八年乙亥四月二十日，以疾卒於學舍。訃至，其孫鎰哭泣匍匐，水陸三十餘里往奉其柩歸，以其年十二月一日葬吳縣長山鄉仕墟之原，享年六十有三。取祖氏，以族人之子裹為後曰允協，早卒。於是立從孫鎰繼允協後為孫。又立從子仲為子，曰允成，取范氏。孫一人，歸孫鎰，取朱氏，生曾孫二人。曾孫勝。孫女二人，在室。良夫質厚氣溫，喜賓客，未嘗談人過。人犯之，亦不留怨。好山水，嘗往來苕霅間，以至杭之西河，經寒暑不返。後歸自建寧省墓，又往謁先聖闕里，蓋將歷覽，以廣聞見，非以遊玩為樂也。所著有《四子書》十卷、《家口》一卷、《年譜》三卷、《金蘭集》三卷、《耕澳文集》一卷。銘曰：

---

〔註252〕（清）顧沅輯《吳郡文編》第 5 冊，上海古籍出版社 2011 年版，第 543～544 頁。

　　行推於族，必先於己。學敷於遠，必由乎邇。雖所施者未遂，而所存者已具。故上能以承乎先世，下有以延乎後嗣。勒銘貞石，來者其眎。

## 293. 釋克新（58／530）三篇

### 《孔方傳》

按：明代陳邦俊《廣諧史》卷二〔註253〕、明代朱存理《珊瑚木難》卷七，錄文如下：

　　孔方，字子貫，首山人也。其系出金天氏，黃帝時爲童氏。黃帝命鑄鼎荊山下，鼎成，有龍垂鬍髯，下迎黃帝，騎龍上天，童氏遂用有名天下。夏商之際，童氏益振。入周，爲孔氏。武王代商，孔氏有曰泉者，以神術行天下。太公立九府圜法，而泉與焉。其後子孫散處諸國。在魯者，佐季氏，故季氏富於周公；在吳越者，范蠡用之而貲埒王者。孔氏至今，族號最蕃。惟方能傳其祖神術，隱首山陶冶中，師事容成，而名益著，四方咸以兄呼之。漢高帝既平天下，中外消耗，思振元元，而大臣有以方爲言者。帝甚喜，乃遣使召之，方乘傳車至闕下。問以富國足民之道，對曰：「顧所謂力行何如耳。」頗甚稱旨，使典府庫，以權出內。文景之世，方儲蓄累百鉅萬，貫朽而不可校。天子嘉其績，累遷至平準令。未幾，人誣方盜鑄，禁錮不用。方爲人無圭角，與人交無高下，雖孩稚亦與狎玩。吳王濞之國，上大夫鄧通寵用，而方奔走濞通之門無虛日。平居好聚無賴子弟，爲賭博之戲，贏輸皆由已爲。有不可意者，雖袒跣大叫祈爲梟盧，亦不肯少狥。爲之故，往往致喧爭鬥毆人，頗銜之。此其所以獲罪歟？先是，有燕人楮寶者，亦以神術顯用。初方起召抵京，見寶，喜其術與己同，驩如平生。遂同舍館，出入與偕。而寶素輕薄，不逮方之剛厚也。二人意雖甚合，然方遭難，而寶卒無一言援之。吁！眞市井之交哉！方既罷，而寶專任，使權益重。有僞寶名而爲非軌者，朝廷患之，議覆用方，以分其權。於是丞相弘羊言於天子曰：「孔方有功國家，而其才足以任使，以非罪黜。不復，非所以示天下之意。」制可其奏，召方復平準令。方起而寶權果少殺。二人並行天下，人莫敢先後輕重焉。朝廷凡欲建大功、興大利，非二人不可。以故上自天子，下逮公卿大夫，靡不愛重二人者。二人俱口吃，不善言語，惟以篤實見信於人。中外百司之事，人所難

---

〔註253〕 （明）陳邦俊輯《廣諧史》，《四庫全書存目叢書》子部第252冊，齊魯書社1995年版，第276～277頁。

言者，二人至，無不可。雖臺諫風憲，亦嘗曲狗其意。方尤利濟於貧窮小民，故天下聞方用，而莫不稱慶；廢而莫不失望。蓋方之術足以動人，亦天下人心之所欲也。寶以昏自焚死，方亦有年高。身皆土色，顏面無精彩，告老於朝，賜爵同城子，自便終於家。

太史公曰：孔子起陶冶中，獲親任使，黜而復用。其遭際豈偶然哉？方雖名通神術，而無他能，奇解不過聚斂而已。然而天下無賢與不肖，皆欣慕而愛重焉，不知其何道。可怪也已！

## 294. 《玉鸞傳》

按：明代陳邦俊《廣諧史》卷二〔註254〕、明代朱存理《珊瑚木難》卷七，錄文如下：

玉鸞者，蕭氏子也，小字阿鸞。按蕭氏有二派，俱以音律知名。其一居大夏之西，曰筠，有直節。黃帝時，伶倫用之，定律呂；筠再世孫龍贊，舜作韶樂，樂用告成，書曰蕭韶九成、鳳凰來儀是也。其一隱崑山之麓，曰璞，以抵鵲得名。卞和屢獻之，楚懷王不用，遂匿德不售。子貢稱其韞匵而藏求，善價而沽者也。其後子孫遷徙無常處，惟居藍田荊山者最盛。鸞，藍田人也，初育於石氏。當秦皇帝併吞六國，有天下，薄海內外，瑰怪珍奇瑋異，罔不效職。惟石氏由然不為用，帝怒，盡驅其黨，填東海，通道蓬萊、閬苑以求神仙不死之術。中道不行，被鞭至流血，石族以破，鸞無所依，乃脫身遊關陝。關陝豪俠愛其溫潤縝密，廉而不劌，氣如白虹，以為奇寶，為之語曰：豈有美如鸞而長貧者乎？鸞雖美姿貌，然無他能，解自以落魄關陝十餘年，靡所成立，發憤從宗工磨琢，一旦心孔忽開，於其祖音律不學而通。每風清月朗，碧天良夜，輒一鳴焉，而蛟龍為之起舞，鸞鳳為之廻翔。聞者莫不軒昂激越，而手舞足蹈也。然未嘗自鳴，必待人揄揚吹噓，而始出聲。脫非知音者，雖王公卿士卑躬下氣，萬方冀其鳴，亦不肯曲狗其意而一鳴也。遇知音，則鳴不已。君子謂其不近人情而斥之，鸞固自若也。句吳顧瑛遇鸞吳門市，邀至於家，既而太史楊維禎（按：楊維禎，《珊瑚木難》作「楊公」）有狄生號鐵龍者，亦以音律鳴聞，鸞技與己同，一見喜甚，遂不相捨，朝夕更倡迭和，如所親昆弟，至今留楊氏云。

---

〔註254〕 （明）陳邦俊輯《廣諧史》，《四庫全書存目叢書》子部第 252 冊，齊魯書社 1995 年版，第 276～277 頁。

太史公曰：鸞之貌美矣，然闚其中則洞然無有。校其能則惟音律而已。音律於技，末也。其不遭，宜矣。噫！以鸞之姿而所就僅爾。諺曰：「人不可以貌取」，信夫。

## 295. 《續復古編序》（至正二十二年，1362 年）

按：文載蔣光煦《東湖叢記》卷一〔註 255〕、陸心源《皕宋樓藏書志》卷十五〔註 256〕錄文如下：

宋大觀中，吳興隱士張有作《復古編》，以正俗書之訛，僅三千餘字。竊嘗病其太約，疑有闕遺，欲集而補之，未皇也。大名曹君子學，以工篆籀，乃博探（《藏書志》作「採」）六經子史暨先代銘刻、器物款識、古文奇字，捃而集之，名曰《續復古編》。張氏之書，其類有六，曰聯綿、曰形聲相類、曰聲相類、曰形相類、曰筆跡小異、曰上正下訛，曹君如其類而加二焉，曰音同字異、□□□□□（《藏書志》作「曰字同音異」），凡千餘字，積二十年始見（《藏書志》無）克成書。嗟夫！古文湮滅久矣，惟許慎《說文》十五篇僅存，為世遵信，然其中間有遺脫如劉、免之類，學者不知許氏偶失載，遂以為無是字而不敢書，至以它字代之者，皆是也。吾嘗考諸經而辨之曰：《詩》有篤公劉，又曰勝殷遏劉，《書》曰無盡劉，《語》曰幸而免，又曰吾之（《藏書志》作「知」）免夫。夫知字者宜莫如孔子，《詩》、《書》孔子所刪定，《語》又孔子嘉言也，豈有六經字而非古者乎？蓋許氏偶失載，明矣。學者守經自信，不當泥乎許氏之為是也。世聞予說而繆（《藏書志》作「膠」）其久習，反訾予以不知，予徐而自解曰：由許慎迄今千歲矣，有一克新者倡為是說，而欲決千載文是非，褫眾人之所信，其牴牾而莫從也宜哉。噫！吾何汲汲以求乎今世，將存其說，以俟夫後世之君子也，焉知不有同予說者焉。今曹君為是書，於六經所有、許氏、張氏書所遺，悉考證而彌集焉。觀其論辨，鮮不符吾說，庸是同予者固無待於後世而有也。曹君與予未嘗相求而吻合如此，則千載之後如曹君，宜不一二而已也。夫同予說至於再、於三，則眾人之所繆（《藏書志》作「膠」）者將不待辨而自釋然矣，斯吾所以有望於後世之君子者也。予喜曹君不相求而合也，於是書為《續復古編》敘。至正二十二年龍集壬寅夏四月八日，江左外史鄱陽克新仲銘序。

---

〔註 255〕 （清）蔣光煦《東湖叢記》，遼寧教育出版社 2001 年版，第 17～18 頁。
〔註 256〕 （清）陸心源《皕宋樓藏書志》，《續修四庫全書》第 928 冊，上海古籍出版社 1996 年版，第 165～166 頁。

## 296. 陶凱（58／587）二篇

### 《追封徐王廟碑》

按：文載明代程敏政《皇明文衡》卷六十三。今據四部叢刊本《皇明文衡》錄文：

　　洪武四年夏六月丙申，皇帝御皇宮門，召禮部尚書臣陶凱諭之曰：「皇后父徐王馬氏，世爲宿州人，家閔子鄉新豐里。王本民家，素質樸，以兄弟齒序，人稱之曰馬某。王少壯時，膂力過人，沉毅寡言笑，重然諾，而性剛強疾惡，見有爲不義者，視之若仇讎。然或少忤其意，輒肆毆擊，雖至死無所畏憚，鄉人莫敢犯。

　　「當元政失馭，天下將亂，王以忿爭殺人，恐逮於法，移家定遠。及天下大亂，乃挈皇后母避兵他所，而以皇后託定遠郭氏，俾育爲己女。後郭氏首難，自爲元帥，收邾民兵，朕亦爲部下士，遂以皇后爲朕之配。既定天下，即皇帝位，皇后正位中宮，封皇后父爲徐王，母鄭氏爲徐王夫人。以他無繼嗣，因立廟於太廟之東，歲時奉祭。然稽諸典禮，古無其義，於是即王所居鄉里闢地於塋封之南，作新廟，奉安神主。每歲以春秋仲月，俾有司祇奉祠事爾。宜述其梗概，刻諸嶇瑉，用垂不朽。」

　　臣凱既受明命，竊惟人受天地之氣以生，其得氣之厚而不薄者，性必剛勇果毅。然有不得志於當時，而澤及於其後者，必顯融光大，此理勢之自然也。今王有所抱負，而無以發抒，故常存疾惡之心，其憤怒所泄，即以加諸人，蓋亦豪傑之士哉！使遭逢盛際，必能出將人相，垂名簡冊。而乃生不逢辰，至身歿之後，以皇后父而得追崇王爵，作廟故鄉，使山改觀，井里增輝，又豈非一出於天乎？臣凱謹拜手稽首而爲之銘曰：

　　維此徐方，代生異人，乘時啓運，蔚爲王臣。惟王之生，質性過厚。不逢昌時，深居畎畝。王奮厥怒，孔武有力，摧強折奸，以輔彝則。當元之季，天下擾攘，挈家避地，東南其行。英雄陸沉，豪傑未起。抱恨重泉，籲其已矣。山川炳靈，遺德所鍾。篤生聖女，正位中宮。皇帝仁聖，爲天下父，皇后孝慈，爲天下母。太姒嗣任，則百斯男。聖子神孫，何千萬年。川原阮阮，新廟奕奕。與國同光，永世無致。

## 297. 《送楊公象賢歸澶淵序》（洪武五年，1372年）

按：《述善集》卷3《行實卷》有陶凱《送楊公象賢歸澶淵序》。今據焦進文、

楊富學《元代西夏遺民文獻〈述善集〉校注》錄文〔註257〕：

楊公象賢，其先賀蘭人，後徙居澶淵，歷四世・以耕桑積貲富饒，而力學樹善，爲鄉閭楷式。其處於家也，祀先之祠曰「恩本」；養親之堂曰「順樂」，藏修之所「敬止」、「知止」，其惟以淑人也。建書院曰「崇義」，鬭射圃曰「觀德」，即龍祠以爲社，則立約以示戒焉。集嘉言以垂範，則爲圖以勸善焉。平王取「爲善最樂」四字，書之座右，視若布帛粟菽之有以資於人者焉。用是入咸慕用而景仰之。

時元政失馭・兵革並起，國用不足。公輒輸財助官而辭不受賞，人由〔是〕服其高義。一家之內總麻同爨，凡若干口，盜過而無犯，兵臨而不害其子弟。或仕宦四方者，亦能保全其身。凡先世之田廬，祖父之塋封，其在開州濮州及南宿臨濠者，皆無恙也。庸詎非積善之報然歟？

今天下既平，象賢與其昆弟宗族，雖異居，尙有無相通，以給食。其猶子曰大本。仕禮部侍郎，戒諸弟，使奉母居開州，而身居京師，竭力以治官事，所得俸祿，歲時具甘旨奉母，又推以與其族人。茲象賢之來，奉養之敬，事之無怠無忽，載酒肉，遺糗糧，靡有不至。某自奉旦夕蔬食，泊如也。余以是知象賢德修於身，教行於家，而化及鄉人。可謂能力於爲善者矣。

君子樂道人之善，庶聞者有所感發而興起焉。象賢行，與大本爲同僚者，咸歌以送之，授首簡，俾余爲序，余辭不獲，遂書以爲序云。洪武五年三月朔日，瓊台山人陶凱序。

## 298. 李續（58／616）《宋拓本蘭亭跋》

按：明代李日華《六研齋筆記》卷三備載宋拓本《蘭亭》諸跋，即有李續之跋，《全元文》失收，明代趙琦美《趙氏鐵網珊瑚》卷一、清代卞永譽《式古堂書畫匯考》卷五、清代倪濤《六藝之一錄》卷一百五十九均收錄。今據《六研齋筆記》整理〔註258〕：

右軍眞跡入昭陵，後沿唐至宋世，摹本刻石不下什百。雖其才情筆力非復晉人風流，然猶庶幾右軍雄秀之氣。仲敏出吳君景文所藏善本，弋陽樗散者李續識。

---

〔註257〕 （明）楊崇喜著，焦進文、楊富學校注《元代西夏遺民文獻〈述善集〉校注》，甘肅人民出版社 2001 年版，第 213～214 頁。

〔註258〕 （明）李日華《六研齋筆記》，鳳凰出版社 2010 年版，第 62 頁。

## 299. 吳鑒（58／638）二篇

### 《清淨寺記》（丁卯，1327 年）

按：明代何喬遠《閩書》卷七《方域志》載有吳鑒《清淨寺記》〔註259〕，後人多有考釋。今人姚大力有《元代泉州〈清淨寺記〉碑文的文本復原》一文，綜合諸家記載，對《清淨寺記》文本進行了整理，今據以錄文〔註260〕：

西出玉關萬餘里，有國曰大食。於今為帖直氏。北連安息、條支；東隔土番、高昌；南距雲南、安南；西漸於海。地莽平，廣袤數萬里，自古絕不與中國通。城池宮室，園圃溝渠，田畜市列，與江淮風土不異。寒暑應候，民物繁庶。種五穀、蒲萄、諸果。俗重殺好善。書體旁行，有篆、楷、草三法，著經史詩文。陰陽星曆、醫藥音樂，皆極精妙。製造織文、雕鏤器皿尤巧。初，默得那國王別諳拔爾謨罕驀德，生而神靈，有大德。臣服西域，諸國咸稱聖人。別諳拔爾，猶華言天使，蓋尊而號之也。其教以萬物本乎天，天一理，無可象。故事天至虔，而無象設。每歲齋戒一月。更衣沐浴，居必易常處。日西向拜天，淨心頌經。經本天人所授。三十藏，計一百一十四部，凡六千六百六十六卷。旨義淵微，以至公無私、正心修德為本；以祝聖化民、周急解厄為事。持己接人，內外愼敕。迄今八百餘歲，國俗嚴奉尊信。雖適殊域，傳子孫，累世猶不敢易。宋紹興元年，有納只卜·穆茲喜魯丁者，自撒那威從商舶來泉。創茲寺於泉州之南城。造銀燈、香爐以供天，買土田、房屋以給眾。後以沒塔完里阿哈味不任，寺壞不治。至正九年，閩海憲僉赫德爾行部至泉。攝思廉夏·不魯罕丁命捨剌甫丁·哈悌卜領眾分訴。憲公任達魯花赤高昌俠玉立正議，為之徵復舊物。眾志大悅。於是里人金阿里以己貲一新其寺，來徵余文為記。余嘗聞長老言，口氏國初首入職方。士俗教化，與他種特異。徵諸「西使」、「島夷」等志尤信。因為言曰：□□□□□□□□□□□□□□也。莊子書、佛書皆曰，西方有大聖人。□□□□□□始出，其教頗與理合。漢唐通西域。諸國臣服。自禮拜寺先入閩廣，口其兆蓋已遠矣。今泉之禮拜寺增至六七，而茲寺之復興，雖遭時數年，名公大人碩力襄贊，亦攝思廉、益綿之有其人也。余往年與修清源郡志，已著其事。今復書其廢興本末，俾刻諸石，以見夫善教流行，無所不達。奉政赫公、正議契公，

---

〔註259〕（明）何喬遠《閩書》（第 1 冊），福建人民出版社 1994 年版，第 166～167 頁。
〔註260〕姚大力《北方民族史十論》附錄二，廣西師範大學出版社 2007 年版，第 117～119 頁。

皆明經進士。其於是役，均以大公至正之心行之，非慕其教者。契公治泉有惠。期年之內，百廢俱興。而是寺之一新者，亦餘波之及歟。謂非明儒者、郡守，則茲寺之教墜矣。夏‧不魯罕丁者，博學有才德，精健如中年。命爲攝思廉，猶華言主教也。益綿：苫思丁‧麻哈抹；沒塔完里：舍剌甫丁‧哈悌卜；謨阿津：薩都丁。益綿，猶言住持也；沒塔完里，猶言都寺也；謨阿津者，猶言唱拜也。贊其事：總管孫文英中順、推官徐君正奉訓、知事鄭士凱將仕。董其役者，泉州路平準行用庫副使口馬沙也。三山吳鑒志。按舊碑年久，朽敝無徵。錄諸郡志全文，募眾以重立石。如尚書趙公榮立匾「清淨寺」三大字，以輝壯之。他如參將馬公謹、張公弦，少卿趙公弦，知州馬公慶，指揮於輔，皆以本教爲念，或議以修葺之功，或厚以俸貲之施，而成有功斯寺者。然教中顯於泉者猶多，以其□□土地，故漏之。是爲□□丁卯夏月吉旦。

## 300. 《故前村居士盧公墓誌銘》

按：文載宋代盧琦《圭峰集‧附錄》，題署爲「前國子生三山吳鑒撰」〔註261〕。錄文如下：

　　蓋惠安盧琦，登至正二年進士第，授將士郎台州錄事蹄自京師之五月丁父憂。明年七月來福州，以善狀乞銘於吳鑒，曰：「吾先世光州固始人也，唐末避亂從王諸入閩，居泉之惠安。宋乾道間有曰瞻者，隱登高山，下以八行舉邑人名其山曰登科山。其後遷邑東之圭峰下，乃吾高祖之父也。高祖諱汝華，曾祖諱達，叔祖諱義，先以至元丙子之三月生吾父，名慶龍，字雲從。其年束六岳亂，吾祖偕祖母李氏避之海隱中，逾年而歸，鄰里親戚咸劉（按：劉，疑有誤）於兵，而吾盧栢然獨遺。祖父冒難阻，躬劬勤以收役舊業，雖侄儇不遑，而教子必有禮法。敖吾父羈貫知自力學問從槐庭王先生、齊芒楊先生遊。吾父事親孝，居祖母李氏喪，哀毀骨立。祖父病，侍湯藥食飲衣，晝夜不解帶，至剔股肉爲麋進之。祖父歿，喪葬盡禮。比老猶孺慕不衰。歲時祭祀，未嘗不悲思，垂涕泣。間遇人親喪，亦爲之泣，蓋深痛二親之不復可見也。生平不飲酒，惟喜啜茗。讀古書，爲歌詩，取適己意。客至，必治酒，且清談，窮日夜，樂之不爲厭。州里疏戚咸稱善，人人無間於言。吾母鄭氏有賢德，先二十七年卒。時吾兄弟幼稺，吾父絕甘分少，俾得就保傅。

〔註261〕　（宋）盧琦《圭峰集》，景印文淵閣四庫全書第 1214 冊，臺灣商務印書館 1986年版，第 754～755 頁。

嘗誨琦等曰：『汝母早歿，吾教汝兄弟讀書，非圖富貴利達，惟願世先德爲好人，行好事而已。』及琦歸自京，又嘗命琦曰：『汝承祖宗休澤，幸已成進士。吾日暮途遠，恐不能待汝祿養矣。然吾居鄉，見世吏以貪傲敗名節，人唾猶蟲蛆，汝惟廉謹守道，則吾地下之目瞑矣。』後數日感微疾，端默而逝，時癸未二月十二日也，得年六十有八。子男四人，長嶼、次琦、次琥、次瑛，皆已娶。女一人，適張某。孫男五人，孫女一人。諸孤將以丙戌十二月廿四日丁酉，奉柩葬於縣北仙境山之原。惟先生知吾父也審，敢請銘。」余曰：「先大人存善積德，羨有成趾。若銜詞不違，篤勤爲孝子。而又登巍科，錚然顯聞天下揚光烈信來世，宜謁達官聞人銘。而君以屬余，是其有尙也已，余何敢辭。」銘曰：

閩海之壖，圭峰所蟠。有美隱君，康盤其間。野藝澤漁，於以自老。孝善世繼，委祉子後。及見子貴，祿俸弗逮。凜乎若存，有訓有戒。仙岡之阡，孝思烝烝。銘以勸善，久戴是徵。

## 301. 曹本〔註262〕（58／688）《續復古編跋》（至正十五年，1355年）

按：《全元文》載有曹本《續復古編序》、《續復古編後序》。此跋載蔣光煦《東湖叢記》卷一〔註263〕，錄文如下：

（上闕）上文音同字異，並《說文》所收正文、或體及籀古也。世之未嘗考者，或不知其爲同，好奇者但取其異而遺其正，故予兼舉爲《續復古編》一類，其數二千三百六十七字。昔人載酒問奇所得，未必若是之富也。至正十五年秋七月望日洹陽生識。

## 302. 張順祖（59／3）《吳文可傳》

按：《四庫全書》收元吳景奎（1292～1355）撰《藥房樵唱》三卷，附錄有吳履《故處士吳公行述》、黃溍《故處士吳君墓誌銘》、張順祖《吳文可傳》，今據以錄文〔註264〕：

---

〔註262〕案：瞿鏞《鐵琴銅劍樓藏書目錄》卷7著錄舊鈔本《續復古編》四卷。案語云：「諸家書目皆不載，惟見汪仲鈖《桐石草堂集論篆》詩曰：『尉律於今課不修，形聲斷簡孰深求？洹陽功與吳興垺，經籍虛聞志弱侯。』自注：『余家藏有元曹本《續復古編》，集竑《經籍志》不載。本自號洹陽生。』」據此可知洹陽生即曹本。（上海古籍出版社2000年版，第182頁）
〔註263〕（清）蔣光煦《東湖叢記》，遼寧教育出版社2001年版，第18頁。
〔註264〕（元）吳景奎《藥房樵唱》，景印文淵閣四庫全書第1215冊，臺灣商務印書館1986年版，第454～455頁。

吳景奎，字文可，婺州蘭谿人。七歲力學如成人，恭謹無與。比縣第，其家鄉正號難爲役。景奎年十三，奮曰：吾親在奉，公干蠱職也。何難爲？所居去縣二十里許，每旦雞鳴趨縣，受約束。莫歸，奉甘旨已，即考論經傳六藝，矻矻不少休。嘗獨行，夜遇虎，適有持鈸鐃具來者，急手取擊，虎驚逸。歸拜其親，顏色衎衎如平常，戒左右勿言虎傷老人心。鄉父老曰：吳君爲鄉正，家事益落，而吾里社安矣。嘗受育伯祖母黃，黃歿及斂期，景奎當輸糧外郡，號泣不置。官府義之，爲緩輸成服。教其弟景參，底於成，嘉事不失時，終始友愛，無間言。初錢唐友人素與景奎好，將宦閩南，把其臂曰：「欲以家事託吳君也。」明年友人歿，景奎親往候視，恤其幼孤，爲鬻廬周食。得廬翁以百金私之曰：「我欺人孤寡而私利其身圖則受。」而歸諸鬻廬家，歎曰：「吾懷知己之言，不以生死背吾心也。」聞者感泣，益慕其行。平居樂易，發言烝烝，似夫儒者。至於義所在，懷憤激揚，不少讓。衣無完採，出未嘗有騎。意所之，即徒步百里，專趨人之急，甚於己私。鄉之儒先長老亦自以爲行弗及也。尤不樂仕進，有以後時開之者辟爲閩學官，景奎不爲起。既而曰：「草木猶能庇其本根，況人乎？盍有以庇吾邦也？」御史劉公貞素重景奎，適行部至粵，即往言曰：「公司邦憲以式諸侯，敢以均賦勤君之執事。昔先王則壤井野制民有經，更勞均逸以待百事。民知義所以奉公上而無有爭心。今庀政者，會民無藝貧受役也兼併或不以徵，家無蓋藏而用之日新，何以莅民如履畝平賦而體之。是免吾民於戾，而公有大造於東也。」劉公悅屬浙東憲使董公守慤遴有司經保疆書土田形廣狹，稽隱漏名甲乙。於是野無游民，官無逸徵，民親而事有敘。君子謂：「景奎於是役也，施而不費。」景奎晚歲益務博覽，手抄五經，旁及史傳百氏，靡不研極，尤好論詩，鉤取騷、選、粹、辭奧語爲書，名《諸家雅言》。其所自著曰《藥房樵唱》。壽六十四，至正十五年終於家。

303. 王大本（59／4）二篇

《滄州導水記》

按：《滄州導水記》，見於明代樊深《嘉靖河間府志》卷二《建置志》〔註 265〕，今據以錄文。另見於明代謝肇淛《北河紀》卷三，題爲《滄州導水記略》，據以校補：

〔註 265〕（明）樊深《嘉靖河間府志》，《天一閣藏明代地方志選刊》，上海古籍書店 1964 年版。

　　夫水之濆洞氾濫橫流而旁出也，必疏瀹利導使得其歸，則民無昏墊，土無沮洳，而水由地中行矣。禹之決九川、距四海而瀹，畎澮百川，用此道也。黃河既南徙九河，（按：《北河紀》有「故道」）遂以湮沒，漳濟不與同歸，獨行二千里會於（按：《北河紀》有「今」）北海之涯。其流滔滔汨汨，視黃河伯仲間耳。垠岸高於平地，亦由（按：由，《北河紀》作「猶」）黃河之水下成皋虎牢而東也。皇朝（按：朝，《北河紀》作「元」）定都於燕，漳河為漕運之渠，控引東南，居貨千檣萬艘，上供軍國經用，巨商富賈懋遷有無，胥此焉出。故老相傳，在國初時波流猶未宏達，自江南內附而其勢日增，豈是水潛伏厚地，天下有道則見？川流隱見，固自有時也。（按：「故老相傳」至此，《北河紀》無）至元五年秋八月大雨時見，河決八里塘之灣，為口子（按：《北河紀》無「子」）者三，湍悍噴（按：悍噴，《北河紀》作「流滾」）激，如萬馬奔突，長驅而前。南皮清地之境東西二十（按：十，《北河紀》作「百」）餘里，南北三十餘里瀦而為（按：《北河紀》無「為」）澤、滙而為（按：《北河紀》無「為」）淵（按：《北河紀》有「竈陘而蝸產焉，場圃而魚生焉」）。蕩析離居之民相與言曰：滄州古雄藩，其濠深廣。又距海孔邇，水行故地，第為（按：為，《北河紀》作「有」）屯軍（按：軍，《北河紀》作「府」）曲防之阻，無有徑達。泰定間，鄉民呂叔範抗疏陳情，奉旨開掘以便民。又為大渠以泄水，莫不舉手加額，以承無疆之休。（按：《北河紀》有「繼有」）方命，圮族實繁，有徒乘時射利，遂以復塞，今則牢不可破（按：《北河紀》有「矣」）。有能鼓勇以倡，吾徒當負錘從之。水入濠注海，則還我壤地而修我牆屋矣。（按：「有能鼓勇」至此，《北河紀》無）脫因不花者，故參政莊武公之孫，今江西憲副景仁公之子也。（按：「故參政」至此，《北河紀》無）以國學上舍生次置宣文閣。其人知學知義，又一鄉之望（按：「次置宣文閣」至此，《北河紀》無）。即（按：「即」，《北河紀》作「聞其言慨然」）以為己任而不辭（按：《北河紀》有「者」）。聞者壯其（按：「壯其」，《北河紀》無）謀，從之如雲。各執其物於兩端破其築，若摧枯拉朽，去其壅如決癰潰疣。義民所趨，水亦隨赴。始屯軍，亦（按：亦，《北河紀》作「先」）率其徒數百人，盛氣以待。我眾直而壯，彼自度非敵，逡巡而去。夫水之為民害也久矣。備禦之道存乎其人。使南皮清地之民奮於事功而潦不不為災，首義者之力也。其人則文相與言曰河決可塞而來者未可卜也，曲防可潰而人力其可復也，（按：「夫水之」至此，《北河紀》無）事可以稽舊典而義可以激流俗也。丐

文（按：「丐文」，《北河紀》作「因」）刻石以遺後來，固斯民百世之福也。（按：「此句《北河紀》無）

## 304. 《重建兩廡記》

按：文載明代樊深《嘉靖河間府志》卷五《宮室志》，錄文如下：

郡縣有學有廟，學以育材迪教，廟以尊祀先聖先師，天下之所同也。河間古雄藩，廟學之制固嘗甲於諸郡矣。其僅存而可見者，有宋大觀作興學之碑、今皇統一建府學之碑。雖文字漫漶不能盡讀，巋壘儼然猶竦具瞻。屬金末造，中原板蕩學，政不修，浸以傾圮。皇元混一區夏，庶事草創，制作未遑。承流宣化者，循襲故常，莫能改作。至治初，總管迭里威實始置晉樂、建齋舍，其興學之跡具在於豐碑之下方云。至元五年，總管萬嘉閭乃撤禮殿而更新之，高廣宏敞，爰致隆極，有光前規，益壯後觀。中書左丞有壬實為之記，惟是諸賢從祀之資虛位而無像，設架陋而窘風雨。僉謂禮殿巍巍，而兩廡弗稱，其何以竭虔妥靈？總管蔡公受益、治中袁公遵道聞而是之，方議經始。厥費浩繁，莫知所出，富民有慕義者願輸家貲以成其美。眾議將拒其請，蔡公質諸袁公，公作而言曰：「昔者孔門與進而不與退，與潔而不保往。孟子曰：『苟以是心至，斯受之而已』。絕之非所以與人為善也。」議既克合，乃溲材儆工，百廢具興。袁公必親必躬，以董其事，民不知役。蓋經始於至元五年之六月，落成於是年之七月。復為兩廡，凡為間者二十有八，咸堅致牢密，宜於永久。士林嘩稱，眾望起敬。於是素王之宮，遂為是邦傑然美觀。噫！架陋者既以考室，而虛位者不可無主。遂以其事請於監郡那海公仁甫，其應也如響，所隸州縣官吏自願捐月俸以補。仁甫計其所入，即聘塑工之良與其徒八人。並日夜以赴功，殫智力以獻技。凡土木斲堊之溲，玄黃彰施之用，無不畢集，肖貌位次，一遵國學文廟故事。端莊儼雅，恍然摳衣趨隅之意也。蓋肇造於十月有六日，而畢功於閏十月二十有八日。是役也，實有神相。方其致力於堂構，當大雨時行之候，至落成而後滂沛。及其從事乎像設，迫始冰之月，既工畢而後凝冱。夫豈偶然也哉！至正七年之夏，朝廷以河間上路越在內服，歲比不登，民生孔艱。撫字安集，非賢太守不可，制以廣東道肅政廉訪使孛顏帖木兒為河間路總管兼府尹。公既視篆，首詣宣聖廟以崇化基。時亢陽為沴，旱氣蘊隆，後五月不雨，疲氓且渴，彼町町者復何望邪？公惻然口憫，慨然自任，躬禱於龍祠，誠懇純至，應期而甘霖大降。茲土之民莫不忭路胥慶，謂公行孚於神明，澤及於枯槁，生死而骨肉，是有大造於

我也。公之視學也，顧瞻殿庭，及於門塾，咸有紀述。而兩廡之修建，獨無片石以誌顛末，豈非闕典與？大本考文山東，道行治下，用微言為之記。公有命不敢辭，因並識公初政以相期於遠大，亦愛人以德之意云爾。

## 305. 高遜志（59／95）《大明故奉訓大夫知兗州事盧君墓誌銘》

按：文載明代都穆《吳下冢墓遺文》卷三〔註266〕，錄文如下：

翰林侍書吳郡朱君季寧介其鄉友盧彭祖躓門請曰：「彭祖之先人辱交於夫子。吳下舊遊，與夫子最相知者，莫如彭祖之先父。今不幸已死，墓草之易不知其幾寒暑矣。迄今無辭以刻於石。嘗求先友狀其行，而俟立言君子以永其傳。非夫子銘之，將誰焉乎？敢再拜以請。」按狀，盧氏之先南昌武寧人。君諱熊，字公武。五世祖始遷吳郡鳳皇鄉集祥里。曾祖諱鑒。祖諱有常，又徙居屬邑之崑山。考諱觀，妣王氏。君而（按：「而」疑作「生」）而惠敏，讀書日誦數百言。甫成童，即能綴文詞。凡經史群籍，搜獵靡遺而務學之者，心孳孳弗少替。嘗遊前進士會稽楊先生維楨之門，雖授業無幾，而得《春秋》傳注所未發。一時宗儒魁士多獎譽而與進之，遂以文學詞翰知名。用薦授吳縣儒學教授。講授之暇，益精研《說文》，而字學之功，中吳寡二。凡篆隸行草，靡不攻習。又以翰墨名家江浙，分（按：疑作「會」）中書省辟君為掾。是時，張士誠據吳城，天兵合圍碁月而未下。君之母病垂劇而城破。亂兵肆掠，鄰嫗悉逃避藏匿。母獨艱於行，君方侍側，以身避其鋒，遂被重創而獲免。有司迫遣故官，例赴京師，濡滯者治之以法。君急遽蒲伏而往，乃奉其母假寓友人滕權所，而命其弟熙侍養焉。未幾，母沒。既葬而始聞訃，君不伺公牘報可即徒跣祖括趨墓下，號痛哀呼。晨夕哭臨，如初喪時。暨禫而餘哀猶未亡，乃卜廬玉山之南，扁其室曰鹿城隱居。故江浙左布政使膠西張公紳博學洽聞，亦退處玉山，與君同里閈，晝談夕講，無復仕進意。洪武八年，復為屬己者所薦，鄉郡遣詣銓曹，授工部照磨。當是時，文武大小之臣方給誥敕以崇德報功，廷議求於筆札者咸推君，授從事郎、中書舍人。錦囊犀軸以乘筆行墨，而貴飾一代之盛者，惟君稱巨擘焉。甫閱歲，超授奉訓大夫、知兗州事。當元季兵亂之餘，荒榛沸礫，翳蔽郛郭。而疲療之民威麗於闕者，恆從輕典而末減之。武臣將兵，道出於兗，寓宿公館，而囑君致妓樂，毅然以正氣拒卻之。會營造魯王殿，詔遣李韓公馳驛而至，相陰陽，觀流泉以奠基

---

〔註266〕（明）都穆《吳下冢墓遺文》，《四庫全書存目叢書》史部278冊，齊魯書社1996年版，第19～20頁。

定址。君於地理之學尤所譜究，李韓公詢訪甚悉，咸條答無隱。濬河自兗，抵任城。役夫幾二十萬人。君供億扶綏，事上卹下皆適其宜。爲政慕豈弟，未始求赫赫名而妄施鞭撲。嘗謁宣聖林廟，考訂孔顏氏世系，而爲之譜。及著《鄒國公廟承聖門銘》，表故元處士宗思義之墓，其於世教益惓惓焉。君平昔不治生產，未始苟慕富貴。氣貌恂恂，喜怒罕形於色，遇事則剛果而不濡溺。晚益攻於文詞。當纂修《吳郡志》，窮搜極訪，至忘寢食。故翰林學士承旨宋公濂爲序其端。君尤篤於友誼，生則資給之，死則斂藏之，若熊得璃、胡元勗、焦仕道皆其人也。君於法書者流，悉究其閫奧。然未始深文黷貨以傳致人罪。而設施整暇，吏莫能欺。先是有司簿錄刑人家屬，分給朝官，以備灑掃烹飪之役。至是，追究其事，君亦就逮，赴京而卒，洪武十三年二月廿八日也。春秋始五十。妻朱氏，故宋著作郎樂園先生長文之裔。嗣子彭祖，承直郎禮部主事；女充織，適馬棣。其姪充穎負君之遺骸，歸葬長洲縣武丘鄉之先塋。所著有《說文字源章句》、《幽憂集》、《清溪集》、《石門集》、《鹿鄉隱書》、《蓬蝸錄》，並《吳郡志》五十卷、《兗州志》若干卷。頌其言者，則君之學可知也。昔宋臣黃伯思氏文學博雅，而璣衡、象胥、律曆、音樂、篆籀之書靡不研究，尤長於稽古，而金石款識，能別其真贗品。當世著述之家，莫不推重而其名迄今不泯。惜乎年方強仕而遽有玉樓之召。若君之學識藝能，益足以儷美而亦不得至乎中壽，何其相似也。予家中州，從先宣慰府君闢地吳中，與君締文字之交，二十有餘年，以故知君爲深而朱君所述之狀又可徵不誣，予不辭而次第其言者所以致予情於故舊且以慰彭祖之孝思云爾。銘曰：

翳君氏盧世距產，慕學續文自覊丱。纂修郡乘積編簡，餘事紛挐靡掛眼。華問四馳登仕版，際今昌辰綏重絟。涖官敷政恆侃侃。衡概寧虞九折阪。胡不大年竟忘返，德壽無窮表遺範，太史勒銘貽後覽。翰林侍讀學士中順大夫太常右少卿高遜志撰文、嘉議大夫吏部左侍郎茅大方書丹、嘉議大夫禮部侍郎兼翰林學士董倫篆額。

### 306. 章琬（59／152）《鐵崖先生古樂府跋》（至正甲辰，1364 年）

按：清代陸心源《皕宋樓藏書志》卷一百○九著錄楊維楨《鐵崖先生古樂府》十卷《樂府補》六卷，乃其門人富春吳復編，有張天雨、吳復序，章琬跋。今據以錄文〔註267〕：

---

〔註267〕 （清）陸心源《皕宋樓藏書志》，《續修四庫全書》第 929 册，上海古籍出版社出版社 1996 年版，第 547 頁。

按二口詠中，剪裁香奩者凡四章，浴思信配是也。先生又有和趙八節使七言八句二十題，尤膾炙於粉黛筵中，惜逸去。先生令琬補逸。琬何敢何敢。至正甲辰夏五月初吉，龍洲生章琬孟文謹拜手跋。

> 按：此文另見清代卞永譽《式古堂書畫匯考》卷十八，文作：「香奩有二十題裁剪，浴思信配凡四。先生又有和趙八節使廿詠，尤膾炙於粉黛筵中，惜逸去。令補，琬何敢。龍洲生章琬孟文謹拜跋」，不及此本之全。

## 307. 范可仁（59／234）《中慶路學田碑記》

按：文載《正德雲南志》卷二十九《文章七》〔註268〕，錄文如下：

非學無以設教，必勉勵之而後成；非田無以致祭，必提調之而後備；非廟無以顯道，必興舉之而後立。欽惟聖朝累頒詔誥，必以學校居先者，實程子崇文興化，作養人才而已。

至元甲戌，咸陽王為雲南諸路行省平章政事。時，創議建立先聖廟。當是時也，文風自北而南，滇之人被其化、慕其德，始知有孔子也。大德改元，時汪惟勤為右丞，殿廡宮牆，撫有可觀者。迨至乙巳，肅政廉訪使王公以閒田為學田。泰定年間，僉憲楊慶之繼至，要會學糧，規劃緡息，以供祭祀，暨之以廩膳。

天曆初，鎮兵一驚，民物凋瘵，廟學廢墜，權勢盜種者太半，而卷閣焚毀，莫之稽考。至元丁丑，監憲得住、僉事杜敏、經歷月倫赤不花、知事董淵、照磨忽都等官，刻意學校，應贍地租，委自中慶路治中楊克明，取勘見額，悉歸之學宮，計田若干雙，歲佃若干石；復勸令居官之子弟就學，以及凡民之俊秀者幾百十人，得其門而升其堂者，咸曰：「樂焉。」既而廢者興之，墜者舉之，闕者補之，壞者修之，規影者出之，不足者盈之，於是乎廟宇、頖宮、學田奐然一新。學正朱銓不遠千里而請記於余，欲鐫諸堅瑉以垂不朽。余弗獲辭，切嘗思之，提調有所守，則贍學之田賦可輸，春秋之釋奠可致；勉勵有所責，則學者靡有不知其孝當行之於家，而忠當報之於國也。以此推而之於政事，其於為國為民之心也深矣。故重其請，而喜為之書。

---

〔註268〕方國瑜主編，徐文德等纂錄校訂《雲南史料叢刊》第六卷，雲南大學出版社2000年版，第372～373頁。

## 308. 保巴（59／269）《周易尚占序》（大德丁未，1307 年）

按：文載《叢書集成初編》本《周易尚占》〔註269〕，錄文如下：

周易尚占者，卜筮之捷法也。其旨切而近，其辭簡而當。誠有補於初進者。旨趣與市肆問卜筮之書大同小異。且如鬼谷辨爻占法，以上爻爲至高，殊不知上爲至遠之地位。作是見者，非深造玄理者也，若此者眾。或問曰：「尚佔有道乎？」曰：「不可謂之有，不可謂之無。若謂有，泥於卜筮而無窮；若謂無，易有聖人之道四，尚占居其一焉。所要者必先明本，次當明體，變通明用。知體而不知用則不備，知用而不知體則不精。占變相需，易理盡矣。故尚占者，學易之樞機也。其緒在於寂然應動之效，發端在於決疑。疑情頓釋，惟變是通，皆由理正辭遠而已。臨疑取證，不滯膠擾楊墨之間。」今螢蟾子李清庵下一片工夫，分析爻辭，深得易理之趣言。雖樸素不事浮華。若非閒中日月，靜裏乾坤，孰能臻此。連篇鋟梓，以廣其傳，貴無隱耳。大德丁未五月望日，洛陽後學保八序。

## 309. 甘立（59／317）《跋司馬溫公兩淮帖》

按：文載卞永譽《式古堂書畫匯考》卷十二《書畫匯考》，錄文如下：

司馬公作《通鑒長編》，范忠宣實與共事。大綱領處，皆公手自筆削。而元祐名臣、漢唐以下人物，非所倫也。故其相繼爲相，使四夷懷畏，人莫敢有議者。今觀此卷，一時典刑猶在，若冠冕而立殿陛之下，展玩惟有景慕。甘立敬題。

## 310. 弘道（59／323）《題山菴雜錄序》

按：文載清代釋超備《翠山寺志》〔註270〕，錄文如下：

道由言而顯，以德而傳。然則有德之言，匪徒取信一時，抑乃傳之後世而無疑焉。恕中禪師謝事瑞岩，閒居太白山菴，以道自娛。蕭然一室，不蓄餘長，學屨日填戶外，推之不去也。或得其一言之益，不啻千金之重。又若飲甘露醍醐，心目充潤。蓋其平昔遊歷諸大老之門，所聞所見，嘉言善行，心會理融。形之於言，不加藻繪，自然成章。若叢林之尊宿，儒門之先達，至閭巷小子，其言善足以勸，其言惡足以誡。使人聞之心開意解。筆之成書，

〔註269〕 （元）李清菴《周易尚占》，叢書集成初編第 706 冊，中華書局 1985 年版，第 1 頁。

〔註270〕 （清）釋超備《翠山寺志》，杜潔祥主編《中國佛寺史志彙刊》第 3 輯第 13 冊，（臺北）丹青圖書有限公司 1985 年版，第 129～131 頁。（按：《全元文》59/323 錄左弘道文一篇，其名當爲弘道，詳見傳記補正一章。）

題曰《山菴雜錄》。其徒往翠山立極口公鏤板行世。遠來京師，持以見示。予讀之不忍釋手，乃知所謂治世語言皆順正法，粗言軟語皆第一義，信不誣矣。譬諸草木良醫，攬之無不是藥。其不知者，執藥成病世出世間一切諸法，無非佛法。明理者得之皆足以乘世立教。有德有言，師之謂與？可謂善知藥病者矣，可謂善談佛法者矣。予雖未嘗一接顏色，聲跡相聞亦有年矣。孰知其德收眾意訓世，故雖不言，人固信之不疑。況此皆已然之事實。附事明理，言近指遠，宜其有益於當世，傳之無窮焉。

## 311. 楊翮（60／368）二篇

### 《續復古編序》（至正十一年，1351 年）

按：文載蔣光煦《東湖叢記》卷一〔註271〕、陸心源《皕宋樓藏書志》卷十五〔註272〕錄文如下：

篆體變而爲隸、楷，去古日遠，往往多繆於六書。秦漢以來千有餘年，學士大夫習染深痼，徒事於斯、冰之學，而襲隸、楷之訛者莫或取正。宋元豐中，吳興張有謙中篤志斯文，嗟徇俗之非是，悉爲刊定，粹成一編，題以《復古》，學者誦其功，然其間闕略未備者十二三。大（《藏書志》無）元興，崇尚文學，而得洹陽曹子學氏補其闕遺，然後六書之義始正。蓋子學氏之於篆，幼而習之，二十餘年，其廑如一日，故謙中之書未嘗去左右。間益考求，凡有得者附著於編，久之合若干字，輯而傳諸學者，名曰《續復古編》。君子謂子學氏之於斯文，其功當不在謙中之下，爲其紐俗而返之正，是亦猶謙中之志爾，夫謙中之志卒待於子學而成之，信乎復古之難哉。自古道之既微，豪傑之士莫不有意於復（《藏書志》有「古」）之度，其孰有非一時一人之所能致，於此概可睹矣。予因子學氏之所輯，足以裨張氏之未備，遂論次之，以告於世之學古君子。子學名本，方仕於時，將有光顯云。至正十一年歲在辛卯正月十又二日，上元楊翮序。

## 312. 《上虞縣五鄉水利本末序》（至正二十二年，1362 年）

按：文載張金吾《愛日精廬藏書志》卷十七〔註273〕，錄文如下：

〔註271〕（清）蔣光煦《東湖叢記》，遼寧教育出版社 2001 年版，第 15 頁。

〔註272〕（清）陸心源《皕宋樓藏書志》，《續修四庫全書》第 928 冊，上海古籍出版社 1996 年版，第 164 頁。

〔註273〕（清）張金吾《愛日精廬藏書志》，上海古籍出版社 2014 年版，第 276～277 頁。

　　士君子有天下國家之責，則當思所以利乎天下國家。無天下國家之責，而能思所以利其鄉者，其賢亦可尚已，而況所利不在於一時，而有以及於後世之遠且博哉。上虞陳晏如以五鄉之水利，具有本末，不徒輯而爲書，又必刻而傳之，以垂永久，是其思以利其鄉於後世之意何如也。蓋夏蓋、上妃、白馬之爲湖，於上虞舊矣。幸而不爲田，則其鄉之利甚厚。不幸而不爲湖，則其鄉之害有不可勝言者。利害之分，較然明著，奈何細人之膚見，往往沒於小利，率倒施之，可爲浩歎。此晏如所爲夙夜惓惓，欲使後世長享厚利而毋蹈遺害焉。予見其書而悲其意，曰：今而見士君子不任天下國家之責，而能思於其鄉，貽後世之利如斯人者！遂爲題其首簡，俾後世覽者於是乎尚其賢。至正二十二年龍集壬寅十二月朔，從仕郎江浙等處儒學提舉楊翮序。

### 313. 邵亨貞（60／469）《宋高宗臨黃庭經跋》

按：文載明代孫鳳《孫氏書畫鈔》（涵芬樓秘笈景舊鈔本）卷一《法書》〔註274〕，
　　錄文如下：

　　向聞唐臨《黃素》、《黃庭》爲江南法書神品，每恨不獲一見。邇來故老無存，欲詢其梗概，亦不可得。今觀此本以書法攷之，當是光堯御筆所摹無疑。自重華而下，不能到也。後有奉華堂印，乃劉貴嬪閣所藏。然字畫混厚而沉著，深遠而閑暇，自有一種九重之上氣象，與草澤摹倣者不可同日語。觀者當求其學力所至，勿以妍媚少之。江南屢經兵燹，若此者所存無幾。藏者寶之，後世將不得而見也。嚴陵後學邵亨貞拜題跋。

---

〔註274〕　（明）孫鳳《孫氏書畫鈔》，涵芬樓秘笈景舊鈔本。